Wilfried Rosendahl, Robert Darga und Volker Wrede

UrZeitReise Deutschland

36 Entdeckungen von der Zugspitze bis Helgoland

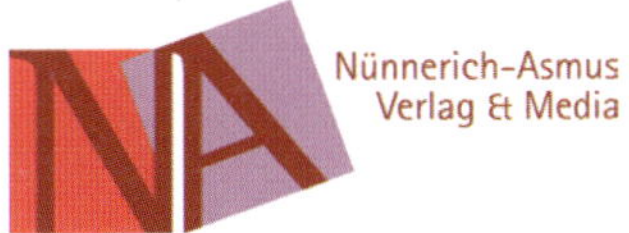

Impressum

160 Seiten mit 183 Abbildungen und 2 Karten
Titelabbildung: rechts: *Archaeopteryx* „Berliner Exemplar“; links: Rekonstruktion eines *Archaeopteryx* aus dem Naturhistorischen Museum Basel und Oberes Donautal/ Schwäbische Alb © W. Rosendahl.
Bild auf der Buchrückseite: Rekonstruktion eines Urpferdes, bekannt über Funde aus der Grube Messel bei Darmstadt © W. Rosendahl.

Bibliografische Information der Deutschen Nationalbibliothek
Die Deutsche Nationalbibliothek verzeichnet diese Publikation in der Deutschen Nationalbibliografie; detaillierte bibliografische Daten sind im Internet über http://dnb.dnb.de abrufbar.

ISBN 978-3-96176-256-9

Lektorat und Projektbetreuung: Tina Sieber
Korrektorat unter Mitwirkung von: Lina Sgryska, Lena Vogel
Gestaltung des Titelbildes: hjwiehr, Oppenheim
Gestaltung: Jürgen Franssen, Heidelberg

Aus Gründen der besseren Lesbarkeit wird auf die gleichzeitige Verwendung der Sprachformen männlich, weiblich und divers (m/w/d) verzichtet.

Printed in Europe by Nünnerich-Asmus Verlag & Media
Weitere Titel aus unserem Verlagsprogramm finden Sie unter:
www.na-verlag.de

Inhaltsverzeichnis

Kreide (145–66 Millionen Jahre)

Känozoikum (66 Millionen Jahre – heute)

Paläogen und Neogen/Alt- und Jung-Tertiär (66–2,6 Millionen Jahre)

Quartär (2,6 Millionen Jahre – heute)

Anhang

Vorwort

Die Geologie Deutschlands ist ein buntes Mosaik. Das liegt daran, dass sich Deutschland und ganz Mitteleuropa in einem Grenzbereich alter Erdkruste befinden – zwischen einem ehemaligen Nordkontinent „Laurussia“ und einem ehemaligen Südkontinent „Gondwana“. Zeitweilig existierte zwischen ihnen ein Ozean, in dem sich mächtige Sedimentstapel ablagern konnten. Dann kollidierten die Kontinente und kleinere, von den großen Kontinenten abgesplitterte Erdkrustenteile schoben sich übereinander und bildeten Gebirge, die im Laufe von Jahrmillionen wieder abgetragen wurden. So kamen ganz verschiedene, aus unterschiedlichen Erdzeitaltern stammende Gesteine nebeneinander zu liegen.

Abgesehen von natürlichen Felsen im Gebirge ist der geologische Untergrund Deutschlands fast überall von Boden mit Pflanzenbewuchs oder von menschlichen Siedlungen bedeckt. Der Blick auf die Beschaffenheit des Untergrunds ergibt sich meist erst dort, wo auf der Suche nach Rohstoffen Steinbrüche, Bergwerke oder Kies- und Tongruben angelegt wurden, oder auch kurzfristig in Baugruben. In diesen künstlichen Fenstern, den sog. Geotopen, können die Seiten des Schichtenbuches der Erdgeschichte besonders gut gelesen werden. Die unterschiedliche Beschaffenheit der einzelnen Ablagerungen, v.a. auch die darin enthaltenen, versteinerten Lebensspuren, sind die Basis, welche die Urzeitgeschichte Deutschlands wieder „lebendig“ werden lässt.

Die Exkursionspunkte in diesem Buch decken eine Zeitspanne von fast 600 Millionen Jahren ab. Alle erdgeschichtlichen Perioden sind – wenn auch mit unterschiedlicher Zahl von Objekten – hier vertreten. Insgesamt wurden 36 Lokalitäten aus möglichst vielen Bundesländern ausgewählt. Das bedeutet, dass manch Lesender Orte vermissen wird, die es sicherlich auch verdient hätten, in diesem Buch mitaufgenommen zu werden. Die Auswahl der einzelnen „Entdeckungen“ unterliegt keinesfalls einer inhaltlichen Wertung. Es sollten hingegen die Vielfalt der Urzeitarchive, die verschiedenartigen Funde und Ablagerungen vorgestellt werden. Weltberühmtheiten wie z.B. der Fundort des Urvogels Archaeopteryx, das UNESCO-Welterbe „Grube Messel“ oder das Neandertal durften deshalb selbstverständlich nicht fehlen. Wichtig war außerdem, Orte vorzustellen, an denen z.B. Geopfade oder Ausstellungen weiterführende Informationen anbieten. Dieser kleine Führer beschränkt sich bewusst auf kurze, einführende Texte mit ausgewählten Abbildungen und gibt zu jeder Lokalität weiterführende Infos.

Wir wünschen spannende Entdeckungen im „Urzeitland“ Deutschland!

WR, RD, VW

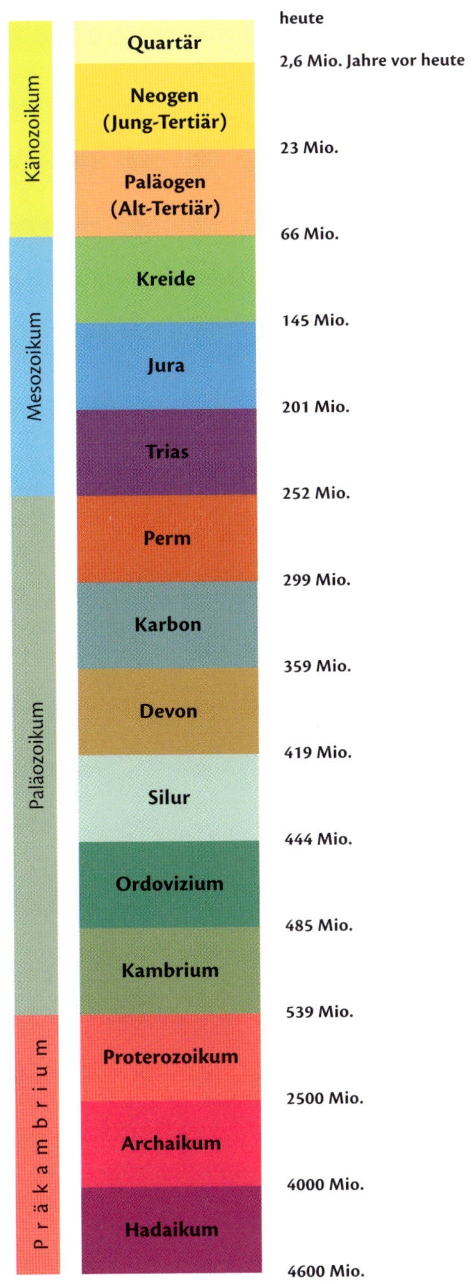

Vereinfachte tabellarische Darstellung der Erdzeitalter.

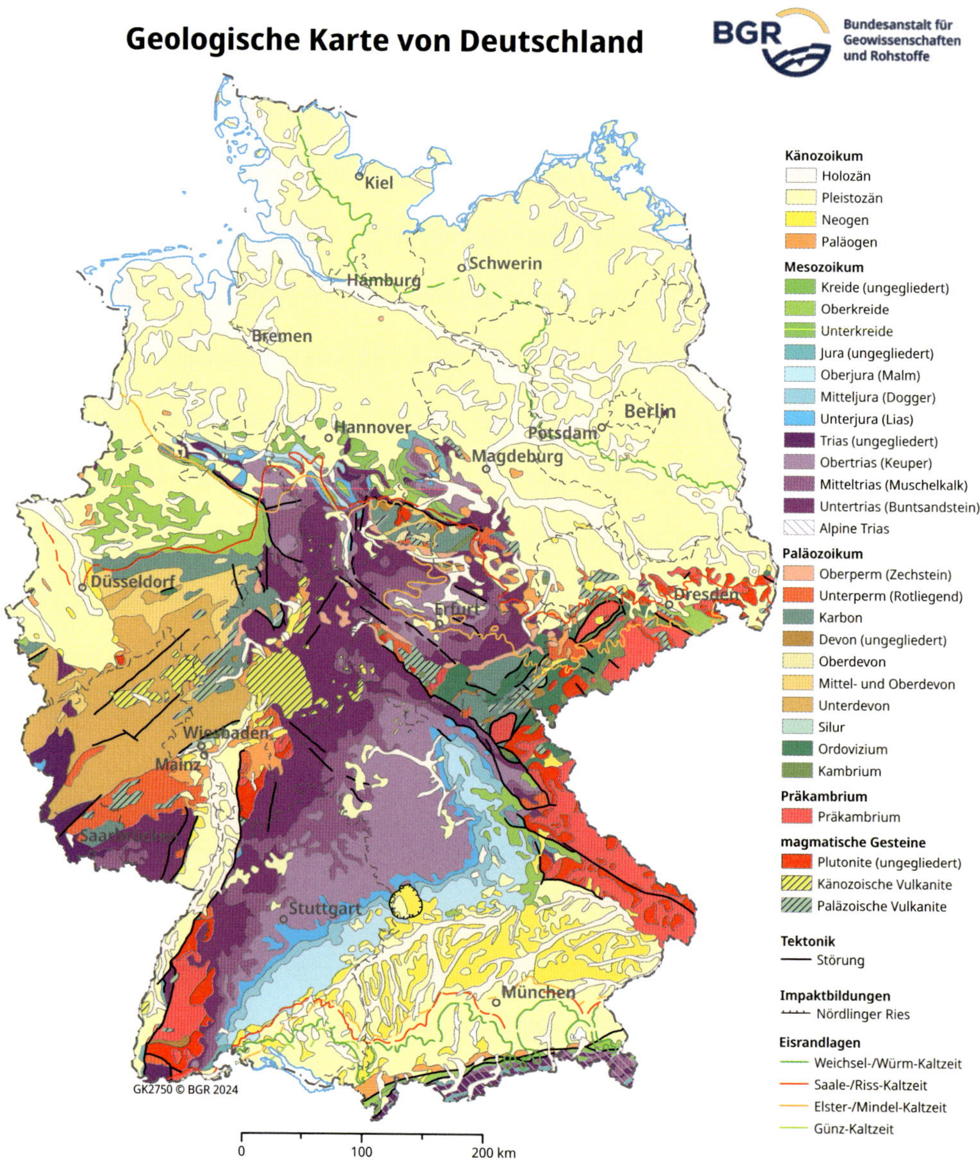

Geologische Karte von Deutschland
BGR
Bundesanstalt für Geowissenschaften und Rohstoffe
Kiel
Schwerin
Hamburg
Bremen
Hannover
Berlin
Potsdam
Magdeburg
Düsseldorf
Erfurt
Dresden
Wiesbaden
Mainz
Stuttgart
München
GK2750 © BGR 2024
0
100
200 km
Känozoikum
Holozän
Pleistozän
Neogen
Paläogen
Mesozoikum
Kreide (ungegliedert)
Oberkreide
Unterkreide
Jura (ungegliedert)
Oberjura (Malm)
Mitteljura (Dogger)
Unterjura (Lias)
Trias (ungegliedert)
Obertrias (Keuper)
Mitteltrias (Muschelkalk)
Untertrias (Buntsandstein)
Alpine Trias
Paläozoikum
Oberperm (Zechstein)
Unterperm (Rotliegend)
Karbon
Devon (ungegliedert)
Oberdevon
Mittel- und Oberdevon
Unterdevon
Silur
Ordovizium
Kambrium
Präkambrium
Präkambrium
magmatische Gesteine
Plutonite (ungegliedert)
Känozoische Vulkanite
Paläzoische Vulkanite
Tektonik
Störung
Impaktbildungen
Nördlinger Ries
Eisrandlagen
Weichsel-/Würm-Kaltzeit
Saale-/Riss-Kaltzeit
Elster-/Mindel-Kaltzeit
Günz-Kaltzeit

Steinreich, gut gefaltet und so manches mehr – **Ein kurzer Blick auf die Erdgeschichte Deutschlands**

Zwischen dem Hochgebirge der Nördlichen Kalkalpen im Süden und der norddeutschen Tiefebene mit den Küsten an Nord- und Ostsee im Norden ist das Landschaftsbild Deutschlands v.a. durch zahlreiche Mittelgebirgszüge geprägt. Der Oberrheingraben, die Niederrheinische Bucht und das Nördlinger Ries stellen landschaftliche Besonderheiten dar: Erstere sind große tektonische Senkungszonen, entstanden in den letzten 50 Millionen Jahren durch immer noch aktive Erdkrustenbewegungen. Letzteres ist ein Kraterloch, verursacht durch einen Asteroideneinschlag vor 14,6 Millionen Jahren.

An keinem Ort in Deutschland und auch an keinem Ort der Welt sind die Schichten aus allen Zeiten der 4,6 Milliarden Jahre langen Erdgeschichte im Zusammenhang zu sehen oder zu studieren. Weder an der Erdoberfläche noch unterirdisch, z.B. über Tiefbohrungen in die Erdkruste, ist das möglich. Geowissenschaftler müssen das Bild der Erdgeschichte aus vielen einzelnen Indizien rekonstruieren (Abb. 1).

Im Wandel liegt die Beständigkeit

Die geologischen Prozesse sind dynamisch, auch wenn sie sehr langsam und in großen Zeiträumen ablaufen. Sie waren und sind in allen Zeiten bis heute aktiv und prägen und verändern den Erdball. Spätestens bei Nachrichten zu Erdbeben oder über Vulkanausbrüche wird den meisten erst bewusst, dass die im Verhältnis dünne Erdkruste auf einem flüssigen Erdmantel schwimmt und unsere Kontinente permanent in Bewegung sind. Die Plattentektonik und die Drift der Kontinente haben während der gesamten Erdgeschichte die Verteilung von Meer und Land und damit das Oberflächenbild unseres Planeten geprägt. Gebirge entstanden und wurden wieder abgetragen, Meeresböden wurden an die Oberflä-

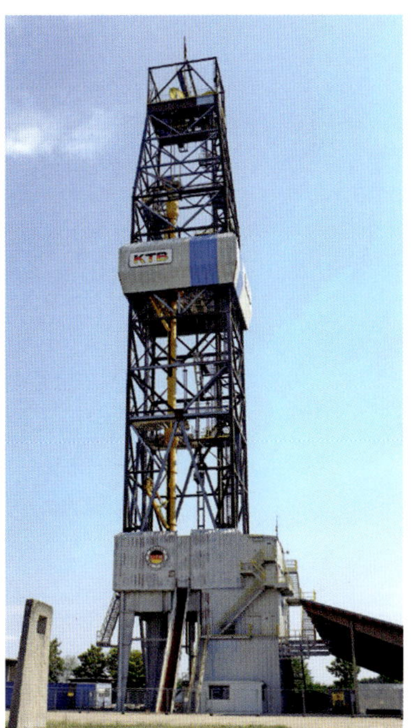

Abb. 1
Bohrturm des Kontinentalen Tiefbohrprogrammes Deutschlands (KTB) bei Windischeschenbach in der Oberpfalz (Bayern). Zwischen 1987 und 1995 wurde hier das mit 9.101 m tiefste Loch in Deutschland erbohrt. Projektziel war die genaue Erforschung der Erdkruste. In einem Geo-Zentrum an der Bohrung sind auch die Forschungsergebnisse in einer Ausstellung für die Öffentlichkeit verständlich aufbereitet.

che gehoben und Landmassen vom Meer überflutet. Teile der Erdkruste wurden tief in den Untergrund versenkt und dort durch Druck und Temperatur in andere Gesteine umgewandelt oder sogar wieder vollständig aufgeschmolzen. Die Beständigkeit der Erdkruste und der geologischen Prozesse liegt in ihrem Wandel. Dieser sorgt dafür, dass Altes nur in Teilen erhalten bleibt, verändert wird oder ganz verschwindet, um dann Neues zu bilden.

So ist es erst in einer Zusammenschau von unterschiedlich alten Ablagerungen aus verschiedenen Gebieten und Regionen möglich, auch in Deutschland eine Zeitreise durch alle erdgeschichtlichen Perioden vom Präkambrium bis heute zu unternehmen (Abb. 2).

Gebirge kommen und gehen

Mehrere Gebirgsbildungen haben in der Erdgeschichte Deutschlands Spuren hinterlassen. Die älteste ist die Cadomische Gebirgsbildung. Diese erfolgte am Nordrand des Urkontinents Gondwana noch vor der Ablagerung der Schichten des Kambriums vor ca. 550 Millionen Jahren. Ältere Gesteine aus dem Präkambrium (Neoproterozoikum) wurden durch die Cadomische Gebirgsbildung, aber auch die spätere Variszische Gebirgsbildung verfaltet und zu metamorphen Gesteinen umgewandelt. Spuren dieser ältesten Gesteine in Deutschland finden sich heute im Schwarzwald und v. a. in Thüringen und Sachsen.

Kleinere Kontinentalplatten, die während der Cadomischen Gebirgsbildung von Gondwana abgerissen waren, stießen im Silur vor 444 bis

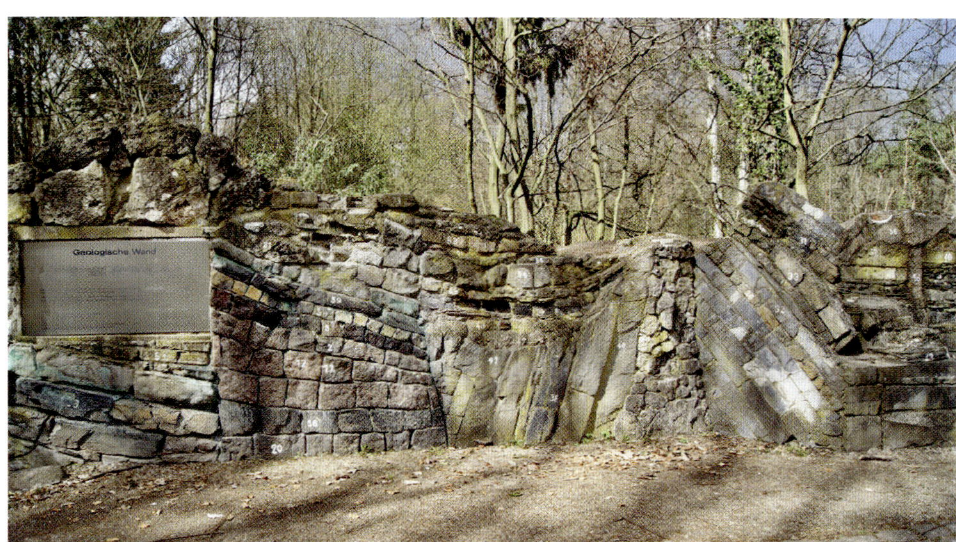

Abb. 2
Die Geologische Wand im Botanischen Volkspark Blankenfelde-Pankow wurde zwischen 1891 und 1895 errichtet und stellt mit typischen Gesteinen auf 31 m Länge und bis zu 2,5 m Höhe einen idealisierten Schnitt durch die Erdkruste Mitteleuropas dar. Sie ist als Nationaler Geotop ein bedeutendes und geschütztes Denkmal.

vor 419 Millionen Jahren mit den im Norden gelegenen Kontinenten Laurentia und Baltica zusammen und bildeten so die größere Landmasse Laurussia. Durch die Kollision entstand das Kaledonische Gebirge, das große Teile Nordwesteuropas umfasste. In Deutschland finden sich kaledonisch gefaltete Gesteine nur im tiefen Untergrund des norddeutschen Tieflands und ganz im Westen, im Hohen Venn.

Während des Devons und Karbons vor 419 bis vor 299 Millionen Jahren kollidierte schließlich der Südkontinent Gondwana mit dem Nordkontinent Laurussia. Entlang der Nahtzone entwickelte sich das Variszische Gebirge. Mit Ausnahme von Teilen Norddeutschlands wurde ganz Deutschland von der Variszischen Gebirgsbildung beeinflusst. Das Rheinische Schiefergebirge, der Harz und der Flechtinger Höhenzug liegen auf der nördlichen, laurussischen Platte. Die südlichen Mittelgebirge, wie Odenwald, Thüringer Wald, Erzgebirge, Schwarzwald und Vogesen befinden sich dagegen auf der südlichen, zu Gondwana gehörenden Platte. Am Ende der Variszischen Gebirgsbildung entstanden in der Zeit des Perms (299 bis vor 252 Millionen Jahre) im Norddeutschen Becken, in der Pfalz, in Thüringen und in Nordsachsen in einer wüstenartigen Landschaft große Vulkane. Ein Teil des ehemaligen Gebirges wurde im Perm von einem Flachmeer überflutet, das mächtige Salzablagerungen hinterließ.

Wechselnde Welten in der Zeit der Dinosaurier

Die Schwäbische- und Fränkische Alb sowie ihr Vorland, auch Südwestdeutsches Schichtstufenland genannt, aber auch das Weserbergland und das Thüringer Becken sind aus zumeist marinen Ablagerungen des Erdmittelalters, d. h. der Trias und des Jura aufgebaut.

Meeresvorstöße in der Kreidezeit prägten den Untergrund der Norddeutschen Tiefebene und das sog. Münsterländer Kreidebecken nördlich des Rheinischen Schiefergebirges. Sie reichten in Ostdeutschland weit nach Süden und führten z. B. zur Ablagerung des Sandsteins, der heute das Elbsandsteingebirge aufbaut.

Aus Ablagerungen des Erdmittelalters bestehen auch die Nördlichen Kalkalpen. Die jüngste, die Geologie Deutschlands betreffende Gebirgsbildung begann vor rund 40 Millionen Jahren, als die nördlichsten Teile des nach Norden wandernden Meeresbodens mit den Kalkalpenablagerungen von Süden her auf den europäischen Kontinentalsockel gedrückt wurden.

Einhergehend mit der Alpenentstehung erhielt auch das nördliche Alpenvorland seine geologische Prägung. Hier sammelte sich der frühe Abtragungsschutt des jungen Gebirges in einer Senke mit wechselnder

Meeres- und Seenlandschaft. Diese mächtigen Ablagerungen werden als Molasse, das Gebiet als Molassebecken bezeichnet.

Das heutige Erscheinungsbild der Alpen hat unser Bild von einem Gebirge geprägt. Auch die erwähnten alten Gebirge entsprachen vor Millionen von Jahren jeweils einem solchen Erscheinungsbild. Die ursprüngliche, felsige Schroffheit ging aber über Abtragungsprozesse sowie Umwandlungen und Überprägungen nachfolgender Gebirgsbildungen verloren. Einem Schicksal, dem auch die Alpen in der Zukunft unterliegen werden.

Gräben, Vulkane und Gletscher

Auch die Bildung des Oberrheingrabens und anderer Grabenbrüche wie der Hessischen Senke oder der Niederrheinischen Bucht setzen mit der Gebirgsbildung der Alpen ein. Im Zusammenhang mit den tiefen Brüchen, die bei diesen Bewegungen in der Erdkruste entstanden, kam es im Paläogen und Neogen bzw. Tertiär auch zu vulkanischen Aktivitäten, deren typische Spuren sich z. B. heute im Hegau, am Kaiserstuhl, in der Rhön und am Vogelsberg, im Westerwald, in der Eifel und dem Siebengebirge sowie nördlich des Erzgebirges finden.

Im Neogen (Jung-Tertiär) stieß die Ur-Nordsee nach Süden bis in den Oberrheingraben vor. Das Rheinhessische Hügelland, der Untergrund des Mainzer Beckens und auch des niederrheinischen Tieflands im Nordwesten Deutschlands weisen Meeresablagerungen aus dieser Zeit auf. Die Bildung der großen Braunkohleablagerungen, z. B. in der Niederrheinischen Bucht, in Mitteldeutschland oder in der Lausitz, erfolgte an der Küste des Neogen-Meeres. Seit dem Jung-Tertiär hebt sich das Rheinische Schiefergebirge großflächig, sodass dort, wie z. B. auch im Harz, dem Schwarzwald und den Vogesen, die früher vorhandenen jüngeren Ablagerungen wieder abgetragen wurden und sich allmählich das heutige Landschaftsbild mit Gesteinen aus älteren Perioden formt.

Die jüngsten Ablagerungen stammen aus verschiedenen Kalt- und Warmzeiten des Quartärs bzw. Pleistozäns, wobei jene aus den jüngeren Kaltzeiten den größten Flächenanteil ausmachen, v. a. in Norddeutschland.

Eiszeit in Deutschland heißt nicht, dass während der Kaltzeiten das gesamte Gebiet lebensfeindlich und voll vergletschert war. Im Süden waren die Alpen und Teile des Alpenvorlandes eisbedeckt. In Norddeutschland reichten die aus Skandinavien vorrückenden Gletscher in den letzten 400.000 Jahren mehrfach bis an den Rand der Mittelgebirge, einmal sogar bis an den Niederrhein. Das Gebiet dazwischen war immer eisfrei und Lebensraum für zahlreiche Tier- und Pflanzenarten und unterschiedliche Menschenformen. In den Warmzeiten boten auch der Alpenraum und das gesamte norddeutsche Gebiet eine gute Lebensgrundlage.

In der Eifel war es im Quartär geologisch gesehen sehr unruhig, gab es hier doch bis vor wenigen 1.000 Jahren Vulkanausbrüche. Erloschen ist diese Aktivität nicht, sie ruht nur. Die geologischen und landschaftsformenden Prozesse des jüngeren und jüngsten Quartärs schufen nicht nur das junge, natürliche Bild der Flussläufe in Deutschland, den Verlauf von Nord- und Ostseeküste, die Gestalt von Inseln wie Helgoland und Rügen, sondern sie hinterließen als Zeugen eisiger Zeiten z. B. auch den Bodensee oder die Mecklenburgische Seenplatte sowie die Urstromtäler um Berlin und in Brandenburg.

Auch die naturräumlichen Grundlagen für die historisch-kulturellen Entwicklungen in Deutschland seit der Jungsteinzeit mit beginnender Landwirtschaft, späterem Städtebau, aufkommender Industrialisierung und moderner Infrastruktur, wurden bis zum Ende der letzten Eiszeit vor rund 11.700 Jahren gelegt. Schon bald danach hat der Mensch in der geologischen Jetztzeit (Holozän) damit begonnen, in die natürlichen Prozesse der Landschaftsgestaltung einzugreifen.

WR, VW, RD

Literatur:

Becker, H. (2022): Die Gesteine Deutschlands: Fundorte – Bestimmung – Verwendung. – 320 S.; Wiebelsheim.
Böse, M., Ehlers, J. & Lehmkuhl, F. (2022): Deutschlands Norden – vom Erdaltertum zur Gegenwart. – 257 S.; Heidelberg.
Eberle, J., Eitel, B., Blümel, W.D. & Wittmann, P. (2017): Deutschlands Süden – vom Erdmittelalter zur Gegenwart. – 212 S.; Heidelberg.
Henningsen, D. & Katzung, G. (2006): Einführung in die Geologie Deutschlands. – 244 S.; Heidelberg.
Hofbauer, G. (2021): Vulkane in Deutschland. – 234 S.; Darmstadt.
Rosendahl, W., Darga, R. & Döppes, D. (2022): EisZeitReise Deutschland: 36 Entdeckungen vom Chiemsee bis Flensburg. – 152 S.; Oppenheim.
Rothe, P. (2010): Gesteine. Entstehung-Zerstörung-Umbildung. – 192 S.; Darmstadt.
Rothe, P. (2015): Erdgeschichte. Spurensuche im Gestein. – 256 S.; Darmstadt.
Rothe, P. (2019): Die Geologie Deutschlands. 48 Landschaften im Portrait. – 288 S.; Darmstadt.
Wagenbreth, O. & Steiner, W. (1990): Geologische Streifzüge: Landschaft und Erdgeschichte zwischen Kap Arkona und Fichtelberg. – 203 S.; Leipzig.
Walter, R. (1995): Geologie von Mitteleuropa. – 566 S.; Stuttgart.
Zöller, L. (Hrsg.) (2017): Die physische Geographie Deutschlands. – 208 S.; Darmstadt.

Informationen zum KTB und zur Geologischen Wand:

www.botanischer-volkspark-pankow.de
www.geozentrum-ktb.de
www.gruen-berlin.de

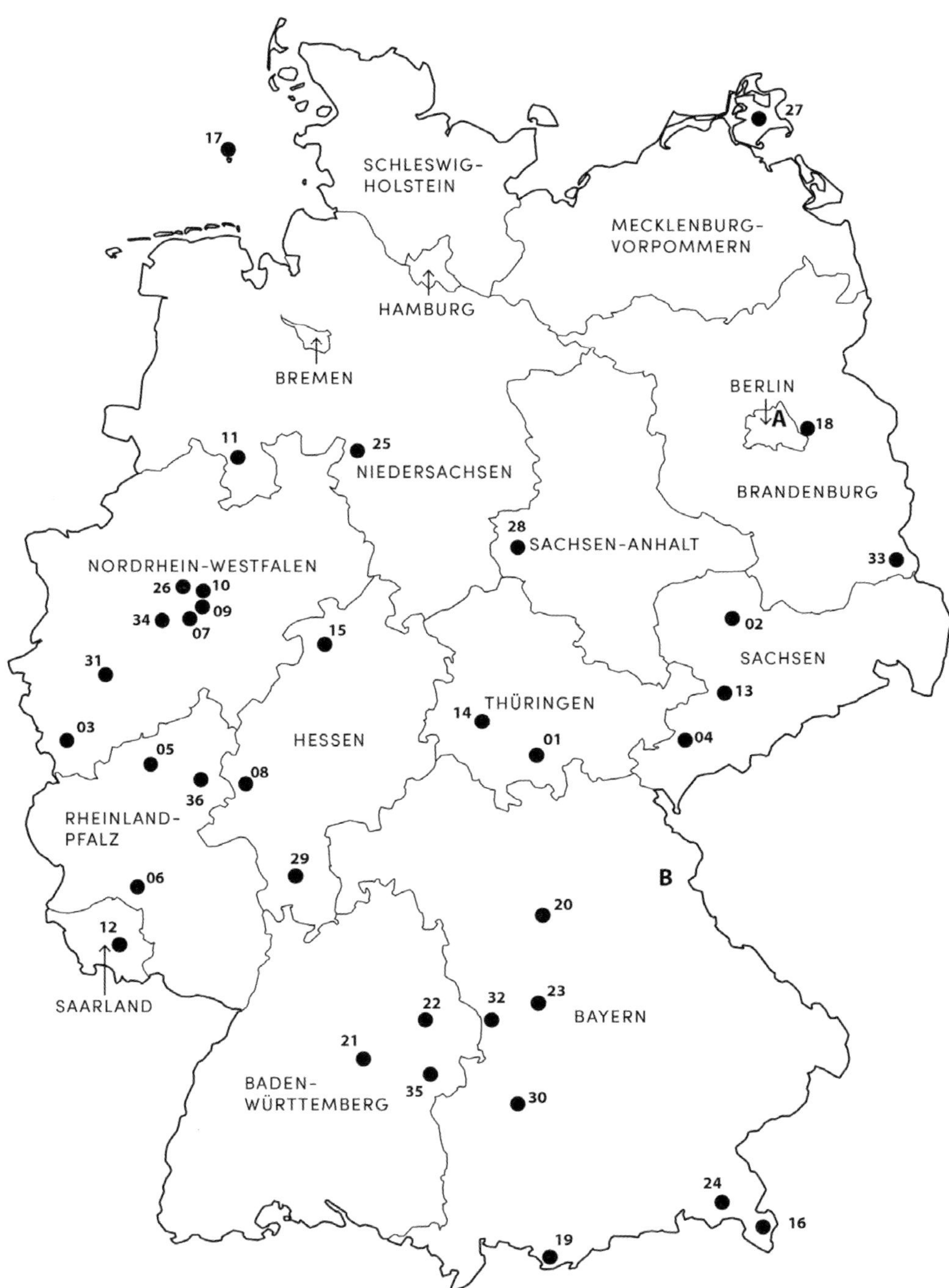
SCHLESWIG-
HOLSTEIN
MECKLENBURG-
VORPOMMERN
HAMBURG
BREMEN
BERLIN
A
BRANDENBURG
NIEDERSACHSEN
SACHSEN-ANHALT
NORDRHEIN-WESTFALEN
SACHSEN
THÜRINGEN
HESSEN
RHEINLAND-
PFALZ
SAARLAND
B
BAYERN
BADEN-
WÜRTTEMBERG
01
02
03
04
05
06
07
08
09
10
11
12
13
14
15
16
17
18
19
20
21
22
23
24
25
26
27
28
29
30
31
32
33
34
35
36

01 Ein Hauch des Anbeginns und goldene Spuren – Die Schichten von Katzhütte (Thüringen)

Präkambrium (4600–539 Mio. Jahre)

Katzhütte-Oelze ist eine kleine Gemeinde im Tal der Schwarza im Grenzbereich von Thüringer Wald und Thüringer Schiefergebirge. Sie liegt im Landkreis Saalfeld-Rudolstadt, ungefähr zwischen Eisfeld und Bad Blankenburg. Geologisch gesehen befindet sich Katzhütte nahe dem Westrand des Thüringer Schiefergebirges. Dieses besteht aus dem Schwarzburger Sattel, der Ostthüringischen Mulde, dem Bergaer Sattel und der Vogtländer Mulde.

Schatten der Vergangenheit

Der Geschichte all dieser geologisch gefassten Gebiete ist gemeinsam, dass sie im jüngeren Neoproterozoikum, der jüngsten Ära des Präkambriums, und dem älteren Paläozoikum stattfand.

Der Schwarzburger Sattel im Westen dieser Struktur beherbergt die ältesten Bestandteile dieses frühen Bausteins der deutschen Kontinentalkruste – die Katzhütte-Gruppe (ehem. Katzhütter Schichten). Diese insgesamt ca. 2.300 m mächtige Ablagerungsfolge datiert in die Zeit von 580 Millionen bis vor 539 Millionen Jahren. Das ist die erdgeschichtliche Epoche des Ediacariums, des jüngsten Abschnittes im Neoproterozoikum. Aus dem Ediacarium stammen die ältesten bekannten mehrzelligen, tierischen Lebewesen.

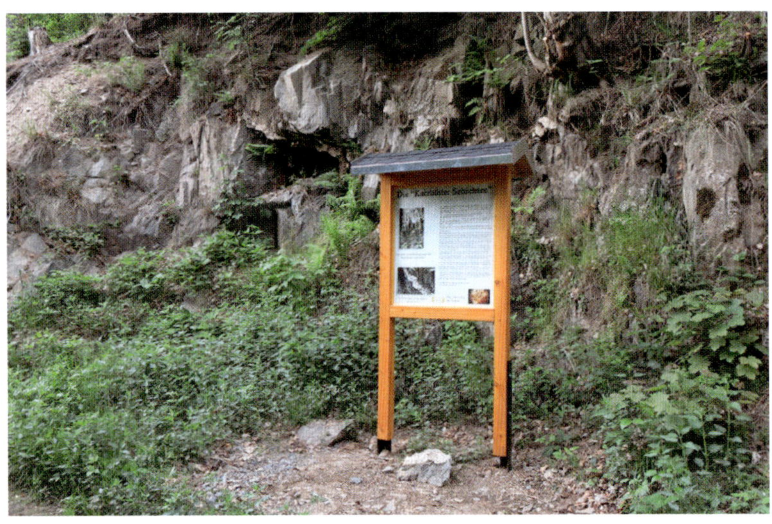

Abb. 1
Eine Tafel des 6 km langen Geolehrpfads „Katzhütter Schichten" bei Katzhütte in einem ehemaligen Steinbruch in den Grauwacken der Katzhütter Schichten.

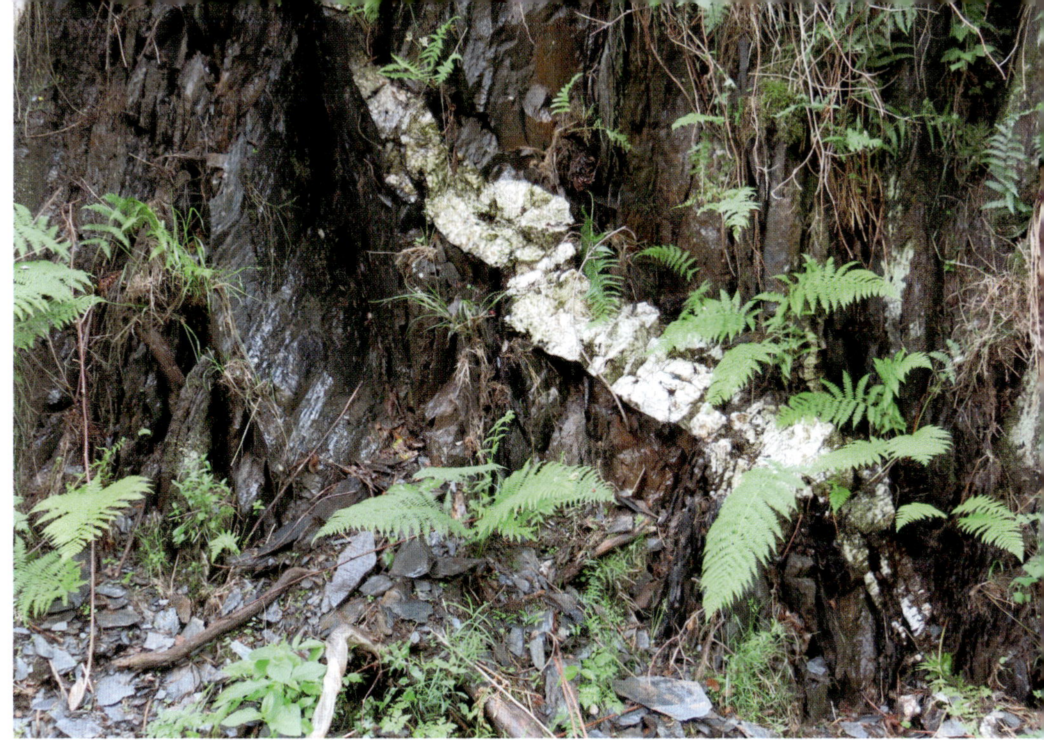

Man spricht heute von Katzhütte-Gruppe, weil drei z. T. deutlich überprägte (metamorphe) Schichtenfolgen kartiert werden konnten. Diese zeigen sehr unterschiedliche Ablagerungsumstände an. Mit dieser Differenzierung ergibt sich ein Fenster in eine Zeit, in der die Weltkarte vollkommen anders aussah als heute.

Abb. 2
So sehen die Quarzgänge in der Katzhütte Gruppe aus. Sie sind der Ursprung des Goldes in der Katze und der Schwarza.

Neue Kontinente und neue Gebirge

Vor rund 600 Millionen Jahren existierte der Großkontinent Gondwana, welcher aus einer Kollision von Ost- und West-Gondwana und weiteren, kleineren Protokontinenten hervorgegangen war. Diese Neuzusammenstellung von Kontinentmassen war noch nicht stabil, sodass sich am Nordrand dieses Großkontinents auch wieder kleinere Partien ablösten. Dabei kam es zu starkem Vulkanismus und erhöhter Abtragung, was zur Bildung von verschiedensten Ton-, Sand- und Kiesablagerungen führte. Als ältestes Glied dieser als Katzhütte-Gruppe zusammengefassten Ablagerungsfolge entstand die bis zu 1.200 m mächtige Schnett-Formation. In ihr dominieren Sandablagerungen mit z. T. hohem Feldspatgehalt, daneben auch Schichten mit Geröllen aus granitischen und basaltischen Ergussgesteinen und Tuffen. In den oberen Teilen der Schnett-Formation treten als Besonderheit Schichten mit dem Gefüge untermeerischer Lawinen (Turbidite) auf. Aus diesen Ablagerungen wurden durch Einwirkung von Druck und Temperatur später Phyllite, Quarzite, Arkosen und Konglomerate.

Abb. 3
Nahaufnahme von Grauwacken der Katzhütter Schichten im Aufschluss.

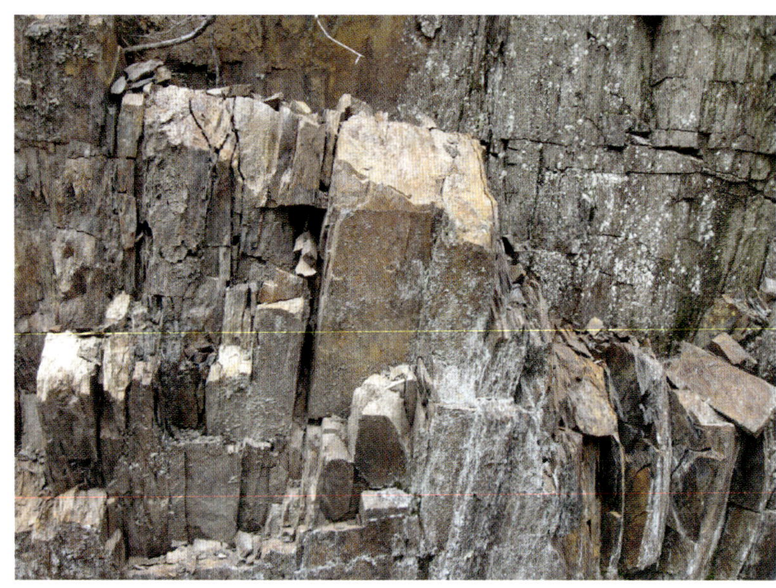

Abb. 4
Wegen eines extrem kleinen Schieferungswinkels verwittern die Schiefer der Katzhütter Schichten zu sehr dünnen und messerscharfen Platten.

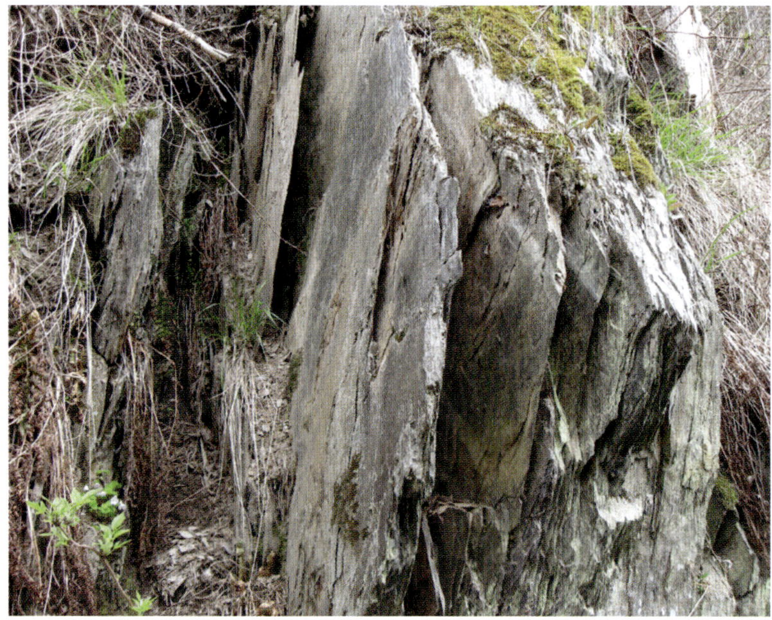

Die mittlere Abfolge in der Katzhütte-Gruppe ist die ca. 600 m mächtige Großbreitenbach-Formation, die v. a. aus einer Grauwacken-Tonschiefer-Wechsellagerung besteht. Als Ausgangssediment stehen wieder Sand- und Tonablagerungen im Vordergrund.

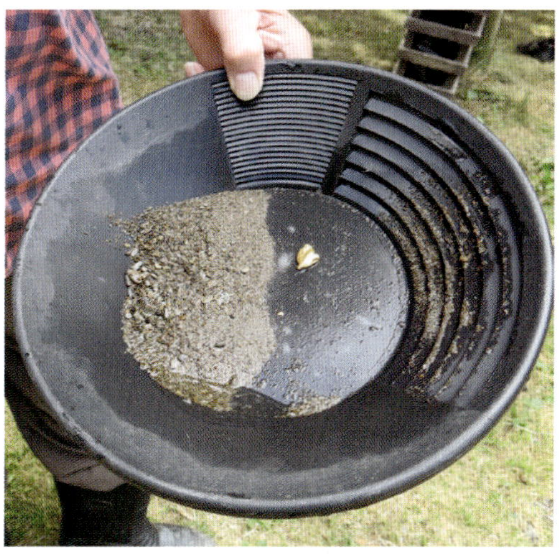

Abb. 5
Das größte bisher im Sediment des Flusses Katze gefundene Goldnugget in der Waschpfanne. In der Heimatstube von Katzhütte gibt es mehr zum Gold aus der Katze zu sehen.

Die oberste Einheit der Katzhütte-Gruppe ist die mehr als 500 m mächtige Frohnberg-Formation, die in wechselnder Zusammensetzung Grauwacke und Tonschiefer enthält.

Die Schichten aus der Zeit der Cadomischen Gebirgsbildung wurden nachfolgend von der variszischen (Devon bis Perm) Gebirgsbildung überprägt. Dabei entwickelten sich aus den feinkörnigen Ablagerungen der Katzhütte-Gruppe verschiedene Schiefer. Als weitere Bildung aus den jüngeren Gebirgsbildungen treten auch in den präkambrischen Schichten Quarzgänge auf, in denen sich feinverteiltes Gold befindet. Dieses Gold war ursprünglich an die Mineralien Pyrit und Arsenopyrit gebunden und erst durch Verwitterungsprozesse ausgeschieden worden. Entsprechend geringmächtig sind die ursprünglichen, elementares Gold führenden Zonen. Über landschaftsformende Verwitterungsprozesse im Quartär kam besonders aus Ablagerungen des Schwarzburger Sattels gediegenes Gold in die Flüsse, wo es in der Schwarza und ihren Nebenflüssen gewaschen sowie auf den alten Flusshochterrassen bergmännisch gewonnen wurde.

RD

Weiterführende Informationen:
www.heimatverein-katzhuette-oelze.de
www.goldmuseum.de

Literatur:

Martens, Th. (2003): Thüringer Wald. – Sammlung geologischer Führer, Bd. 95, 252 S.; Stuttgart.
Seidel, G. (Hrsg.) (2003): Geologie von Thüringen. – 601 S.; Stuttgart.

02 Aus den sandigen Tiefen eines uralten Meeres – **Der Collmberg bei Wermsdorf (Sachsen)**

Kambrium (539–485 Mio. Jahre)

Er ist uralt, steinhart und schon von weitem sichtbar, der Collmberg bei Wermsdorf im Landkreis Nordsachsen. Die 316 m über den Meeresspiegel und 200 m über die Landschaft der Leipziger Tieflandbucht herausragende Kuppe besteht aus einer quarzitischen Grauwacke. Im Vergleich zu anderen Gesteinen ist diese sehr verwitterungsstabil, sodass der Collmberg vielen Jahrmillionen als Härtling der Abtragung widerstand. Das macht ihn auch zur ältesten Landschaftserhebung in Sachsen.

Der Ursprung der Grauwacke führt aber noch viel tiefer in die Erdgeschichte, nämlich in die Frühzeit des Erdaltertums vor rund 500 Millionen Jahren. Es ist die Zeit des Kambriums, das vor 539 Millionen Jahren begann und vor 485 Millionen Jahren endete. Verschiedene Kontinente gruppierten sich um den Äquator. Es herrschte ein tropisch-warmes Klima und die Landmassen waren ohne jegliche Lebensform. In den Ozeanen tummelte sich das Leben und hier kam es während des Kam-

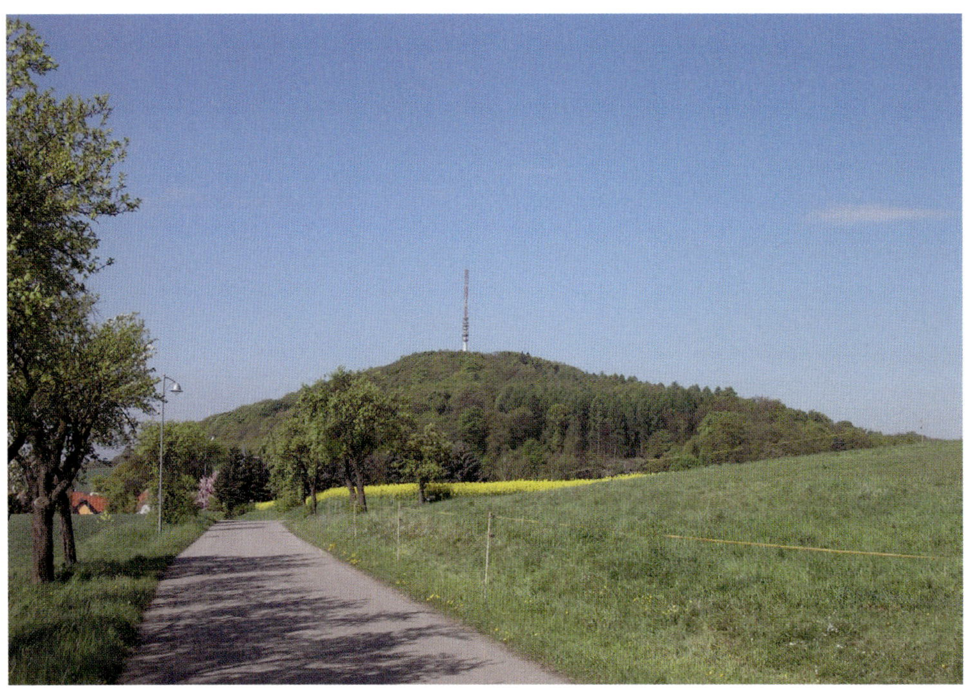

Abb. 1 Blick auf den Collmberg von Osten.

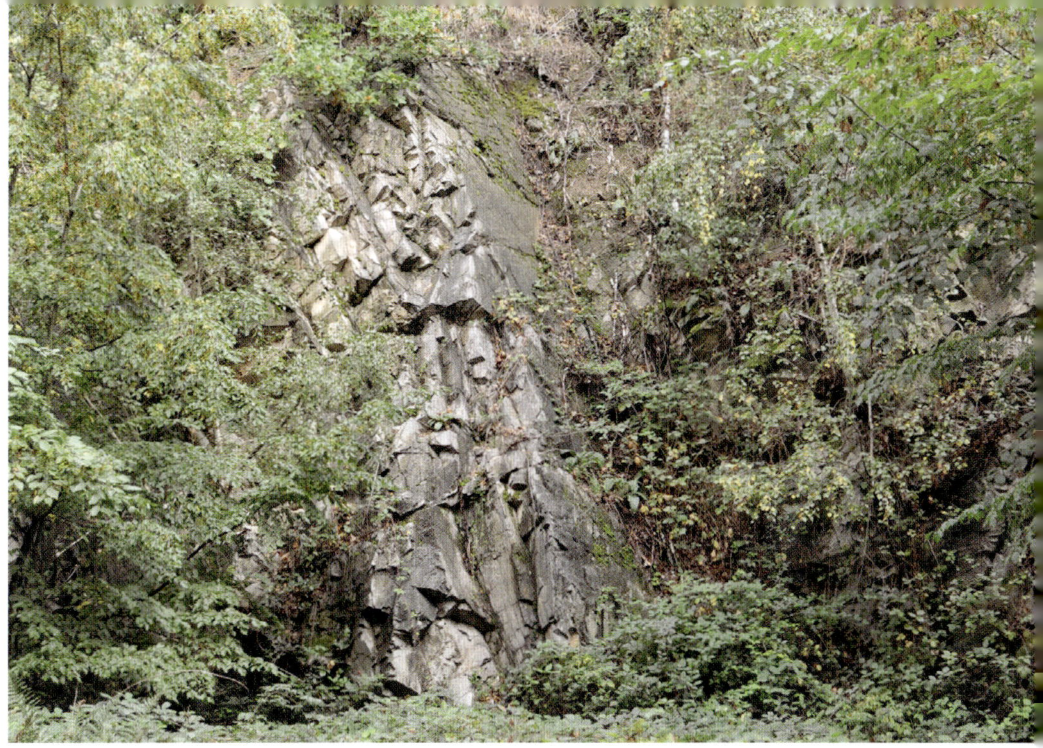

Abb. 2
Blick auf die quarzitische Grauwacke in einem alten Steinbruch am Südwesthang des Collmberges. Heute ein Naturdenkmal.

briums zu einer starken Zunahme an Organismen. Man spricht deshalb auch von der „Kambrischen Explosion“. In der Grauwacke vom Collmberg finden sich keine Lebensspuren.

Bei Grauwacke handelt es sich um meist graue oder graugrüne Sandsteine mit einer schlechten Sortierung der fein- bis grobkörnigen Kornkomponenten aus Quarz, Feldspat und anderen Gemengeteilen und Gesteinsbruchstücken. Bei einem sehr hohen Quarzanteil, auch im Bindemittel (= kieselig), spricht man von einer quarzitischen Grauwacke. Das Sedimentgestein ist sehr dicht und hart.

Wie Sand im Meer

In einem Ur-Ozean (Japetus-Ozean) vor dem Nordrand des Gondwana-Kontinentes war im Kambrium als Inselbogen ein neues Gebirge entstanden, welches als Cadomisches Gebirge bezeichnet wird. Verwitterungsschutt von diesem Gebirge wurde an dessen Südrand als quarzreicher Sand im Ozean abgelagert. Diese Sedimente wurden in der Folgezeit durch Druck und Temperatur verfestigt und nachfolgend bei weiteren Gebirgsbildungsprozessen leicht verändert, d. h. niedrig metamorph überprägt. Die so entstandene quarzitische Grauwacke wurde bei der Variszischen Gebirgsbildung im Karbon (359 bis vor 299 Millionen Jahre) herausgehoben und bildet heute den Collmberg.

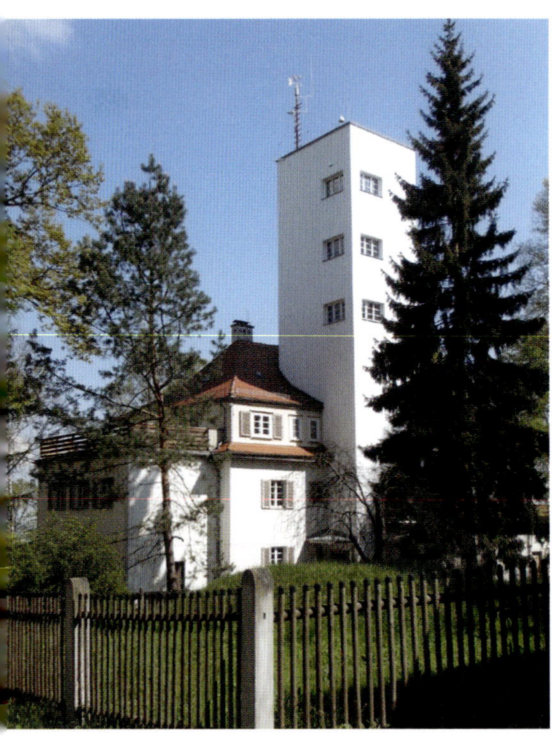

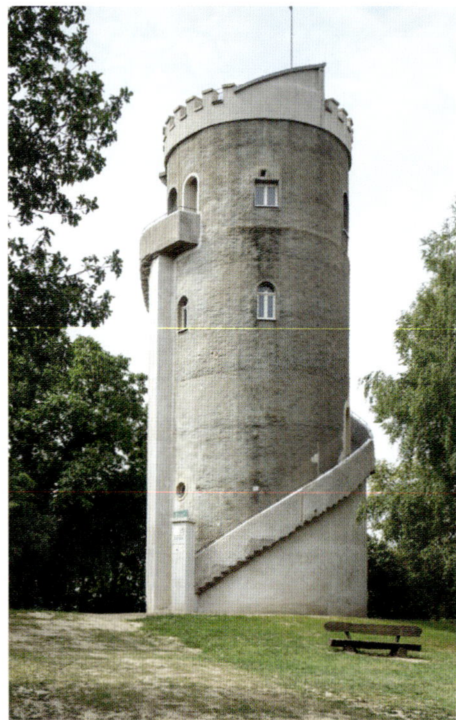

Abb. 3 (links)
Das geophysikalische Observatorium der Universität Leipzig wurde 1902 auf dem Collmberg errichtet.

Abb. 4 (rechts)
Der Alberttum auf dem Gipfel des Collmberges bietet beste Aussichten in die umliegenden Landschaften.

Highlight im Geopark

Der Collm (slawisch = Hügel, Kuppe), wie er auch genannt wird, ist nicht nur eine markante Landmarke, sondern auch ein bedeutender Urzeitzeuge im Geopark „Porphyrland. Steinreich in Sachsen". Der Park wurde 2006 gegründet und ist seit 2014 als Nationaler Geopark zertifiziert. Sein Slogan ist „Geschaffen aus Lava, geformt von Eis, bearbeitet von Menschenhand". Geothematischer Schwerpunkt ist der Vulkanismus der Permzeit mit dem Rochlitzer Porphyrtuff. Daher auch die Parkbenennung.

Die Grauwacke vom Collmberg ist ein besonderes Highlight des Geoparks, denn es ist das älteste dort vorkommende Gestein. Ein aufgelassener Steinbruch am Collm ermöglicht eine direkte Begegnung mit den Meereswelten des Kambriums vor 500 Millionen Jahren. Beginnend in der ersten Hälfte des 19. Jhs., wurde in dem Steinbruch bis 1959 Grauwacke als Baumaterial für unterschiedliche Zwecke gewonnen. Wie archäologische Funde zeigen, wurde das Gestein schon in der Jungsteinzeit als Material für Steinwerkzeuge geschätzt.

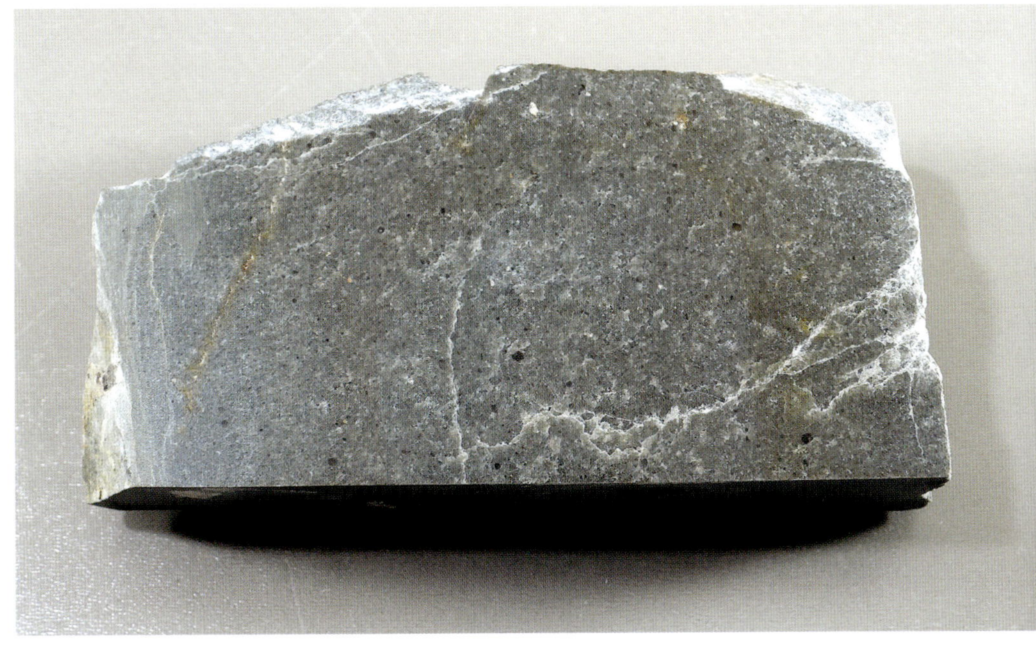

Abb. 5
Angeschliffenes Handstück der quarzitischen Grauwacke vom Collmberg.

Für eine Erkundung des Collmberges empfiehlt sich die vom Nationalen Geopark „Porphyrland. Steinreich in Sachsen" erstellte GeoRoute Collm. Der 4,9 km lange Rundweg startet am Parkplatz westlich des Ortseinganges von Collm, einem Ortsteil der Gemeinde Wermsdorf. Der Weg führt nicht nur zum Grauwackensteinbruch, sondern am Nordwesthang des Berges auch zu einem geophysikalischen Observatorium. Die 1902 errichtete Forschungsstelle der Universität Leipzig dient zur Erdbebenüberwachung und Erkundung der Hochatmosphäre. Der höchste und aussichtreichste Punkt der Route ist der 1854 errichtete Albertturm. Von hier aus geht es zurück zum Ausgangspunkt.

WR

Weiterführende Informationen:
www.geopark-porphyrland.de

Literatur:

Pälchen, W. & Walter, H. (Hrsg.) (2008): Geologie von Sachsen I. Geologischer Bau und Entwicklungsgeschichte. – 537 S.; Stuttgart.

03 Bewegt und doppelt gefaltet – **Auf den Spuren uralter Gebirgsbildungen im Hohen Venn/ Eifel bei Düren (Nordrhein-Westfalen)**

Ordovizium (485–444 Mio. Jahre)

Die Ablagerungen aus dem Ordovizium (485 bis vor 444 Millionen Jahren) entstanden im Rheischen Ozean, einem Meeresbecken, in das vom südlich gelegenen Urkontinent Gondwana vorwiegend toniges Material eingetragen wurde. Daraus bildeten sich später Tonsteine und Schiefer.

Vom Kontinentalhang her lieferten Schlammströme auch Sand, der heute Sandsteinbänke innerhalb der Schichtenfolge bildet. Solche Ablagerungen finden sich v.a. in Thüringen und Sachsen und zeigen eine über lange Zeit (Kambrium bis Devon) mehr oder weniger kontinuierliche Sedimentation an.

In Nordwesteuropa verlief die Entwicklung dagegen deutlich bewegter. Hier spalteten sich im Ordovizium die Kleinkontinente Baltica und Avalonia von Gondwana ab und drifteten nordwärts. Dort kollidierten sie im Silur (444 bis vor 419 Millionen Jahren) mit dem Nordkontinent Laurentia. So bildete sich der neue, größere Kontinent Laurussia. An der Nahtlinie der Kontinentalplatten entstand ein Faltengebirge, das

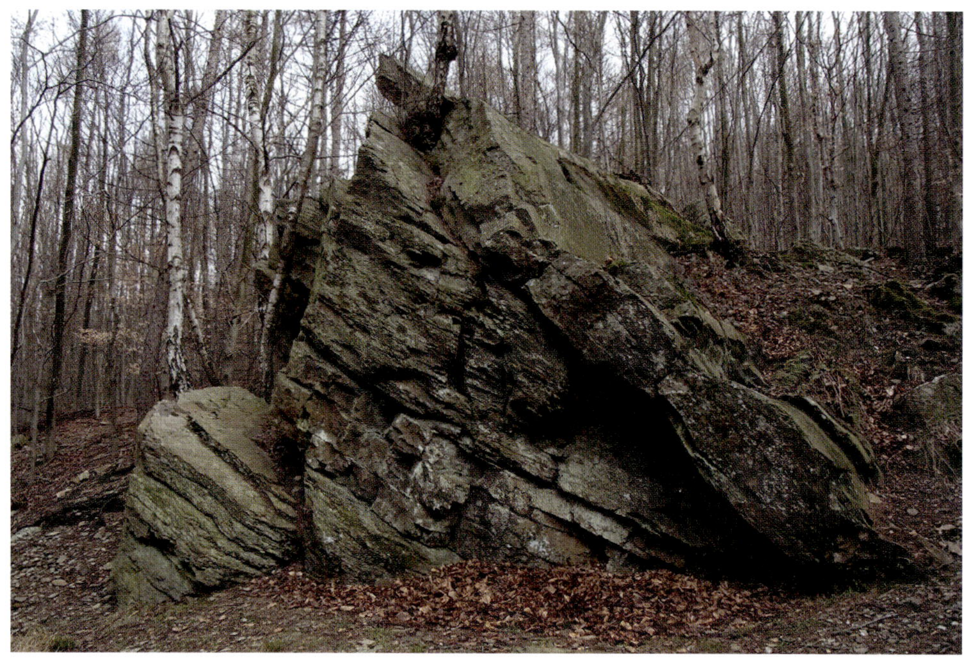

Abb. 1 Aufschluss der kaledonischen Diskordanz bei Hürtgenwald-Vossenack: rechts steil nach Südost einfallend das Konglomerat des Unterdevon (Gedinne); links geringer geneigt, Ton- und Sandsteine des Unterordoviziums.

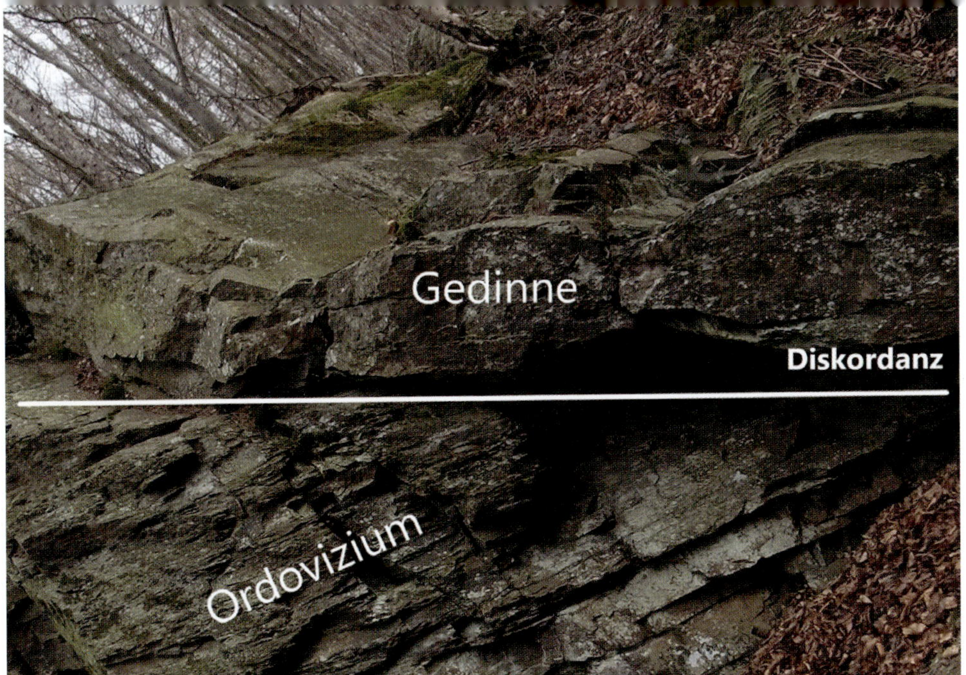

Kaledonische Gebirge. Es umfasst große Teile Skandinaviens, der Britischen Inseln, Ost-Grönlands und der Appalachen. Auch im Untergrund Nordfrankreichs und Belgiens gibt es kaledonisch gefaltete Schichten.

Abb. 2
Durch Drehung der Diskordanzfläche in die Waagerechte erzeugte Rekonstruktion der Situation zur Zeit der Ablagerung des Gedinne-Konglomerats aus dem Devon; Einfallen der Schichten des Ordoviziums mit ca. 25° nach Nordwesten.

Spuren des Kaledonischen Gebirges

In Deutschland treten kaledonisch gefaltete Schichten nur im Hohen Venn an die Erdoberfläche. In diesem Randbereich wurde das alte Gebirge verhältnismäßig rasch wieder abgetragen, sodass das Rhenoherzynische Meer im Unterdevon (vor 415 Millionen Jahren) den Gebirgsrumpf wieder überflutete. Das Rhenoherzynische Meer hatte sich aus dem Rheischen Ozean entwickelt und existierte bis zum Karbon. Dann driftete auch der Gondwana-Kontinent nach Norden und stieß letztlich mit Laurussia zusammen. Dadurch wurden die Ablagerungen im Rhenoherzynischen Becken am Ende des Karbons vor ca. 300 Millionen Jahren zum Variszischen Gebirge aufgefaltet. Dazu gehören große Teile Mitteleuropas, v. a. auch das Rheinische Schiefergebirge mit dem Hohen Venn. Die ordovizischen Schichten des Hohen Venn wurden also zwei Mal gefaltet: im Silur durch die Kaledonische und im Karbon durch die Variszische Gebirgsbildung. Entsprechend kompliziert sind hier die Faltenstrukturen.

Schichten, zwei Mal gefaltet

Am Westfuß der Katzenhardt bei Hürtgenwald-Vossenack liegt ein Aufschluss, der die Auswirkungen der zweifachen Gebirgsbildung

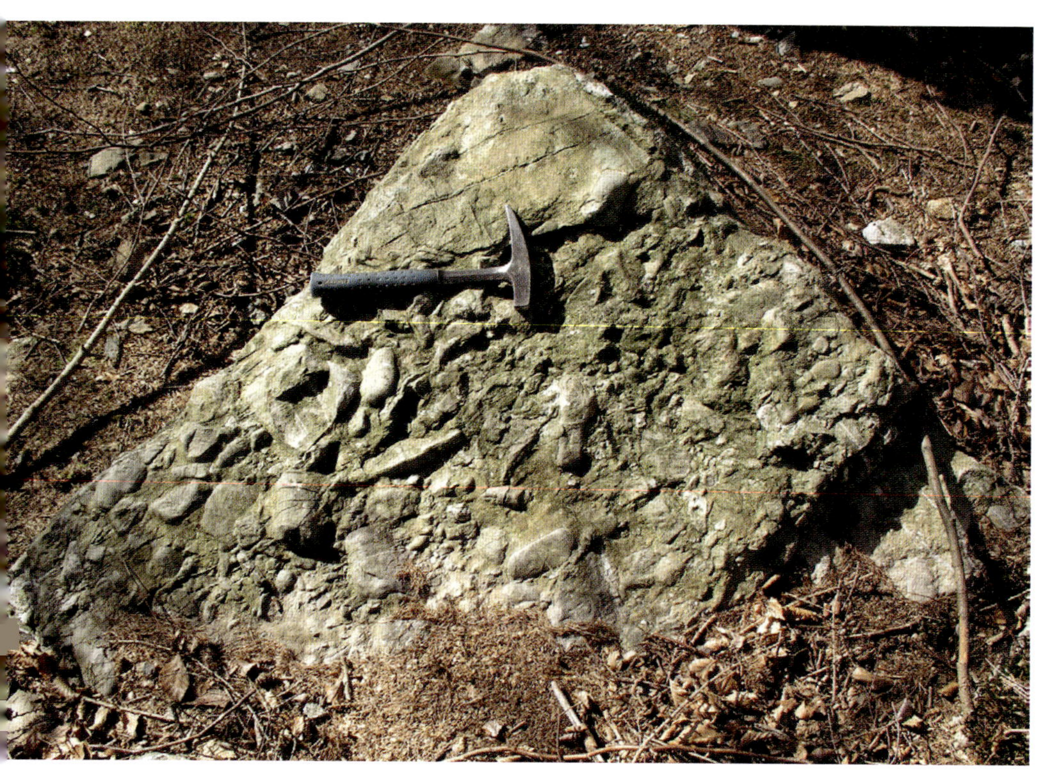

Abb. 3
Grobes Basis-Konglomerat des Unterdevon (Gedinne): aufgearbeitete Brandungsgerölle aus Gesteinen des Ordoviziums.

zeigt. Man erreicht ihn, wenn man in Vossenack-Germeter (Gemeinde Hürtgenwald, Kreis Düren) die Bundesstraße 399 am Zweifaller Weg verlässt und diesem zu Fuß etwa 1,2 km in westliche Richtung folgt. Die Felsen sind kurz vor Erreichen der Weggabelung im Wehebachtal rechts am Berghang zu finden.

In der Felsklippe grenzen Gesteine des Unterordoviziums (ca. 480 Millionen Jahre) und des Unterdevons (ca. 416 Millionen Jahre) aneinander. Ablagerungen des höheren Ordoviziums und des Silurs fehlen, weil sie während der Gebirgsbildung gar nicht abgelagert oder vor dem Devon wieder abgetragen wurden. Die Schichten des Ordoviziums bestehen hier aus geschiefertem Tonstein, in den eine Sandsteinbank eingelagert ist. Die Schichten sind mit ca. 25° nach Südosten geneigt. Sie stoßen gegen eine ca. 60 cm dicke Lage eines groben, konglomeratischen Sandsteins des Unterdevons (Gedinne). Dieser entstand, als die Brandung des Devonmeers den felsigen Untergrund aufarbeitete. Die Konglomeratlage ist durch die Variszische Faltung am Ende der Karbonzeit um ca. 50° nach Südosten geneigt. Denkt man sich diese Lage in die Waagerechte zurückgedreht, so wie sie abgelagert wurde, erkennt man, dass

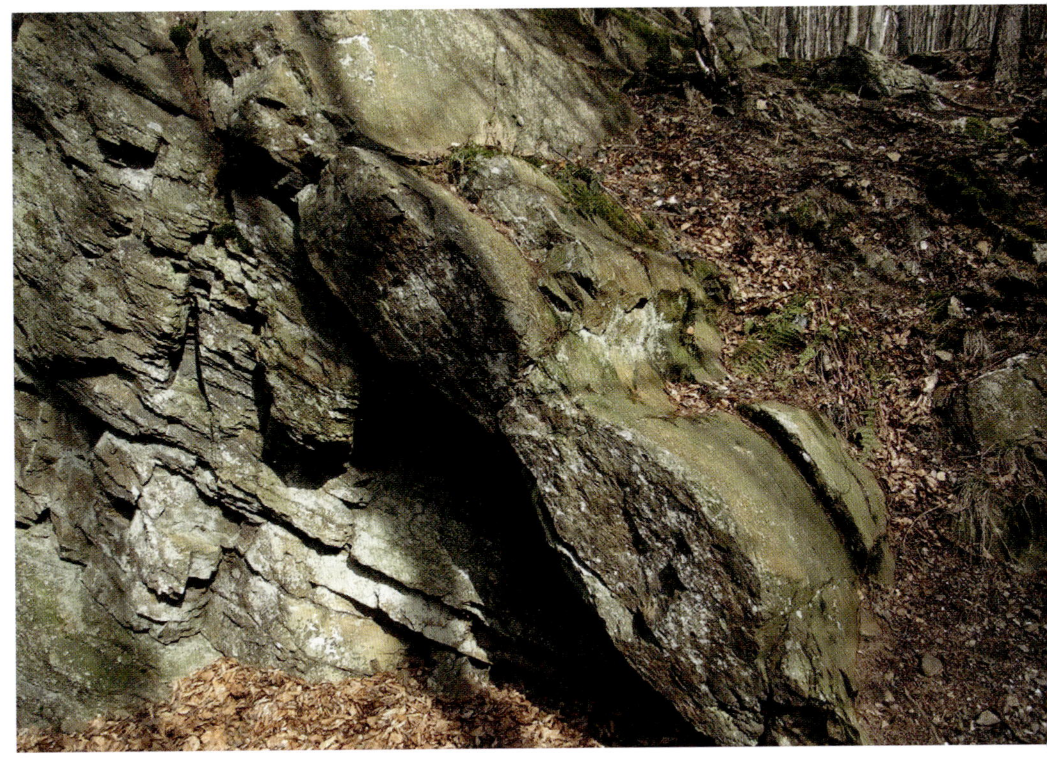

Abb. 4
In „Boudins" gegliederte Bank des Gedinne-Konglomerats.

die ordovizischen Schichten ursprünglich mit ca. 25° in die entgegengesetzte Richtung nach Nordwesten hin einfielen. Die Kaledonische Faltung wurde durch die spätere variszische stark überprägt.

Die Konglomeratlage wurde durch Gebirgsdruck auseinandergequetscht und bildet nun regelmäßige, wulstartige Strukturen. Der Vorgang wird als „Boudinage" bezeichnet. Er tritt dann auf, wenn sich harte (hier das Konglomerat) und weiche Schichten (ursprünglich darüber liegende Tonsteine) abwechseln.

VW

Weiterführende Informationen:
www.naturpark-eifel.de/de

Literatur:

Knapp, G. (1980): Erläuterungen zur Geologischen Karte der nördlichen Eifel 1:100 000 (3. Aufl.). – 155 S.; Krefeld.
Walter, R. (2010): Aachen und südliche Umgebung. – Sammlung geologischer Führer, Bd. 100, 360 S.; Stuttgart.

04 Ein Meeresboden, der es in sich hat – **Das Alaunbergwerk Mühlwand bei Reichenbach (Sachsen)**

Silur
(444–419 Mio. Jahre)

Ein Besuch im Alaunbergwerk Mühlwand bei Reichenbach im Vogtland ist nicht nur eine interessante Begegnung mit der unterirdischen Arbeitswelt vergangener Jahrhunderte. Es ist auch eine Reise in ein zu Stein gewordenes Urmeer. Zeuge dieser Welt ist der 430 Millionen Jahre alte Alaunschiefer, der hier abgebaut wurde. Das schwarzgraue Gestein

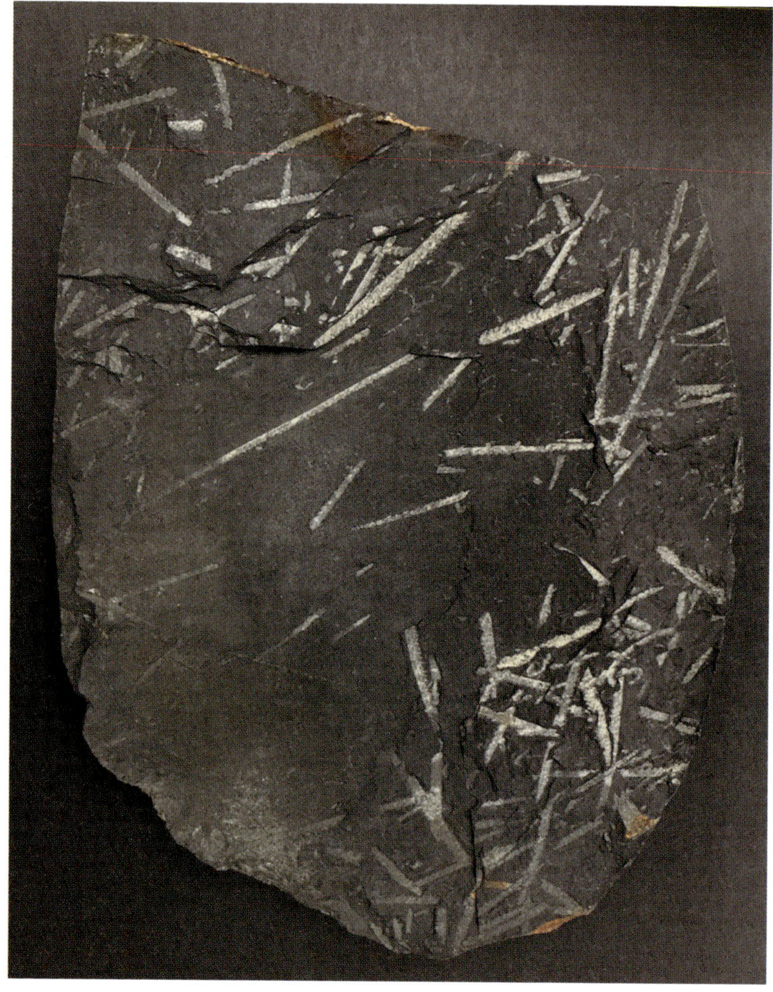

Abb. 1
Auch im Alaunschiefer aus Mühlwand finden sich Graptolithen als typische Fossilien von Lebewesen des Silurmeeres (Größe der Platte: ca. 15 × 15 cm).

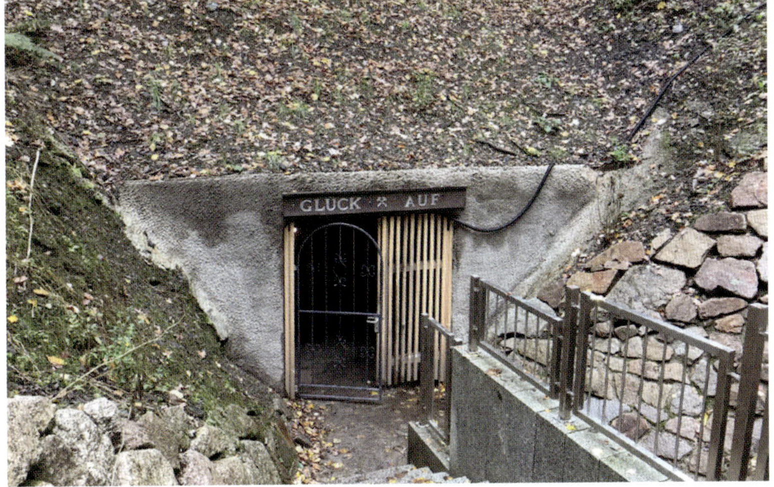

Abb. 2
Durch das Stollenmundloch betreten die Gäste die unterirdische Welt des Alaunbergwerks Mühlwand.

war in der erdgeschichtlichen Periode des Silur (444 bis vor 419 Millionen Jahren) ein toniger Schlamm im sauerstoffarmen Bodenbereich eines tiefen Meeres. Dieser Rheische Ozean lag auf der Südhalbkugel, zwischen den Nordkontinenten Laurentia und Baltica und dem Südkontinent Gondwana.

Typische Lebewesen in der silurischen Unterwasserwelt waren z. B. frühe Panzerfische, Riesenskorpione und weitverbreitet Graptolithen. Bei Graptolithen handelt es sich um strichförmige Kolonien von winzigen, polypenartigen Tieren. Wegen ihrer gezackten Kanten sehen diese im schwarzen Gestein wie Stücke von dünnen Sägeblättern aus. Nach neueren Erkenntnissen bestand im Silur das Leben auf den Kontinenten bereits aus Gefäßpflanzen, Tausendfüßern und Insekten.

Ein inhaltsreicher Schiefer

Der Sauerstoffmangel am silurischen Meeresboden verhinderte die vollständige Zersetzung von toten Organismen, es kam zur Inkohlung. Als Graphit ist diese für die schwarze Färbung des Sedimentes verantwortlich. Die besonderen Bildungsbedingungen führten darüber hinaus auch zur Ausfällung von Sulfiden und zur Bildung von Pyrit und Markasit. Durch Druck und Temperatur entstand aus den Meeresablagerungen über die Jahrmillionen hinweg ein geringmetamorpher Tonschiefer, welcher als Schwarzschiefer bezeichnet wird. Weil aus dem Gestein Alaun gewonnen werden konnte, erhielt es die Bezeichnung Alaunschiefer. Durch Rösten und Sieden des Schiefers bildet sich aus den darin enthaltenen Sulfiden Schwefelsäure, welche in Reaktion mit Tonmineralien und Graphit ein schwefelsaures Doppelsalz entstehen lässt. Das so gewonnene Alaun war ein wichtiger Rohstoff bei der Papierherstellung, Färberei und Gerberei.

In Mühlwand wurde ab dem Ende des 17. Jhs. mit dem Alaunschieferabbau begonnen. Grundlage war eine am 9. Juni 1691 erteilte kurfürstliche

„... Concession über Anrichtung eines Vitriol- Alaun- und Schwefel-Waser-Werk ...“.

Anfänglich erfolgte der Abbau obertägig in einem Steinbruch, bald aber auch unterirdisch über Stollen und Schächte. Ein zum Bergwerk gehöriges Verwaltungsgebäude und ein Siedehaus wurden an der Göltzsch errichtet. 1765 endete die Zeit der privaten Besitzer und Pächter und mit Übernahme durch die kurfürstliche Kammer wurde das Bergwerk sozusagen verstaatlicht. In den Folgejahren kam es zu verschiedenen betrieblichen Erweiterungen im Abbau- und Aufbereitungsbereich. Mit der Entwicklung der chemisch-industriellen Herstellung von Alaun

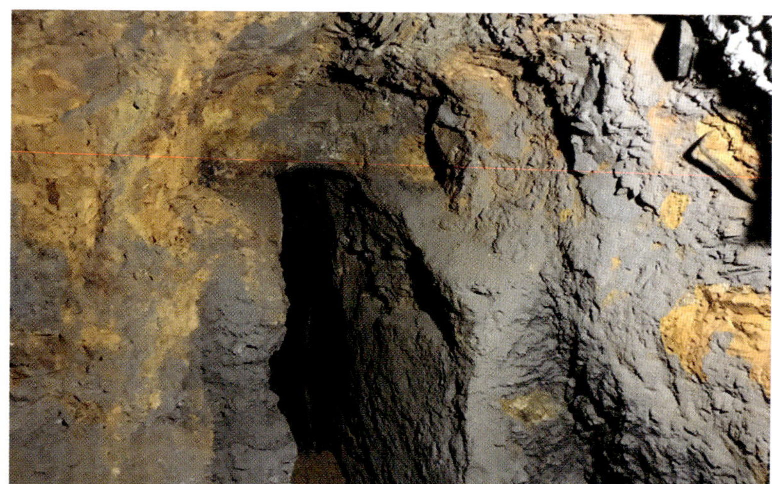

Abb. 3
Blick in einen Stollen im Alaunbergwerk.

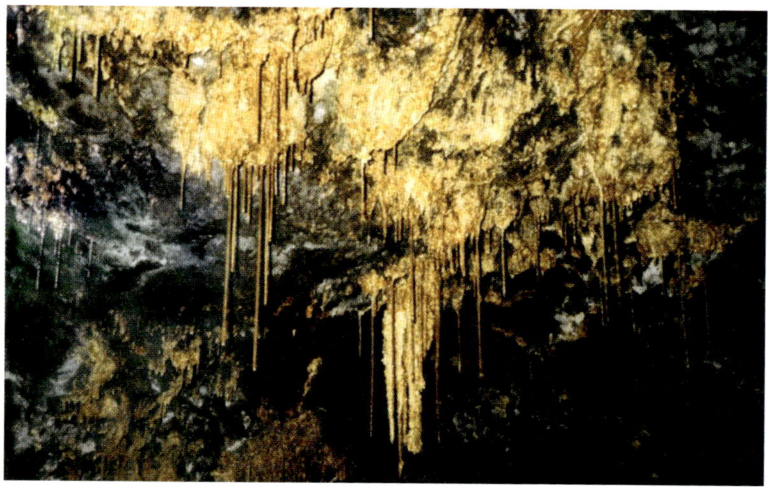

Abb. 4
Diadochit-Stalaktiten als junge Mineralbildung in einem Stollenbereich des Alaunbergwerks.

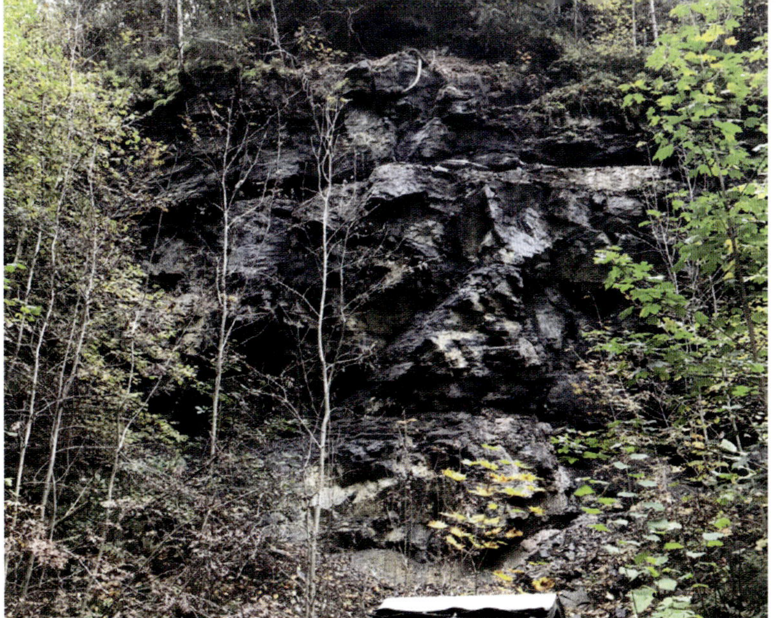

Abb. 5
Ehemaliger Tagebau von Alaunschiefer im Alaunwerk Mühlwand.

nach 1800 verlor die Gewinnung auch in Mühlwand mehr und mehr an Wirtschaftlichkeit. 1827 wurde das Bergwerk geschlossen.

Entdeckung im Unterirdischen

Während von den obertägigen Werks- und Aufbereitungsanlagen nur noch Überreste einer alten Röstbühne existieren, sind die unterirdischen Arbeits- und Abbauwelten noch erhalten. Dass interessierte Gäste das Alaunwerk Mühlwand seit September 2001 zu ausgewählten Zeiten besuchen können, ist dem 1998 gegründeten Verein „Tropfsteingrotte Alaunwerk Mühlwand/Reichenbach e. V." zu verdanken. Bei einer fachkundigen, etwa 40-minütigen Führung kann man rund 500 m des großen Stollensystems erkunden. In den Gängen sind nicht nur die Spuren der mühevollen, händischen Abbauarbeit der ehemaligen Bergleute zu sehen, sondern in einigen Bereichen auch farbenprächtige, tropfsteinartige Gebilde. Diese entstehen, wenn Grubenwasser verdunstet und darin aus dem Schiefer gelöste Mineralsubstanzen miteinander reagieren und sich durch Kristallisation sog. Sekundär-Minerale bilden – junge Bildungen mit Ursprüngen im Silurmeer.

WR

Weiterführende Informationen:
www.alaunwerk.de

Literatur:
Viebahn, W. (2022): Zur Wiederentdeckung des Alaunwerks Mühlwand ab 1954. – Mitteilungen des Vereins für vogtländische Geschichte, Volks- und Landeskunde, Bd. 28, S. 90–103; Plauen.

05 Klassische Falten in einem jungen Tal – **Das Unterdevon im Ahrtal (Rheinland-Pfalz)**

Devon (419–359 Mio. Jahre)

Durch die schnelle Hebung des Rheinischen Schiefergebirges im Quartär haben sich die Flüsse der Eifel tief in den Untergrund eingeschnitten. Dort, wo im Ahrtal besonders harte Gesteine Felsen bilden, ist der Faltenbau des Gebirges modellhaft zu erkennen. Hier liegen klassische Aufschlüsse zur Faltentektonik.

Das Gebirge hebt sich, die Täler schneiden sich ein

In der obersten Kreidezeit und im mittleren Tertiär (Oligozän, vor 30 Millionen Jahren) war das heutige linksrheinische Schiefergebirge ein Flachland, das zumindest kurzfristig und randlich noch vom Meer überflutet wurde. Erst im höheren Tertiär setzte allmählich die Hebung des Gebirges ein. Dies führte dazu, dass z. B. auf den fast 700 m hohen höchsten Gipfeln des Hohen Venns in Belgien Relikte von Sedimenten aus der Oberkreidezeit gefunden werden. Im Raum Aachen liegen diese Schichten in einer Höhe von 250 m ü. NHN. Auch im Mittelpleistozän vor ca. 700.000 Jahren existierte das Rheinische Schiefergebirge in seiner heutigen Form noch nicht. Es war damals eine flachwellige, hügelige Landschaft, in der die Flüsse in breiten Tälern mit flachen Talböden mäandrierten. Seitdem hat sich v. a. der westliche Teil des Gebirges mit Eifel und Hunsrück schnell um bis zu 250 m gehoben. Die Flüsse schnitten sich zu canyonartigen Tälern in den Untergrund ein, wie wir sie am Mittelrhein, der Mosel oder der Ahr vorfinden. Da die Flüsse nicht

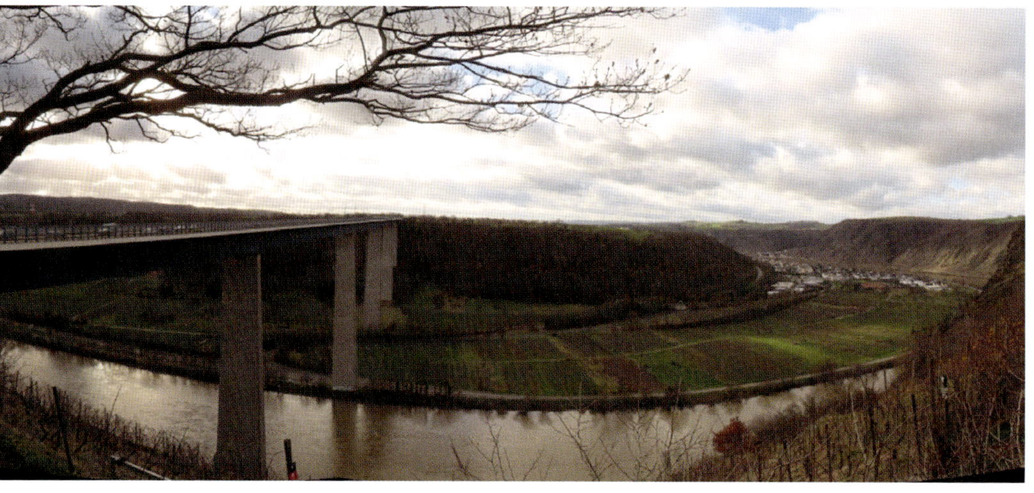

Abb. 1 Die Brücke der Autobahn A 61 über das Moseltal bei Winningen. Die Autobahn verläuft auf der Fläche der Cromer- zeitlichen Hauptterrasse. Seitdem hat sich das Gebirge gehoben und der Fluss hat sich 136 m tief in ein steilwandiges Tal eingeschnitten.

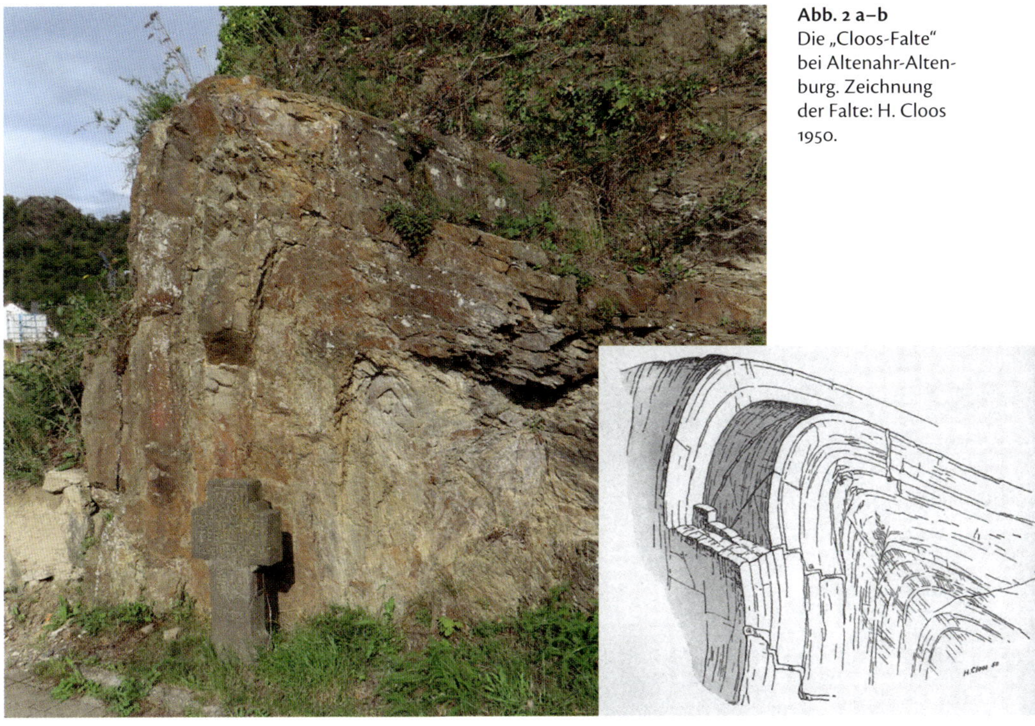

Abb. 2 a–b
Die „Cloos-Falte“ bei Altenahr-Altenburg. Zeichnung der Falte: H. Cloos 1950.

seitlich ausweichen konnten, behielten besonders Mosel und Ahr ihren eigentlich für Flachlandflüsse typischen, in vielen Schlaufen gewundenen Verlauf bei. Verantwortlich für die rasche Hebung des Schiefergebirges im Pleistozän ist wahrscheinlich ein riesiger Magmenkörper, der vom Erdmantel aus in die Erdkruste vordrang.

An den Stellen, wo die Flüsse der Eifel heute die harten Sandsteine des Unterdevons durchschneiden, sind die Täler besonders eng. Beim Extremhochwasser im Jahr 2021 fanden die Wassermassen hier keinen seitlichen Ausweichraum.

Harter Sandstein aus dem Unterdevon

Der Untergrund der Eifel wird überwiegend von Gesteinen des Unter- und Mitteldevons gebildet. Im Bereich des mittleren Ahrtals treten v. a. sandsteinreiche Schichten aus der Zeit des Siegen (Unterdevon, vor ca. 410 Millionen Jahren) auf. Damals lag am Südrand des Kontinents Laurussia ein riesiges Flussdelta, über das große Mengen an Sediment in das angrenzende Meer eingetragen wurden. Die grobkörnigen Sande lagerten sich küstennah ab.

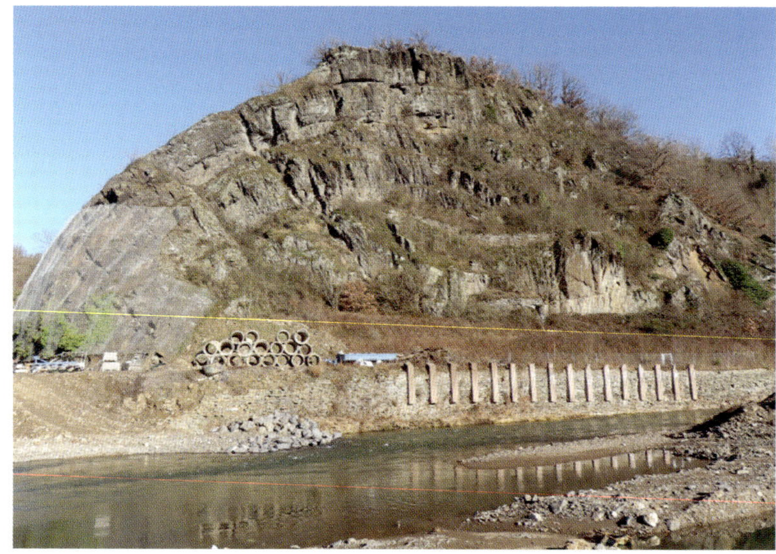

Abb. 3
Der Fortsetzung der „Cloos-Falte" im Lingenberg bei Altenahr-Kreuzberg. Aufnahme von Januar 2024; im Vordergrund Neubau der durch das Hochwasser 2021 zerstörten Eisenbahnbrücke.

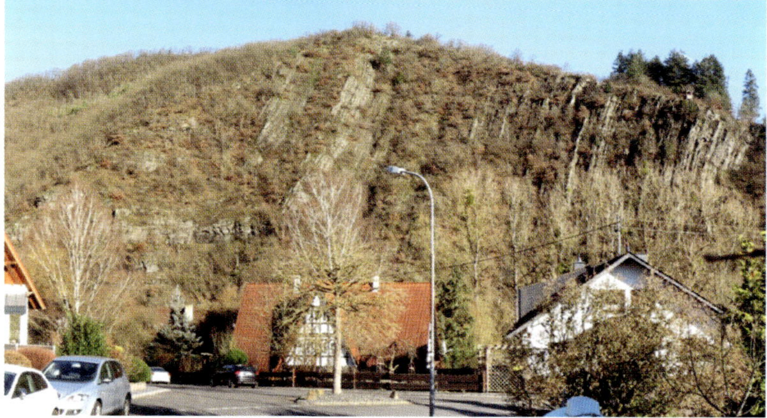

Abb. 4
Die Muldenstruktur an der Felspartie Spicher Ley bei Schuld.

In der Karbonzeit rückte der Gondwana-Kontinent von Süden weiter nach Norden vor und faltete die Sedimente des Meeresbeckens (des Rhenoherzynischen Beckens) zum Variszischen Gebirge auf.

Klassische Falten

Die Felswände des schluchtartigen Ahrtals erlauben hervorragende Einblicke in den Faltenbau der Schichten. Insbesondere der Bonner Geologie-Professor Hans Cloos (1885–1951) studierte hier intensiv die Gebirgsfalten und konnte die dabei ablaufenden dynamischen Vorgänge

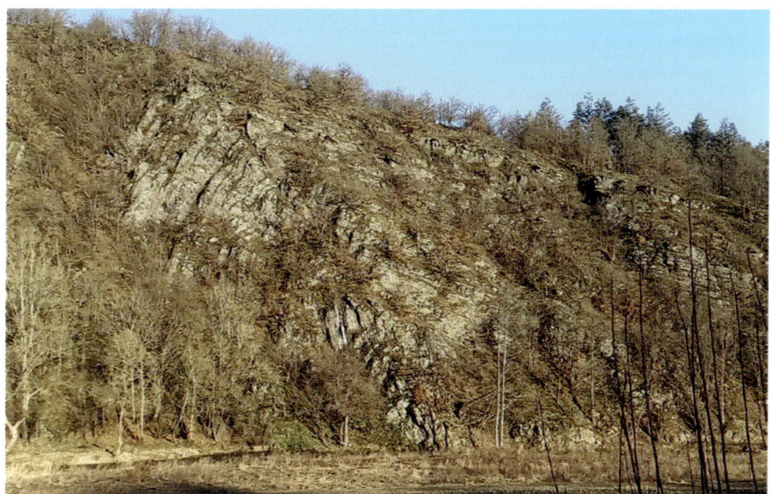

Abb. 5
Die Falte am Rupenberg bei Schuld.

beschreiben. Eine nur wenige Meter große Sattelstruktur, die nahe der Bushaltestelle in Altenahr-Altenberg aufgeschlossen ist, wurde durch Cloos' Darstellung in seiner Schrift „Gang und Gehwerk einer Falte" geradezu klassisch. Die Bewegung bei der Gesteinsfaltung erfolgte vorwiegend durch Gleitvorgänge auf den Schichtflächen. Die „Cloos-Falte" setzt sich durch das Ahrtal nach Südwesten fort und bildet im Lingenberg bei Kreuzberg ein mehrere Hundert Meter breites, halbkreisförmiges Gewölbe.

Sind die Falten von Altenahr-Altenberg noch von kleinerer Dimension, so finden wir etwa 15 km Ahr-aufwärts bei der Ortschaft Schuld ein Ensemble von Großfalten mit Spannweiten und Faltenhöhen im Hunderte-Meter Bereich, das vom Bonner Eifel-Geologen Wilhelm Meyer als *„Freilichtmuseum für Gesteinsfalten"* bezeichnet wurde. Die Falten hier sind deutlich „nordvergent", d. h., im nördlichen Schenkel eines Sattels stehen die Schichten sehr steil, während sie auf seiner Südseite geringer geneigt sind.

VW

Weiterführende Informationen:
www.ahrtal.de

Literatur:

Cloos, H. (1950): Gang und Gehwerk einer Falte. – Zeitschrift der Deutschen Gesellschaft für Geowissenschaften, Bd. 100, S. 290–303; Hannover.
Meyer, W. (2013): Geologie der Eifel. – 704 S.; Stuttgart.
Meyer, W. (2007): Das Ahrtal als Freilichtmuseum für Gesteinsfalten. – Heimatjahrbuch Kreis Ahrweiler, S. 202–205; Ahrweiler.

06 Mit Augenlicht und Röntgenstrahlen angeschaut – **Die Fossilien aus dem Dachschiefer von Bundenbach (Rheinland-Pfalz)**

Devon
(419–359 Mio. Jahre)

Der kleine Ort Bundenbach gehört zur Verbandsgemeinde Herrstein-Rhaunen im Landkreis Birkenfeld und liegt im Hunsrück, ca. 15 km nördlich der Edelsteinstadt Idar-Oberstein. Der Hunsrück ist ein zum Rheinischen Schiefergebirge gehörendes Mittelgebirge, welches sich zwischen den Flüssen Rhein, Saar, Mosel und Nahe befindet.

Ein 400 Millionen Jahre schweres Erbe

Die Variszische Gebirgsbildung hat die im Devon und Karbon abgelagerten Schichten verfaltet, steilgestellt und geschiefert. Schieferung besagt, dass ein Gestein durch Deformation von Flächen durchsetzt ist, an denen sich dieses Gestein gut spalten lässt, auch wenn es sich nicht um Schichtflächen handelt. Die größte Verbreitung haben im Rheinischen Schiefergebirge Sandsteine und Schiefer des Unterdevons (418 bis 392 Millionen Jahre).

Die Ablagerungen von Bundenbach bildeten sich vor 400 Millionen Jahren südlich des Äquators in einem Meeresbereich auf dem Schelf des Südkontinentes Gondwana. Dort, wo Tone in größerer Mächtigkeit abgelagert wurden, entstanden gut zu spaltende und damit technisch nutzbare Schiefersorten, in denen seit dem Mittelalter über- und untertage der Abbau des ca. 3.000 m mächtigen Hunsrückschiefers erfolgte.

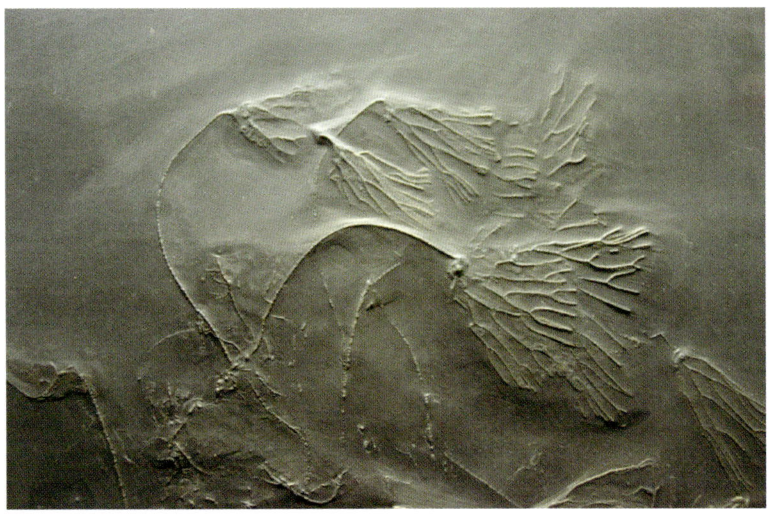

Abb. 1
Die Seelilie *Parisangulocrinus* gehört als Stachelhäuter zur häufigsten Gruppe der im Bundenbacher Dachschiefer überlieferten Fossilien. Man kann an den seitlich von den Stielen weggebogenen Kronenbereichen erkennen, dass eine schwache Strömung diese Kolonie – es sind vier Kronen zu sehen – in diese Einbettungsposition gebracht hat.

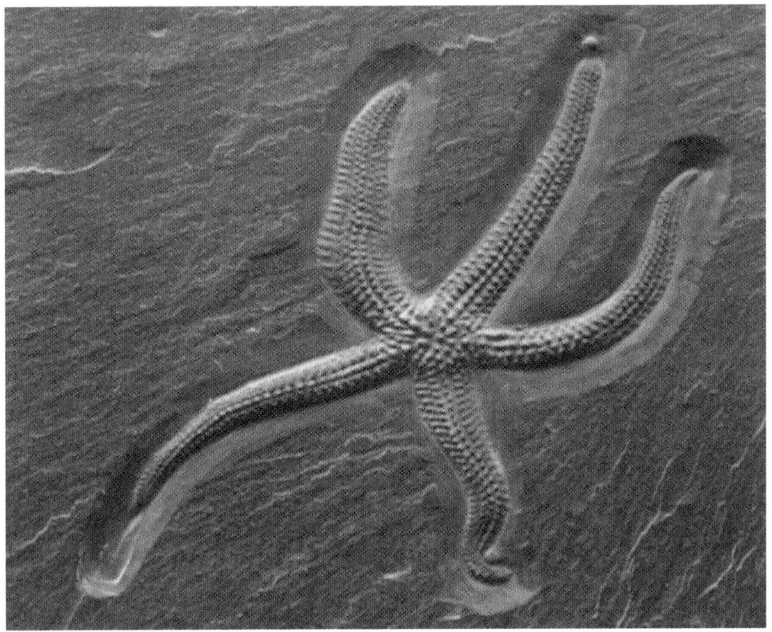

Abb. 2
Die Arme des Seesterns *Urasterella* im Bundenbacher Dachschiefer zeigen eine Tendenz der Ausrichtung nach einer Strömung.

Die sicher schon in früher Zeit darin gefundenen „Figuren" fanden aber lange keine weitere Beachtung. Erst um 1850 setzten die wissenschaftliche Bearbeitung und das nachweisbare Sammeln dieser Fossilien ein.

Ab 1965 wurden schließlich fast alle Schiefergruben geschlossen. Im Jahr 2022 war der einzige noch aktive Abbau die Schiefergrube Altlay, ca. 10 km nördlich von Bundenbach.

Ein Album des Lebens aus dem Hunsrück-Meer

Auf dem Meeresboden des Schelfes lagerten sich aus der Wassersäule abgesunkene Organismenreste ab. Das feine Sediment, aus dem die späteren Schiefer entstanden, wurde episodisch aus dem Flachwasser des Kontinentalrandes in Form von Trübeströmen in die tieferen Bereiche verfrachtet. Dort wurde auch die am Meeresboden lebende Organismengemeinschaft überschüttet und so vor dem weiteren Zerfall geschützt.

Die häufigsten und am besten erhaltenen Funde wurden in den ca. 30 Schieferabbauen um Bundenbach herum gemacht, weshalb man in diesem Fall auch vom Bundenbacher Schiefer spricht. Insgesamt sind heute über 260 Arten und Unterarten von Tieren der unterdevonischen Lebenswelt bekannt.

Ein Krebs als Ikone eines Forschungsprojektes

Eine wichtige Besonderheit des Bundenbacher Schiefers ist die schichtparallele Schieferung. Dadurch wurden die Fossilien von dem Prozess der Schieferung nicht „zerschnitten", sondern nur verzerrt. Die teilweise Erhaltung der Fossilien durch das wie ein Kontrastmittel wirkende Eisenerz Pyrit machte es zudem möglich, dass man in den 1950er Jahren die Bundenbacher Fossilien erstmals röntgen und dadurch sonst unsichtbare Organismenstrukturen erkennen konnte.

Das Ende des Dachschieferbergbaus zeichnete sich zum Jahr 2000 ab. Neufunde von Bundenbacher Fossilien wurden immer seltener. Deshalb wurde 1997 das Projekt „Nahecaris" gestartet. *Nahecaris* ist der Name eines nicht selten in den Schiefern vorkommenden Krebses aus der Gruppe der Blattkrabben (Phyllocariden).

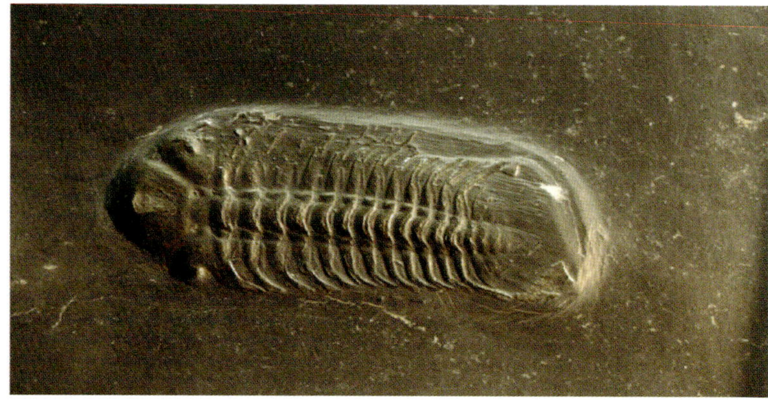

Abb. 3
Der wenige Zentimeter lange Dreilapperkrebs (Trilobit) *Chotecops ferdinandi* ist im Bundenbacher Schiefer relativ häufig.

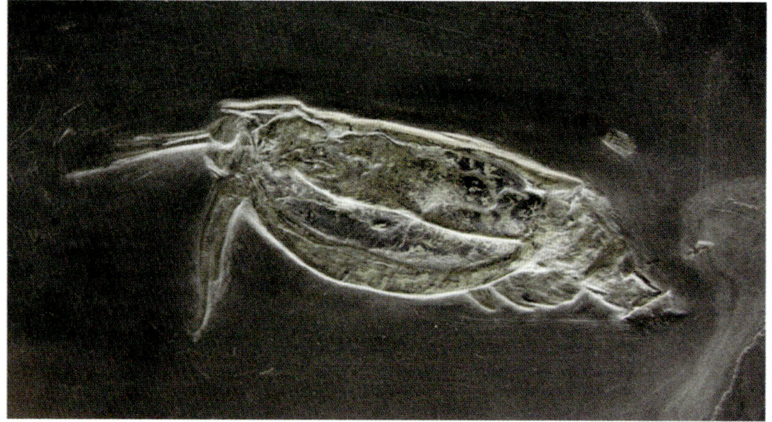

Abb. 4
Der bis zu 20 cm lange Krebs *Nahecaris* ist das am häufigsten im Bundenbacher Schiefer vorkommende Krebstier.

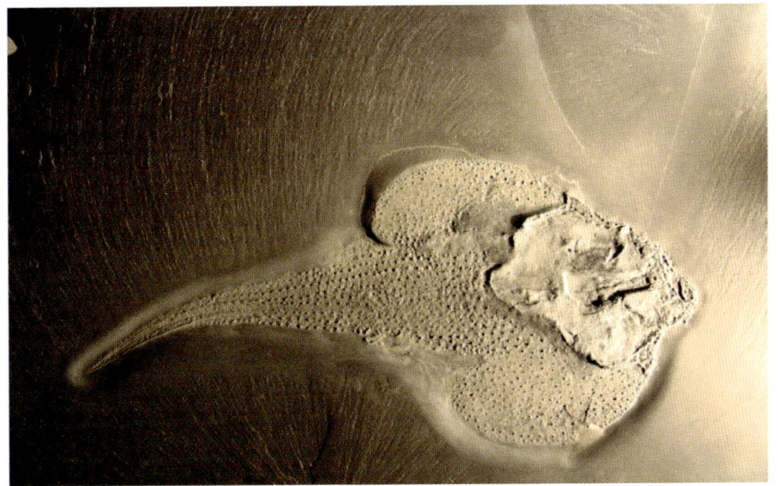

Abb. 5
Die Wirbeltiere im Bundenbacher Schiefermeer waren mit Hautplatten gepanzerte Fische (Placodermen). Von ihnen war der etwas über 20 cm lange *Gemuendina stuertzi* ein Vertreter der am Meeresboden lebenden Fische.

Es gab im Dachschiefer-Tagebau Eschenbach-Bocksberg, ca. 22 km nordöstlich von Bundenbach, noch einen Schieferstapel, der bisher beste Fossilien geliefert hatte. Dieser wurde benutzt, um mit einer 175 m mächtigen Gesteinsserie erstmals nach über 150 Jahren Hunsrückschieferforschung die Ablagerungsgeschichte und die Fossilgemeinschaften der Bundenbacher Schiefer zu erforschen.

Die Landschaft um Bundenbach ist mit Wanderwegen gut erschlossen. Die „Traumschleife Hahnenbachtal" führt z. B. direkt am Fossilienmuseum in Bundenbach und der Keltensiedlung „Altburg" vorbei. Das Schaubergwerk Herrenberg ist leider wegen eines Felssturzes bis auf weiteres geschlossen. Eine rekonstruierte Bundenbacher-Lebenswelt sowie zahlreiche Fossilien zeigt auch das Naturhistorische Museum in Mainz.

RD

Weiterführende Informationen:
www.naturhistorisches-museum.mainz.de
www.sgoerner.de/bundenbach/fossilienmuseum.html

Literatur:
Kühl, G., Bartels, Ch., Briggs, D. & Rust, J. (2012): Fossilien im Hunsrück-Schiefer. – 120 S.; Wiebelsheim.
Südkampt, W. (2017): Leben im Devon. Bestimmungsbuch Hunsrückfossilien. – 176 S.; München.
Zum Projekt „Nahecaris": www.bundenbach-fossilien.de/Literatur/Wuttke_2003.pdf

07 Ein unterirdischer Tauchgang durch ein altes Riff – **Die Kluterthöhle in Ennepetal (Nordrhein-Westfalen)**

Devon (419–359 Mio. Jahre)

Trockenen Fußes durch ein 385 Millionen Jahre altes Riff wandern und dabei seine damaligen Bewohner studieren kann man in der Kluterthöhle. Das Nationale Naturmonument liegt in Ennepetal am Südrand des Ruhrgebiets. Die Höhle bietet den wahrscheinlich besten Einblick in ein mitteldevonisches Riff in Deutschland.

Der Bevölkerung war die Höhle seit Jahrhunderten bekannt. Sie weist eine beeindruckende Ganglänge von insgesamt rund 6 km auf. Die Höhlengänge zeichnen als bizarres Netzwerk das Kluftsystem des Kalksteins nach.

Glücksfall unter einer Schmutzschicht

Tropfsteinschmuck gibt es in der Höhle nur wenig. Dies war in der Vergangenheit ein Manko, welches die Höhle zu einem Aschenputtel im Kreis der Schauhöhlen des nördlichen Sauerlandes machte. Im Jahr 2014 erwies sich das Fehlen großer Versinterungen aber als Glücksfall. Nach der Neuinstallation einer modernen Beleuchtungsanlage wurden die Höhlenwände vom Bohrstaub gereinigt. Dabei löste sich die dicke Schicht aus Staub, Lehm und Fackelruß, die sich dort über viele Jahrzehnte niedergeschlagen hatte. Unter der Schmutzschicht kam das frische Gestein des fossilen Riffs zum Vorschein, in dem sich die Höhle

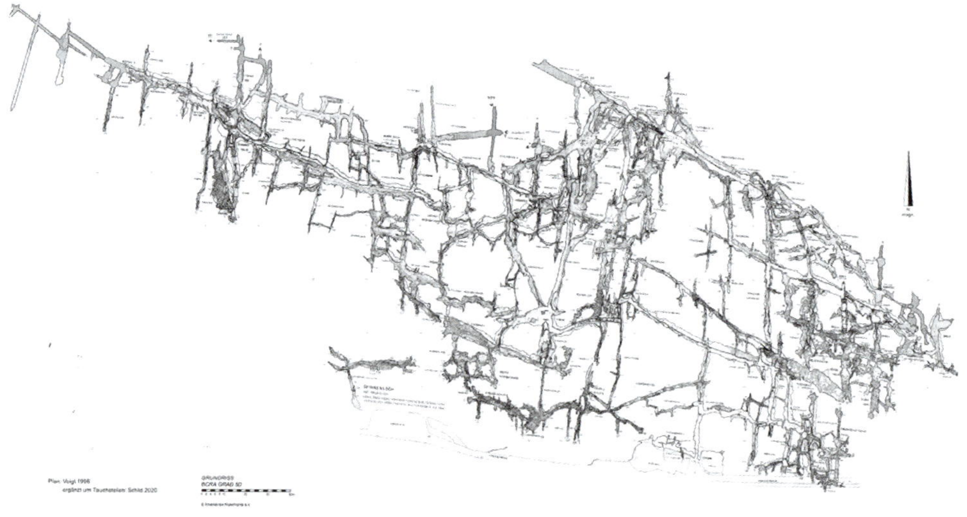

Abb. 1 Plan der Kluterthöhle: Deutlich erkennbar ist hier die Orientierung der Höhlengänge an Nord-Süd und Nordwest-Südost verlaufenden Klüften im Gestein.

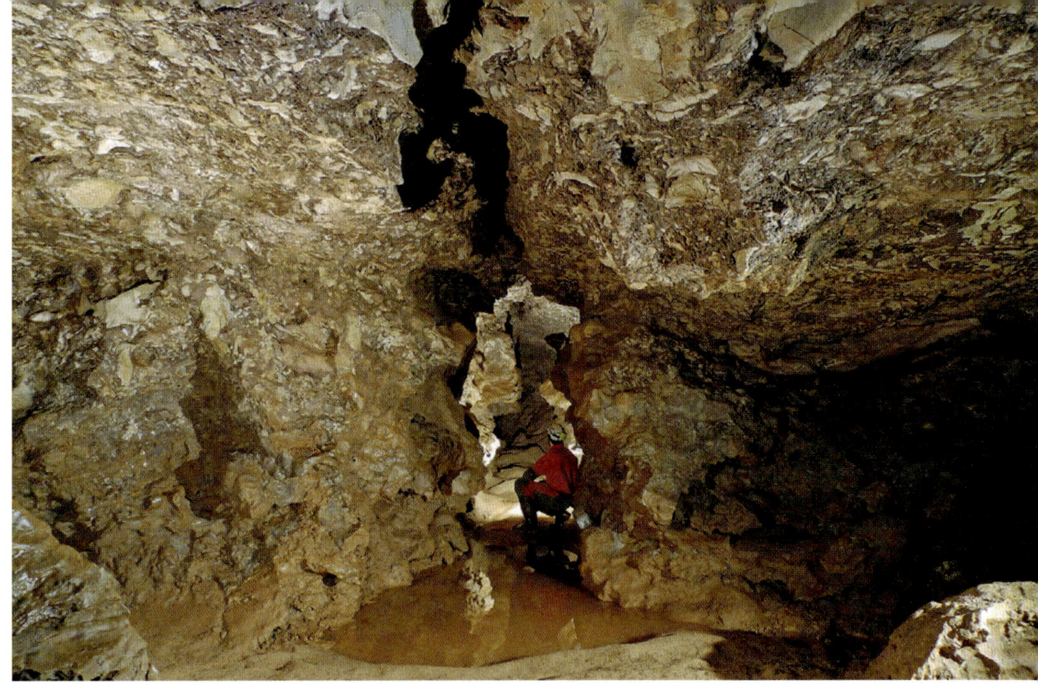

gebildet hat, und damit wurde auch der Fossilreichtum erkennbar, der sich in diesem Gestein befindet.

Abb. 2
„Korallenstraße", ein Gangbereich in der Kluterthöhle: Stromatoporen und Korallen in Lebensstellung.

Mit finanzieller Unterstützung durch die NRW-Stiftung wurde ab 2016 der Rest des versteinerten Riffs entlang des Führungswegs durch die Höhle freigelegt. Der dabei gewonnene Einblick in den Aufbau des Riffes und seiner Lebewelt erwies sich als so beeindruckend, dass im April 2019 das gesamte Höhlensystem mit seiner Umgebung als viertes Objekt in Deutschland als „Nationales Naturmonument" unter besonderen gesetzlichen Schutz gestellt wurde. Auf dem Gebiet des „Nationalen Naturmonuments" befinden sich nach aktuellem Kenntnisstand 14 Höhlen mit z. T. weit verzweigten Gangsystemen. Neben der Kluterthöhle ist das v. a. die Bismarckhöhle (Ganglänge 1.449 m). Die Verbindung zwischen der Klutert- und der Bismarckhöhle wurde durch Färbeversuche des Höhlenbaches nachgewiesen. Sie verläuft jedoch unter dem Grundwasserspiegel und konnte auch von Tauchern noch nicht erkundet werden.

Während des Mitteldevons vor rund 385 Millionen Jahren befand sich die Region des nördlichen Sauerlandes im Bereich eines tropischen Schelfmeeres im Süden des Old-Red-Kontinents. Von dort wurden über Flüsse Sand und Geröll eingetragen oder tonige Sedimente abgelagert. Typisch ist die verbreitete rote Farbe der Sedimente, die eine Folge der tropischen Verwitterung der Festlandsgesteine ist. Den Meeresboden besiedelten Organismen wie Korallen und v. a Stromatoporen mit kleineren Plateauriffen. Stromatoporen sind eine den Schwämmen ver-

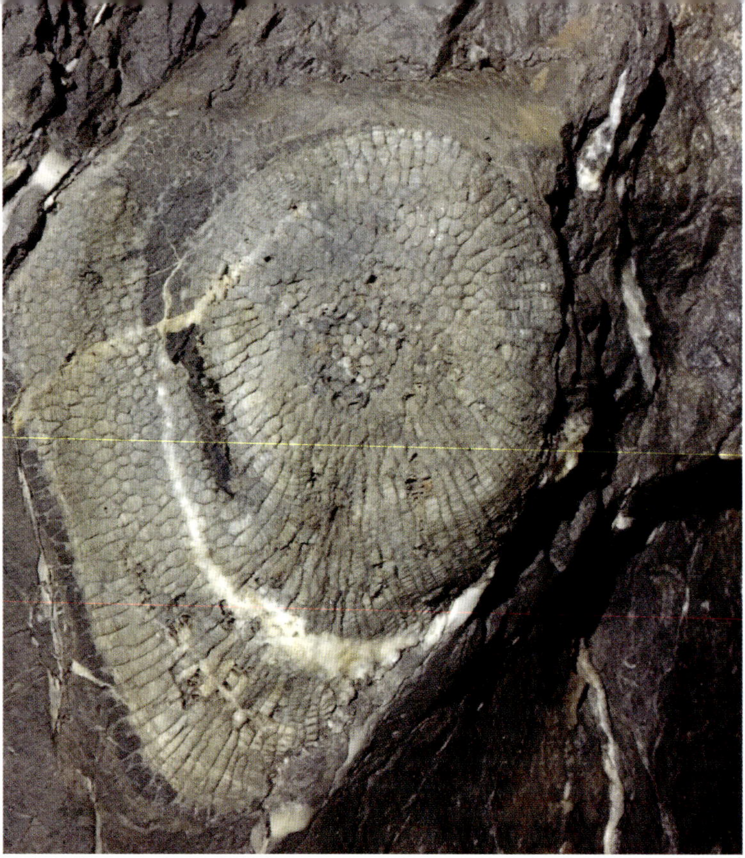

Abb. 3
Fossil einer tabulaten Koralle *Favosites* sp., ca. 20 cm.

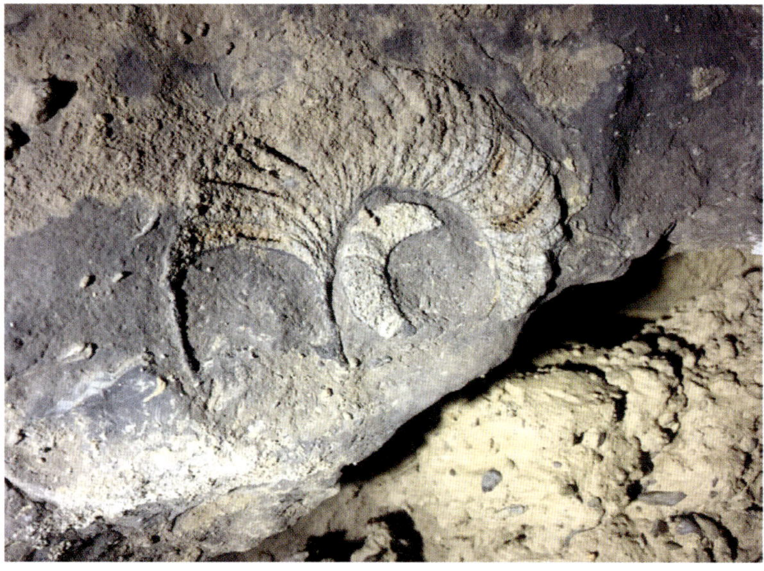

Abb. 4
Versteinerter Nautiloid, Bildbreite 21 cm.

wandte, heute ausgestorbene Tiergruppe. Sie bildeten knollige oder lagenförmige, z. T. auch verästelte, aus Kalk bestehende Kolonien. Die küstennah gelegenen Riffe wurden jedoch schon bald wieder von anderen Sedimenten bedeckt. Der maximal nur 12 m mächtige Riffkalkkörper, in dem die Kluterthöhle liegt, hatte vermutlich nur eine Lebensdauer von etwa 2.500 Jahren.

Ein Riff und vieles mehr

Durch den Anschnitt der Höhlengänge liegt das Riff mit seinen Bewohnern nun frei und so können die Stromatoporen, Korallen, Brachiopoden, Nautiloiden und zahllose andere Überreste von Rifforganismen praktisch in Lebendstellung studiert werden.

In der Kluterthöhle werden Führungen mit unterschiedlicher Dauer und Schwierigkeitsgrad angeboten. Im „Haus Ennepetal", dem Eingangsbereich der Höhle, ist ein Infozentrum des GeoParks Ruhrgebiet zum Thema „Karst und Höhle" beheimatet. In der näheren Umgebung liegen etliche weitere Höhlen und geologische Aufschlüsse, die die Prozesse der Riffentwicklung und der Verkarstung illustrieren. Sie wurden durch einen karstkundlichen Wanderweg für die interessierte Öffentlichkeit erschlossen.

VW

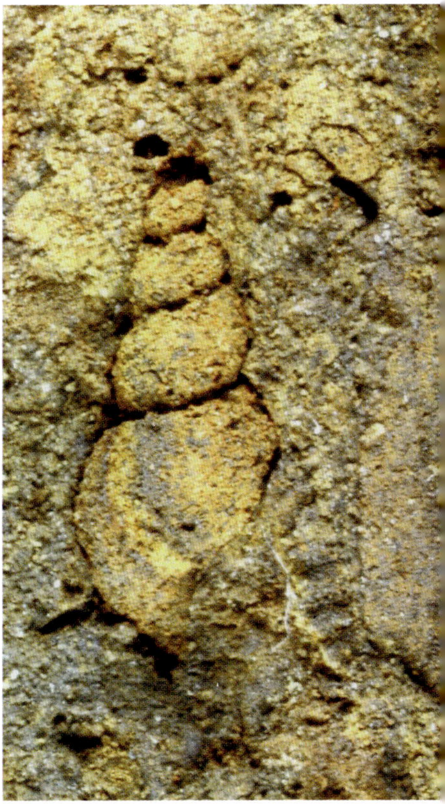

Abb. 5
Rest einer Schnecke als Fossil in der Höhlenwand, Bildbreite 7 cm.

Weiterführende Informationen:
www.kluterthoehle.de
www.geopark.ruhr

Literatur:

Koch, L., Voigt, S., Brauckmann, C. & Gröning, E. (2018): Fossile Funde aus dem Nationalen Naturmonument Kluterthöhle (Ennepetal, Nordrhein-Westfalen). – Mitteilungen des Verbandes der deutschen Höhlen- und Karstforscher 64, Heft 4, S. 79–83; München.
Schüppel, K. & Wrede, V. (2022): Nationaler GeoPark Ruhrgebiet. – 215 S.; Berlin.
Voigt, S., Koch, L. & Kruse, L. (2010): Höhlen und Karst in Ennepetal. – Erdgeschichte, Kulturgeschichte, Erforschungsgeschichte. 113 S.; Ennepetal.
Voigt, S. (2021): Auf Spurensuche – Der Ennepetaler Karstwanderweg. – 148 S.; Ennepetal.

08 Mit buntem Farbspiel und auf Hochglanz poliert – Der Lahnmarmor von Villmar (Hessen)

Devon
(419–359 Mio. Jahre)

Am Anfang war eine bunte Welt! Eine Unterwasserwelt, welche am Übergang vom mittleren zum oberen Devon im wahrsten Sinne des Wortes den Grundstein dafür legte, was wir heute als Lahnmarmor bezeichnen. Eine Zeitreise zu den Ursprüngen, zum Abbau und zur Verwendung des vielgeschätzten Kalksteins ist besonders in und um Villmar möglich.

Riffbildung und Feuerspiel

Die heutige Lahntalregion lag vor rund 380 Millionen Jahren bei 20° südlicher Breite. Das Gebiet war ein tropisches Flachmeer auf dem Schelf des im Norden liegenden Kontinentes Laurussia.

Der meeresbedeckte Kontinentalrand bestand aus einem inneren Schelf mit geringerer Meerestiefe und einem äußeren, tieferen Bereich. Während der innere Schelf eine Zone mit Korallenriffen, ähnlich dem heutigen Great Barrier Riff vor Australien, bildete, war der äußere Schelf ein geologisch unruhiges Gebiet mit Vulkanismus.

Die vulkanischen Aktivitäten führten teilweise zur Bildung von Inseln. Häufiger blieben die Vulkanbauten aber untermeerisch, wodurch am tieferen Grund näher zur Wasseroberfläche reichende Schwellen entstanden. Diese boten die Voraussetzungen dafür, dass auch im äußeren Schelf Riffbauten entstanden. Es sind jene Kalksteinablagerungen, welche wir heute als Lahnmarmor bezeichnen. Mit Erdbeben, Tsunamis oder Ascheregen hatten die vulkanischen Aktivitäten aber auch immer wieder zerstörerische Auswirkungen auf die Riffe.

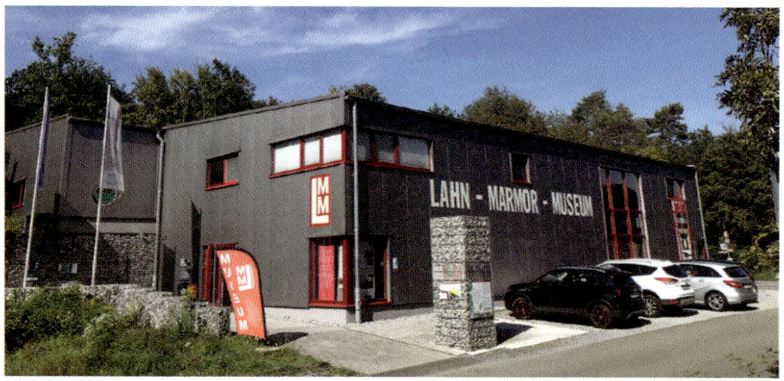

Abb. 1 Über die Ausstellungen im Lahn-Marmor-Museum in Villmar bekommt man einen umfassenden Überblick zur Natur- und Kulturgeschichte des Lahnmarmors.

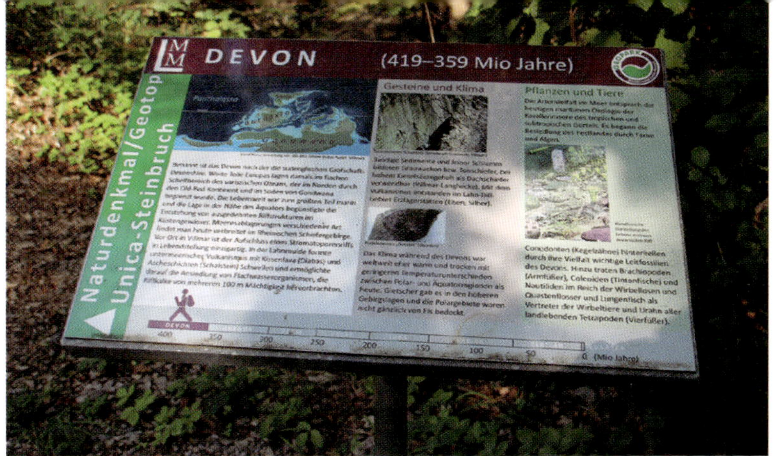

Abb. 2
Am Museum startet ein Geopfad mit Erläuterungstafeln, beginnend mit dem Quartär und endend im Devon. Der Weg führt zum Eingang des Unica-Steinbruches.

Die Riffbildung in tropischen Meeren ist an bestimmte Bedingungen geknüpft. Dazu gehört eine Wassertiefe von maximal 30 bis 50 m, denn nur hier gibt es eine ideale Durchlüftung, gute Nährstoffversorgung und ausreichend Licht. Weitere Parameter sind ein Salzgehalt von 3 bis 4 % sowie eine Wassertemperatur von 25 bis 30°C.

Spuren der reichen devonischen Lebenswelt sind im Lahnmarmor gut erkennbare Versteinerungen verschiedener wirbelloser Tiere. Dazu gehören als Hauptriffbildner Kalkschwämme (Stromatoporen), aber auch Korallen, Seelilien, Muscheln, Schnecken, Armfüßer und Kopffüßer.

Riffkörper lassen sich in drei Abschnitte gliedern: Der steile, zum offenen Meer hin abfallende Teil wird als Vorriff bezeichnet. Auch wegen der höheren Wellenenergie siedeln hier bevorzugt robustere Arten. Das Vorriff schützt den zentralen und wichtigsten Wachstumsteil des Riffkörpers, das artenreiche Hauptriff. Der zum Land bzw. einer Lagune hin zugewandte Teil ist das Rückriff.

Die verschiedenen Riffkörperzonen der Devonzeit lassen sich heute noch anhand verschiedener Lahnmarmorvarietäten nachvollziehen. Der schwarze Schupbacher Lahnmarmor repräsentiert das Rückriff, der Unica Lahnmarmor das Hauptriff und der Wirbelauer Lahnmarmor das Vorriff.

Ein Museum für den Marmor

Wie die Lahnmarmorvarietäten entstanden, aussehen, wann, wo und womit abgebaut wurde und was man alles aus den Riffkalken gemacht hat, erfährt man sehr anschaulich über zahlreiche Objekte und Infotafeln im Lahn-Marmor-Museum in Villmar. Es empfiehlt sich, hier die Entdeckungsreise in die Erd- und Industriegeschichte des besonderen Gesteins zu beginnen. Poliert ist der Schmuckstein eine Zierde, der es in zahlreiche Dome und Kirchen und sogar in die Eingangshalle des Empire-State-Buildings in New York geschafft hat.

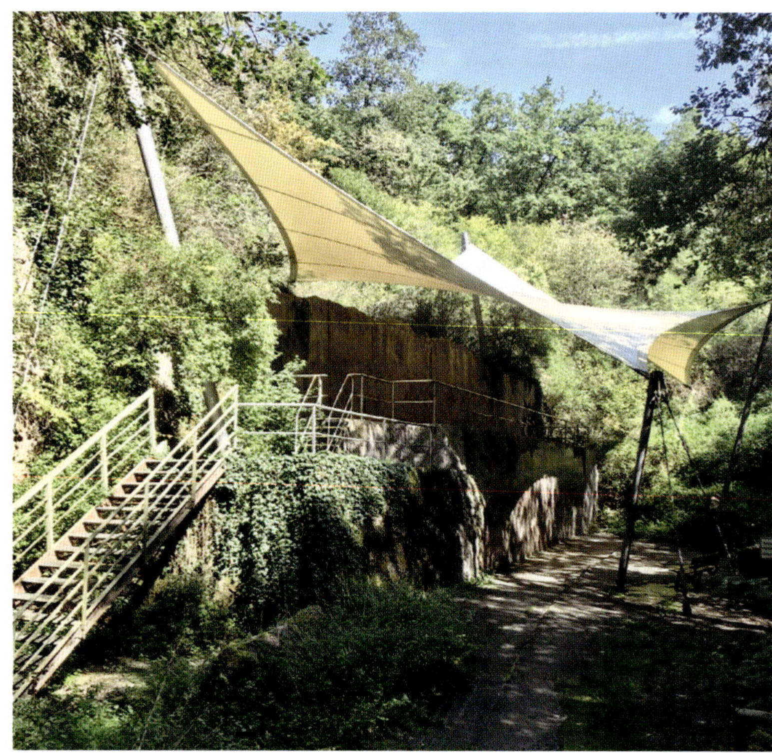

Abb. 3
Der Unica-Steinbruch ist ein bedeutendes Geotop und bietet einen einzigartigen Einblick in den Lahnmarmor und seine fossile Riffwelt.

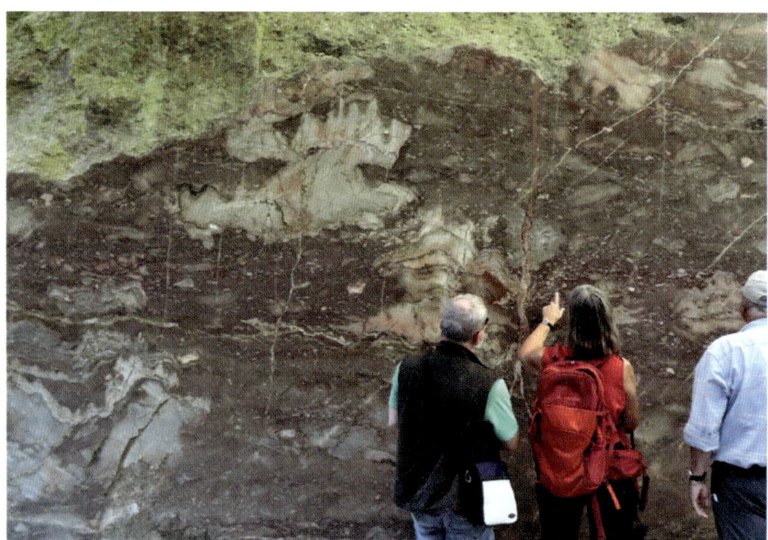

Abb. 4
An einer großen, gesägten und polierten Marmorwand kann man die versteinerten Riffbewohner wie Stromatoporen, Korallen oder Seelilienreste im Detail studieren.

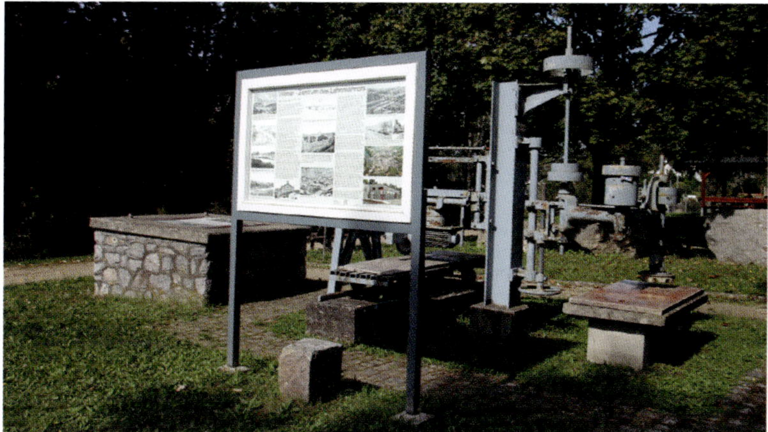

Abb. 5
Der Lahn-Marmor-Weg durch Villmar bietet interessante Einblicke in die Geschichte von Abbau, Verarbeitung und Nutzung des Lahnmarmors.

Zu Gast im Riff

Nur wenige Minuten Fußmarsch vom Museum bietet sich die Möglichkeit, ohne Zeitmaschine und Taucherausrüstung ein Hauptriff aus dem Devon zu erkunden. Ein Geopfad mit Infotafeln führt vom Museum zum in den 1970er Jahren stillgelegten Unica-Steinbruch. Unter einem Schutzdach bieten zwei große, gesägte und teilweise geschliffene Steinbruchwände aus rosa-rötlich gefärbtem Unica Lahnmarmor einen einzigartigen Blick in das alte Riff. Wie in einem Wimmelbilderbuch ergeben sich mit jedem Blick neue Entdeckungen in die versteinerte Lebenswelt.

Marmorwege

Weitere Einblicke in die Geschichte von Abbau, Verarbeitung und Nutzung des Marmors bieten der Lahn-Marmor-Weg durch Villmar und die Lahn-Marmor-Route als Fahrradweg entlang der Lahn von Wetzlar nach Balduinstein.

WR

Weiterführende Informationen:
www.lahn-marmor-museum.de

Literatur:
Conrads, R. (2018): Marmor von der Lahn – Kulturerbe Europas und der Welt. – Rheinische Heimatpflege 55, Heft 1, S. 27–44; Köln.
Lahn-Marmor-Museum (Hrsg.) (2008): Marmor von der Lahn. – Lahn-Marmor-Museum, Nr. 5, Exkursionsheft, 96 S.; Villmar.
Wabel, W. (2015): Form Farbe Glanz, Lahnmarmor im Barock, Historische Kommission Nassau, 82 S. und 1 CD mit 1.132 S.; Wiesbaden.

09 Ein urzeitliches Insektarium – Der frühere Ziegeleisteinbruch in Hagen-Vorhalle (Nordrhein-Westfalen)

Karbon (359–299 Mio. Jahre)

Im Zeitraum von 1853 bis 1986 nutzten die Vorhaller Klinkerwerke in Hagen-Vorhalle karbonzeitliche Ton- und Siltsteine der Ziegelschiefer-Formation (Namurium B, 320 Millionen Jahre) als Rohmaterial zur Herstellung keramischer Produkte. In die feinkörnigen Gesteine sind hier zahlreiche Sandsteinbänke von bis zu 1 m Mächtigkeit eingeschaltet. Als Ergebnis der Variszischen Gebirgsbildung sind die Schichten intensiv zu beeindruckenden Sätteln und Mulden gefaltet, die Teil der Nordflanke des Remscheid-Altenaer-Großsattels sind, einer bedeutenden Faltenstruktur im nördlichen Sauerland. Bemerkenswert sind Kombinationen von entgegengesetzt einfallenden Überschiebungen, die eine Einengung des Gebirges bewirken, ohne dass dabei ein gerichteter Transport erfolgt („Fischschwanz-Strukturen").

Unglaubliche Fossilerhaltung

Die größte Bedeutung des Steinbruchs Hagen-Vorhalle liegt jedoch im Fossilinhalt der hier aufgeschlossenen Schichten. Zweifellos ist dieser Aufschluss der bedeutendste Fundpunkt für namurzeitliche Insekten und Spinnentiere (Arachniden) weltweit. Bei systematischen Ausgrabungen des Westfälischen Amtes für Bodendenkmalpflege in Münster wurden in den 1990er Jahren ungefähr 16.000 Fossilien geborgen, darunter allein 16 Arten von geflügelten Insekten. Abgesehen von sehr wenigen Einzelfunden an anderen Lokalitäten sind dies die ältesten Nachweise von Fluginsekten überhaupt.

Die meisten von ihnen zählen zu den heute ausgestorbenen Gruppen der Palaeodictyoptera („Ur-Netzflügler") und der Meganisoptera („Ur-

Abb. 1 Ehemaliger Ziegeleisteinbruch Hagen-Vorhalle: Blick auf die Aufschlusswand.

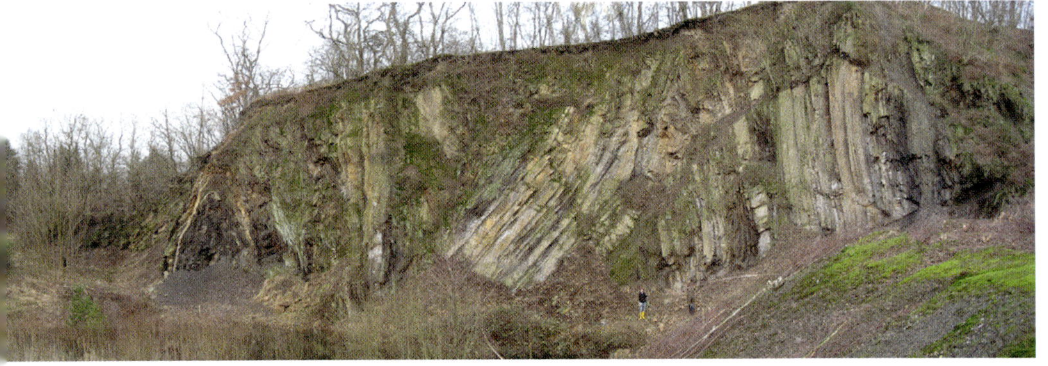

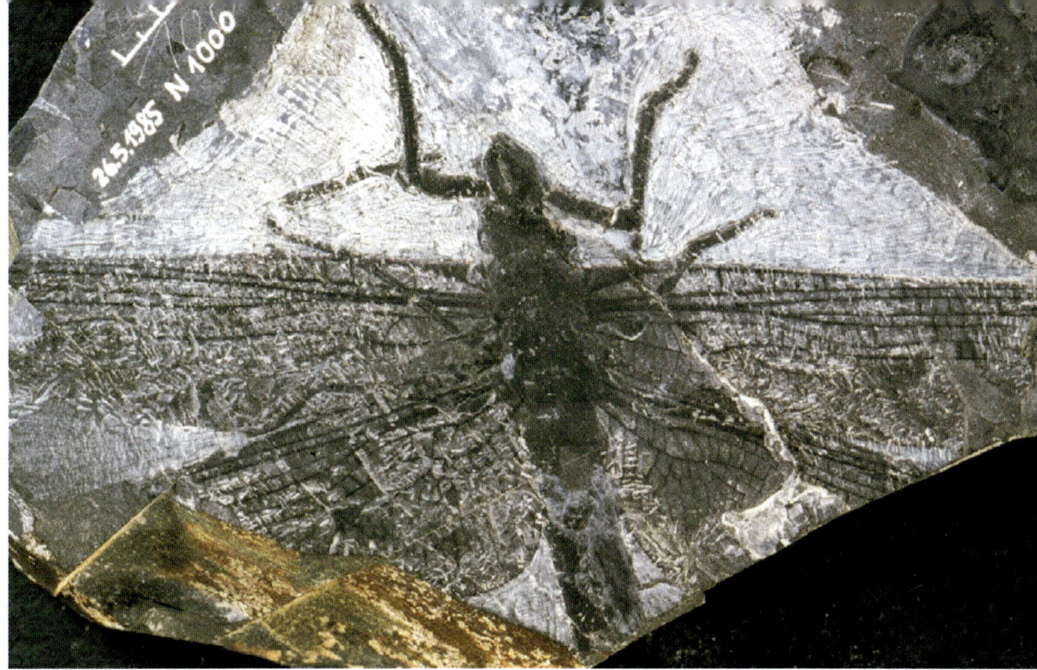

Abb. 2
Namurotypus sippeli, eine „Urlibelle“ (Meganisoptera).

Libellen“) mit Flügelspannweiten von bis zu mehreren Dezimetern. Der Erhaltungszustand der Fossilien ist oft exzellent, einige zeigen noch Relikte des ursprünglichen Farbmusters auf den Flügeldecken. Darüber hinaus wurden fünf verschiedene Arachniden und zwei Arten von Myriapoden entdeckt. Diese Funde von landbewohnender Fauna wurden begleitet von reicher Flora wie Lycopsida (Bärlappgewächse), Pteridophylla (Farne und Schachtelhalme) und Coniferopsida (Vorläufer der Nadelbäume), aber auch von Süßwasser- und marinen Organismen (z. B. Muscheln, Schnecken, Kopffüßer und Fischreste).

Aufgrund dieses gemeinsamen Auftretens von landlebenden, fluviatil-limnischen und marinen Arten und den aus dem Gestein abgeleiteten Sedimentationsbedingungen wird der Ablagerungsraum der Vorhaller Sedimente als eine Bucht zwischen den sich ins Meer vorbauenden, von Uferwällen begleiteten Flussarmen eines Deltas interpretiert. Der Fluss lieferte Pflanzenreste und Süßwasserorganismen, während die Salzwasserorganismen vom Meer her einwanderten. Innerhalb der Bucht kam es zu einer Schichtung von Süßwasser über dichterem Salzwasser, was eine gemeinsame Einbettung von Organismenresten aus beiden Milieus ermöglichte. Die Insekten könnten durch Stürme eingetragen worden sein.

Ein besonderes Naturdenkmal

Nach Beendigung der Rohstoffgewinnung blieb die weitere Entwicklung des Steinbruchs lange offen. Der geowissenschaftlich bedeutsame

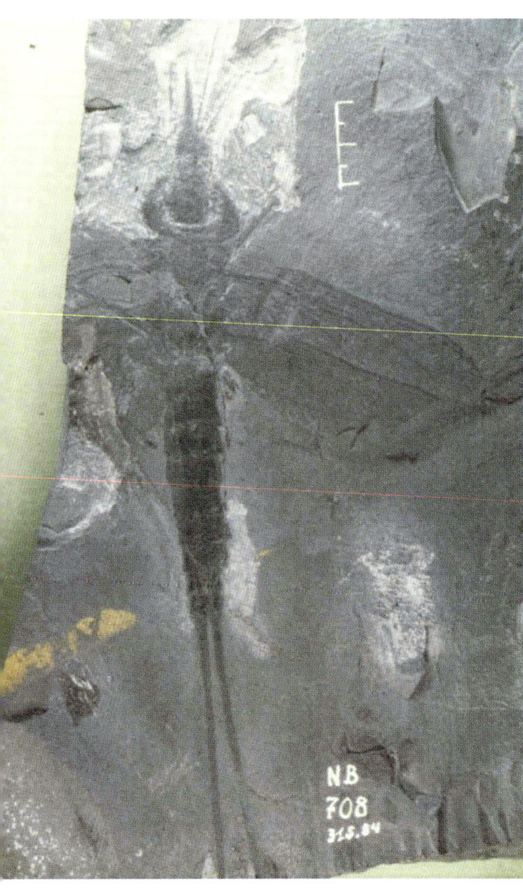

Abb. 3
Homioptera vorhallensis, ein Vertreter der „Ur-Netzflügler" (Palaeodictyoptera).

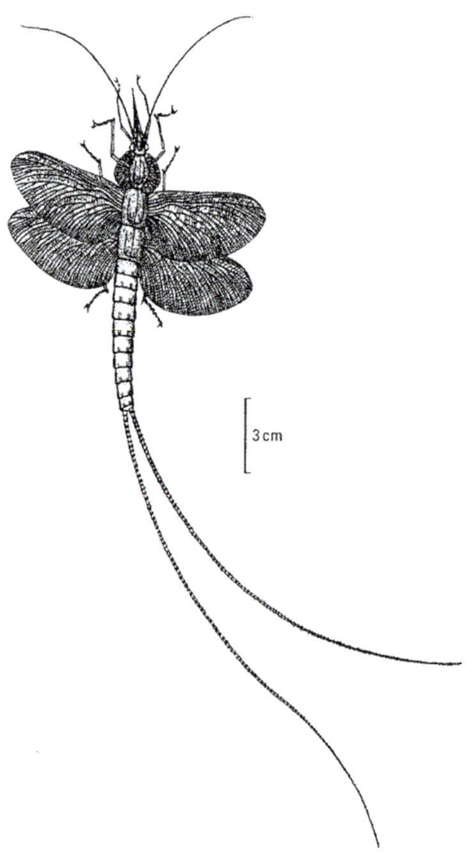

Abb. 4
Homioptera vorhallensis, Rekonstruktion von C. Brauckmann (1991): Das Tier trägt am vordersten Körpersegment ein drittes, kleines Vorderbrust-Flügelpaar.

Bereich wurde sowohl als Bodendenkmal als auch als Naturdenkmal ausgewiesen. Wegen seiner außerordentlichen paläontologischen Bedeutung, seiner hervorragenden tektonischen Strukturen und seiner Bedeutung für die regionale Stratigraphie (Ziegelschiefer-Formation) wurde der ehemalige Ziegeleisteinbruch Hagen-Vorhalle 2006 in die Liste der „Nationalen Geotope" der Akademie für Geowissenschaften in Hannover aufgenommen.

Im nahegelegenen Museum im Wasserschloss Werdringen ist ein Teil der in der Ziegeleigrube Hagen-Vorhalle gefundenen Fossilien ausge-

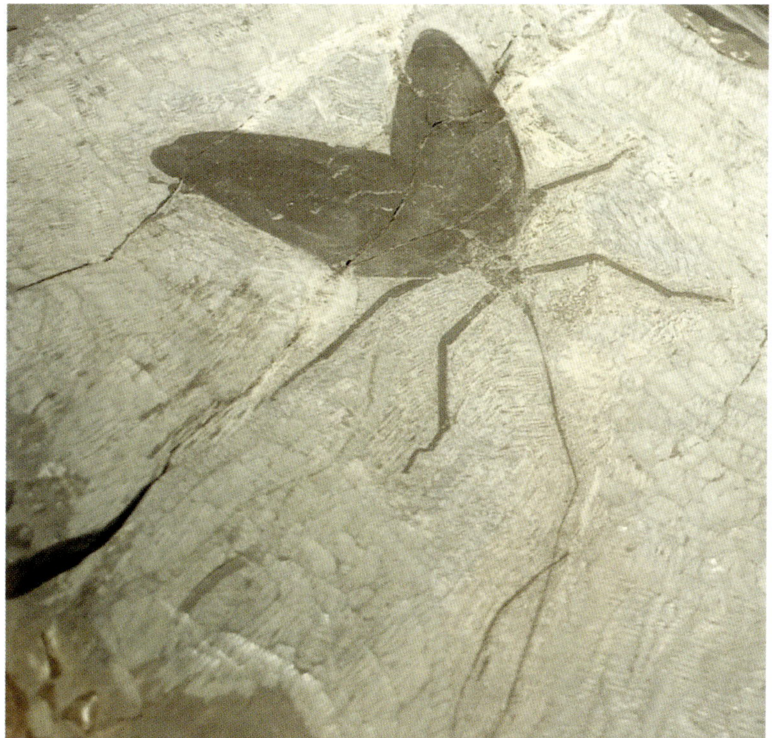

Abb. 5
Kemperala hagensis, ein Vertreter der ausgestorbenen Gruppe der Neoptera mit langem Fühler (Hagener Museum für Archäologie, Wasserschloss Werdringen).

stellt. Hier beginnt auch der GeoPfad Kaisberg, auf dem Besucher die ältesten kohleführenden Schichten des Ruhrkarbons kennenlernen können.

VW

Weiterführende Informationen:
www.geopark.ruhr
www.geopark.ruhr/standorte/geopfade/geopfad-kaisberg/
www.hagen.de/irj/portal/FB-WasserschlossWerdringen?redirectOrigin=portal

Literatur:

Brauckmann, C. (1991): Arachniden und Insekten aus dem Namurium von Hagen-Vorhalle (Ober-Karbon; West-Deutschland). – Veröffentlichungen aus dem Fuhlrott-Museum 1, S. 1–275; Wuppertal.

Brauckmann, C., Schöllmann, L. & Sippel, W. (2003): Die fossilen Insekten, Spinnentiere und Eurypteriden von Hagen-Vorhalle. – Geologie und Paläontologie in Westfalen Bd. 59, 89 S.; Münster.

Hendricks, A. (Hrsg.) (2005): Als Hagen am Äquator lag. Die Fossilien der Ziegeleigrube Hagen-Vorhalle. – 222 S.; Münster.

10 Die Wiege des Ruhrbergbaus – Die „Zeche Nachtigall“ und ihre Umgebung in Witten (Nordrhein-Westfalen)

Karbon
(359–299 Mio. Jahre)

Das LWL-Industriemuseum „Zeche Nachtigall“ in Witten veranschaulicht exemplarisch die Vielfalt der mineralischen Rohstoffe aus dem Karbon im Ruhrgebiet. Neben Steinkohle wurden hier auch Tonstein für eine Ziegelei und Sandstein gewonnen. Das Muttental und die Aufschlüsse des Steinbruchs Dünkelberg zeigen einen Ausschnitt aus der Schichtenfolge des Oberkarbons vor etwa 315 Millionen Jahren.

Drei Rohstoffe aus einem Berg

Seit 1714 wurde am Hettberg in Witten Kohle gefördert, zunächst in einem Stollenbetrieb und ab 1832 in einer der ersten Tiefbauzechen im Ruhrgebiet mit insgesamt drei Schächten. Nach Stilllegung des Bergbaus schon im Jahr 1892 wurde das Gelände vom Unternehmer Wilhelm Dünkelberg übernommen, der hier eine Ziegelei betrieb, die oberkarbonische Tonsteine als Rohstoff nutzte. Der südlich des Hettberges gelegene Tonsteinbruch wurde über Stollen mit dem nördlich gelegenen Gelände der Ziegelei verbunden, von denen aus auch Restkohlenvorräte abgebaut wurden. Die Ziegelei wurde 1963 stillgelegt. Außerdem gewann die Fa. Dünkelberg in einem weiteren Steinbruch den sog. Finefrau-Sandstein als Werkstein.

Abb. 1 LWL-Industriemuseum „Zeche Nachtigall“; im Hintergrund die Ruhr und die Stadt Witten.

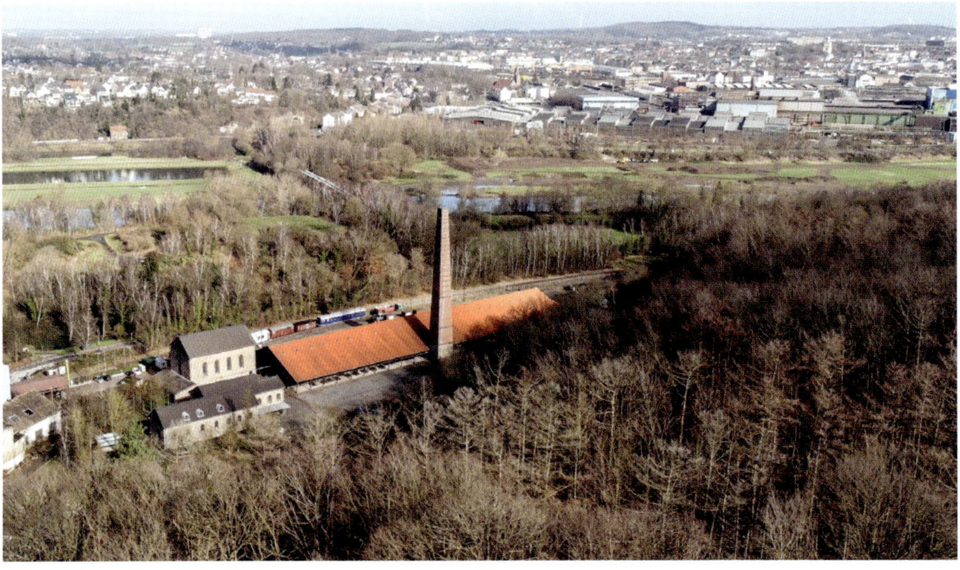

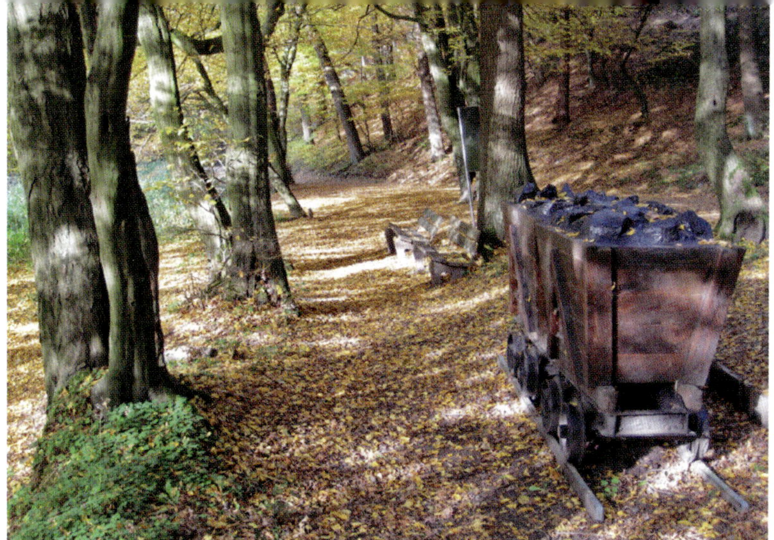

Abb. 2
Unterwegs auf dem Bergbauwanderweg im Muttental.

Seit 1979 entwickelt der Landschaftsverband Westfalen-Lippe (LWL) den Standort „Zeche Nachtigall" als Teil des Westfälischen Industriemuseums. Herausragendes Objekt des Museums ist das Besucherbergwerk, das die Stollenbauten aus der Zeit des Ziegeleibetriebes nutzt und zugänglich macht. Von den Gebäuden der „Zeche Nachtigall" blieb v. a. das Fördermaschinenhaus des 450 m tiefen Schachtes Herkules erhalten.

Das Museum „Zeche Nachtigall" liegt am Eingang zum Muttental, einem gut erschlossenen Wandergebiet. Ein Bergbauwanderweg führt zu zahlreichen originalen und rekonstruierten Zeugnissen der Montangeschichte. Das Ensemble von geologischen Aufschlüssen und historischen Bergbaurelikten wurde 2006 als „Nationales Geotop" ausgezeichnet. Der GeoPark Ruhrgebiet richtete 2014 ein Informationszentrum mit dem Schwerpunktthema „Rohstoffland Ruhrgebiet" ein, das die ganze Vielfalt der Georessourcen in der Region darstellt.

Steinbruch Dünkelberg – Ein Blick in die Karbonzeit

Auf dem Gelände der „Zeche Nachtigall" treten die oberkarbonischen Ablagerungen der Witten-Formation zutage. In der Abfolge befinden sich insgesamt sechs Steinkohlenflöze, von denen drei von ihrer Mächtigkeit her als bauwürdig galten: Mausegatt, Kreftrenscheer und Geitling 1. Die Aufschlüsse auf dem Zechengelände erschließen den höheren Teil der Abfolge mit dem Flöz Geitling 1, dem Flözhorizont Geitling 2, Flöz Geitling 3, dem Finefrau-Sandstein und schließlich dem Flöz Finefrau.

Die Schichtenfolge im Steinbruch Dünkelberg beginnt im Liegenden mit dem Flöz Geitling 1, das unmittelbar neben dem Mundloch des Dünkelbergstollens noch in seiner ursprünglichen Mächtigkeit von ca. 1,5 m zu

Abb. 3
Blick in den Nachtigallstollen.

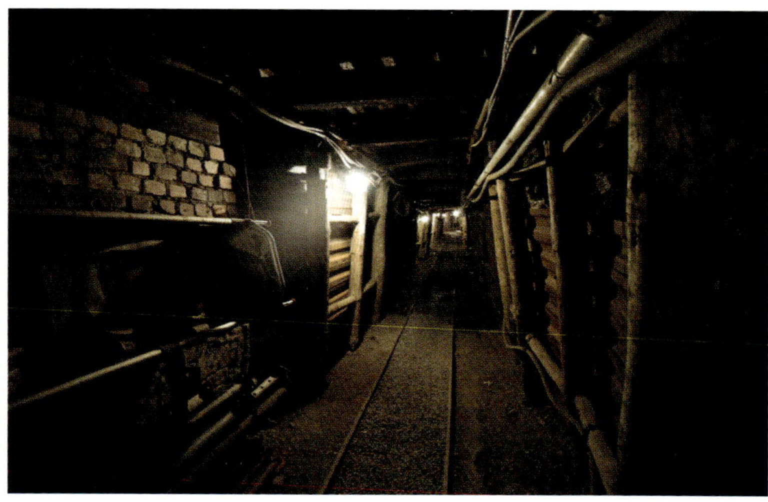

sehen ist. Darüber folgen etwa 10 m einer tonig-siltigen Abfolge, die sich als Ablagerung in einer Flussaue deuten lässt. Anstelle des über einem Wurzelboden zu erwartenden Flöz Geitling 2, das in anderen Gebieten des Ruhrkarbons auftritt, ist hier ein mariner Horizont ausgebildet mit Wurm-Grabgängen sowie Überresten von marinen Muscheln als Zeugnis eines lokalen Meeresvorstoßes.

Die tonigen Sedimente des marinen Horizontes werden nach oben hin grobkörniger und schließen mit einem sandigen Wurzelboden unter Flöz Geitling 3 ab. Dieses Flöz zieht sich als auffälliges, ca. 30 cm mächtiges Band durch den gesamten Steinbruch. Die etwa 50 m hohe Steinbruchwand endet nach oben mit dem gelbbraun verwitternden Finefrau-Sandstein. Es handelt sich um einen Sandstein, der ursprünglich als Flusssand in einem mehrere Kilometer breiten Tal ablagert wurde.

Abb. 4
Steinbruch Dünkelberg in einer Gesamtansicht.

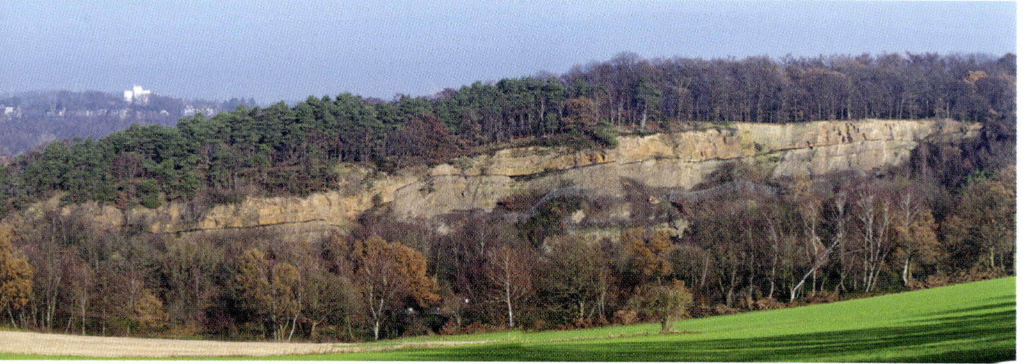

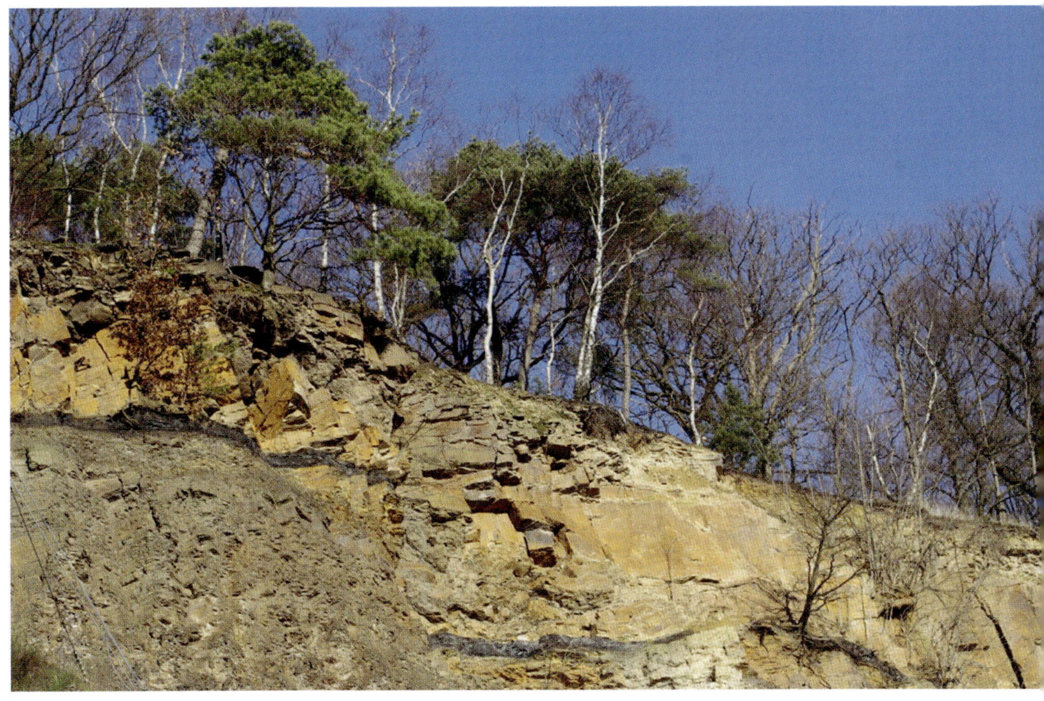

Abb. 5
Steinbruch Dünkelberg: Flöz Geitling 3, darüber der Finefrau-Sandstein.

Über dem Finefrau-Sandstein liegt das geringmächtige, namengebende Flöz Finefrau, das im Sandsteinbruch auf der Nordflanke des Hettbergs erhalten blieb und bis unter die Museumsgebäude verläuft.

VW

Weiterführende Informationen:
www.geopark.ruhr
www.ruhrgebiet-industriekultur.de/muttental/
www.zeche-nachtigall.lwl.org/de

Literatur:

Drozdzewski, G. & Koetter, G. (2008): Geologie und Bergbau im südlichen Ruhrgebiet: das Muttental bei Witten. – Jahresberichte und Mitteilungen des Oberrheinischen Geologischen Vereins, NF, Bd. 90, S. 287–316; Stuttgart.
Koetter, G. (2017): Als Kohle noch Zukunft war – Bergbaugeschichte und Geologie des Muttentals und der Zeche Nachtigall. – 219 S.; Essen.
Wrede, V. (2018): Drei Rohstoffe aus einem Berg – Befahrung des Besucherbergwerks Zeche Nachtigall in Witten. – Exkursionsführer und Veröffentlichungen der Deutschen Gesellschaft für Geowissenschaften, Heft 259, S. 127–131; Hannover.

11 Eine Gebirgsscholle mit Kohle, Sandstein und Fossilien – Der Piesberg bei Osnabrück (Niedersachsen)

Karbon
(359–299 Mio. Jahre)

Das Osnabrücker Bergland wird hauptsächlich von Gesteinen des Erdmittelalters (Trias, Jura und Kreide) geprägt. Es liegt im Bereich der von Nordwesten nach Südosten verlaufenden Osning-Störungszone. Die hier auftretenden Verwerfungen waren seit der Karbonzeit immer wieder aktiv und falteten am Ende der Kreidezeit die Schichten des Teutoburger Waldes auf. Die Bewegungen an der Osning-Störungszone waren im Einzelnen sehr kompliziert: Einerseits glitten die einzelnen Gebirgsschollen vorwiegend horizontal aneinander entlang, anderseits kam es aber auch zu starken Vertikalbewegungen einzelner Schollen. Die herausgehobenen, karbonzeitlichen Gebirgsschollen des Osnabrücker Berglandes, der Schafberg bei Ibbenbüren, der Hüggel bei Hasbergen und der Piesberg, wurden durch diese Bewegungen um etwa 2 km aus dem Untergrund emporgepresst. Die ca. 1,5 × 1,5 km große Piesberg-Scholle bildet heute eine flache, etwa West-Nordwest bis Ost-Südost verlaufende Aufwölbung, die von Gesteinen des Perm (Zechsteins) und der Trias (Buntsandstein) umrahmt wird.

Wirtschaftsfaktoren: Kohle und Sandstein

Die im Piesberg aufgeschlossenen Schichten gehören zum jüngsten Oberkarbon. Sie sind reich an Sandstein und enthalten eine Reihe von Steinkohleflözen. Die rund 310 Millionen Jahre alten Ablagerungen haben nach der Unterkreidezeit eine starke Aufheizung erfahren, wo-

Abb. 1 Überblick über den Steinbruch am Piesberg.

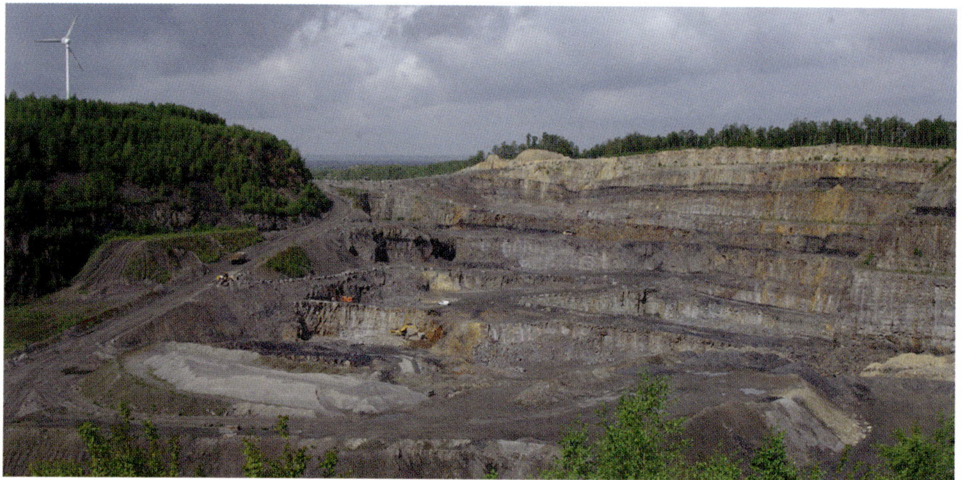

durch die Steinkohle in Anthrazit umgewandelt und die Sandsteine zu hartem Quarzit wurden. Als Ursache dafür werden heiße Mineralwässer vermutet, die entlang der tektonischen Störungen zirkulierten.

Am Piesberg ging seit dem 16. Jh. Steinkohlenbergbau um. Starke Wasserzuflüsse und ein Bergarbeiterstreik brachten den Betrieb 1898 zum Erliegen. Der Bergbau war bis in rund 200 m Tiefe vorgedrungen. Bis heute ist der Sandsteinabbau von wirtschaftlicher Bedeutung. Früher für die Produktion von Pflastersteinen und als Baumaterial im Wasserbau, heute zur Herstellung von Schotter.

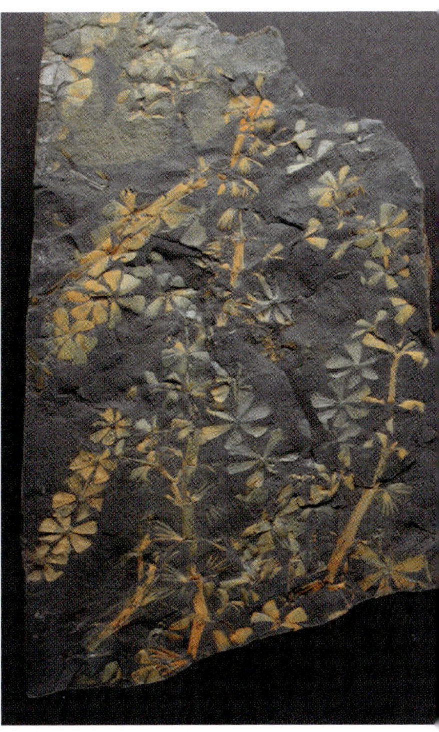

Abb. 2
Reste von *Sphenophyllum* sp., einem ausgestorbenen Keilblattgewächs, aus den Schichten über Flöz Zweibänke am Piesberg (Slg. M. Sowiak).

Ein Dorado für Paläontologen

Die tonigen Schichten, welche die Flöze überlagern, sind teilweise reich an Fossilien. Durch die thermische Beanspruchung des Gesteins wandelte sich auch das fossile Pflanzenmaterial um. Es liegt heute als weiß bis hellbraun gefärbter Hydroglimmer („Gümbelit“) vor, wodurch sich die Fossilien kontrastreich vom dunklen Wirtsgestein abheben.

Die Pflanzenwelt der Kohlemoore wurde von baumgroßen Bärlappgewächsen wie *Lepidodendron* (Schuppenbaum) und *Sigillaria* (Siegelbaum) beherrscht. Cordaiten (Verwandte der Nadelbäume) konnten bis zu 30 m hoch werden. Auch Farne und Schachtelhalme erreichten Baumgröße. Überreste zahlreicher Insektengruppen wurden am Piesberg gefunden.

Die Moorseen in den Kohlesümpfen waren Lebensraum von Muscheln, Schwertschwänzen und Fischen. Eine besondere Fundsituation bilden die 2018 entdeckten Ablagerungen eines Frischwassersees, dessen Chemismus sich von den sauren Moorgewässern unterscheidet. Hier kommen v. a. die Reste von Krebstieren (Conchostraken) wesentlich häufiger vor als in den Moorgewässern. Der Erhaltungszustand der Fossilien ist besser, weil die Knochensubstanz der Fossilien erhalten blieb.

Geologie und Industriekultur zum Erleben

Rund um den Piesberg entwickeln die Stadt Osnabrück und der Natur- und Geopark „TERRA.vita“ einen Industrie- und Landschaftspark. Ein Rundweg um den aktiven Steinbruch führt zur Aussichtsplattform „Felsrippe“. Industriedenkmäler wie die Gebäude des Stüve- und des Hase-Schachts, das Besucherbergwerk Hasestollen und die Klein- und Feldbahn lassen die Geschichte des Piesbergs wieder lebendig werden.

Abb. 3
Flügel von *Piesbergopterum punctatum*. Die Flügellänge des zu den Ur-Heuschrecken (Archaeorthoptera) gehörenden Insekts beträgt rund 21 mm.

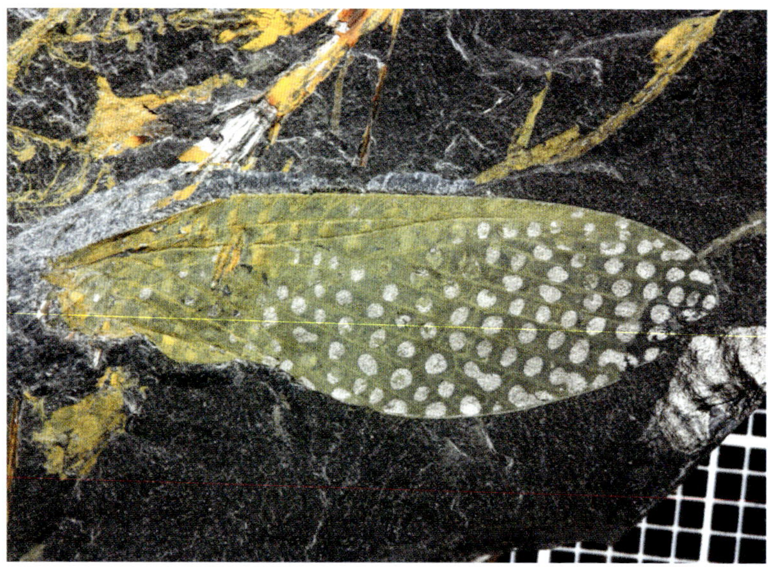

Abb. 4
Schwertschwanz *Euproops* sp. mit gut erhaltenem Schwanzstachel aus den Schichten über dem Flöz Zweibänke am Piesberg.

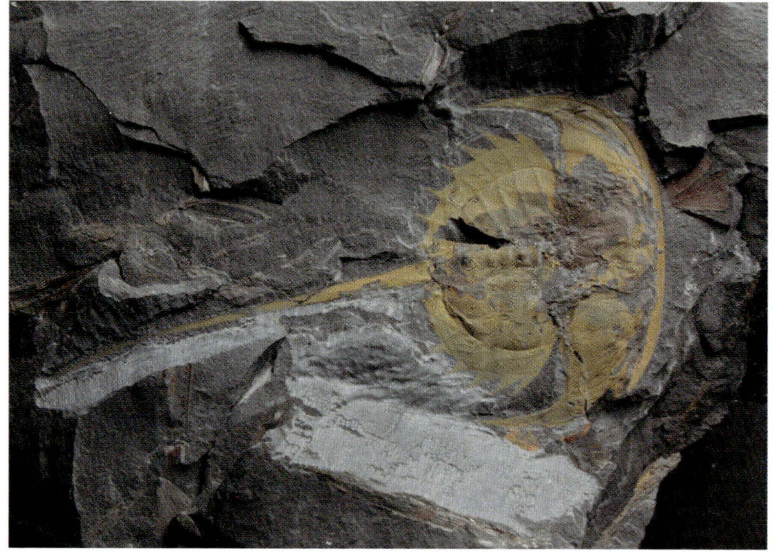

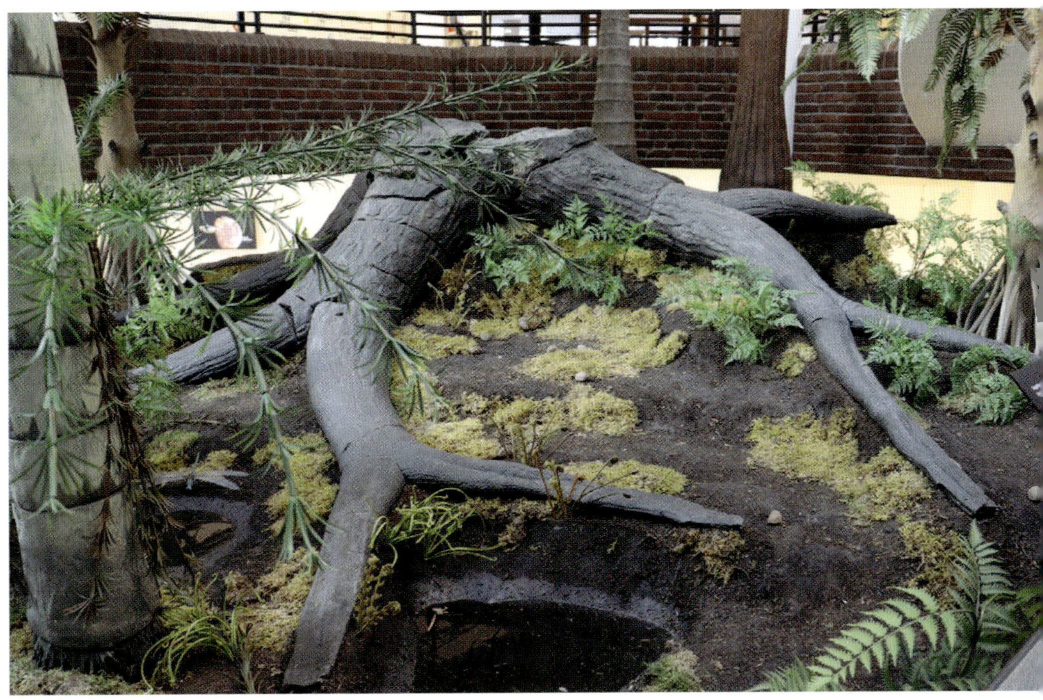

Das „Museum am Schölerberg“ in Osnabrück zeigt einen rekonstruierten Karbonwald mit vielen Fossilien vom Piesberg, darunter ein schon 1886 beim Untertagebergbau geborgenes, mehrere Tonnen schweres Wurzelwerk eines Siegelbaums.

Abb. 5 Wurzelsystem eines Siegelbaums (*Stigmaria ficoides*) vom Piesberg im Museum am Schölerberg.

VW

Weiterführende Informationen:
https://erleben.osnabrueck.de/de/natur-entdecken/piesberg/
www.museum-am-schoelerberg.de

Literatur:
Brauckmann, C., Herd, K. J. & Leipner, A. (2009): Insekten-Funde aus dem Westfalium D (Ober-Karbon) des Piesberges bei Osnabrück. – Osnabrücker Naturwissenschaftliche Mitteilungen, Heft 35, S. 5–30; Osnabrück.
Harms, F.-J. (2019): Steinbruch Piesberg: ein sich seit über 150 Jahren ständig verändernder Blick in die Erdgeschichte. – Osnabrücker Naturwissenschaftliche Mitteilungen, Hefte 44/45, S. 6–18; Osnabrück.
Klassen, H. (Hrsg.) (1984): Geologie des Osnabrücker Berglandes. – 672 S.; Osnabrück.

12 Im Steinkohlenwald unterwegs – Entdeckungen in Landsweiler-Reden (Saarland)

Karbon
(359–299 Mio. Jahre)

Auch das Saarland ist in seiner Industriegeschichte stark von Ablagerungen und Bodenschätzen aus dem Karbon geprägt. Wie im Ruhrgebiet, so war es auch hier die Gewinnung der Steinkohle, welche für lange Zeit als Wirtschaftsmotor des Landes galt. Mit stillgelegten Schachtanlagen und alten Abraumhalden – die letzte Grube im Saarland wurde 2012 geschlossen – ist diese Zeit in vielen Orts- und Landschaftsbildern immer noch präsent. Die aktive Explorations- und Bergbauzeit spiegelt sich darüber hinaus auch noch in unzähligen Fossilfunden aus den Schichten des Oberkarbons wieder, welche in dieser Phase entdeckt und gesammelt wurden. Bei einem Besuch alter Halden sind bis heute Funde von Pflanzenresten aus der Steinkohlenzeit möglich. Es lohnt sich durchaus, das schwarze Gestein am Wegesrand mal genauer anzuschauen. Die versteinerten Pflanzen- und Tierreste sind wichtige Zeitzeugen, über welche wir uns ein detailliertes Bild zur Lebenswelt des Steinkohlenwaldes vor 300 Millionen Jahren machen können.

Vom Grubenort zum Zukunftsort

In Landsweiler-Reden bietet sich die einzigartige Möglichkeit alle oben angesprochenen Aspekte, d.h. Bergbaugeschichte, Sammlungsschätze und einen Besuch in einem lebensechten Oberkarbonwald, zu erle-

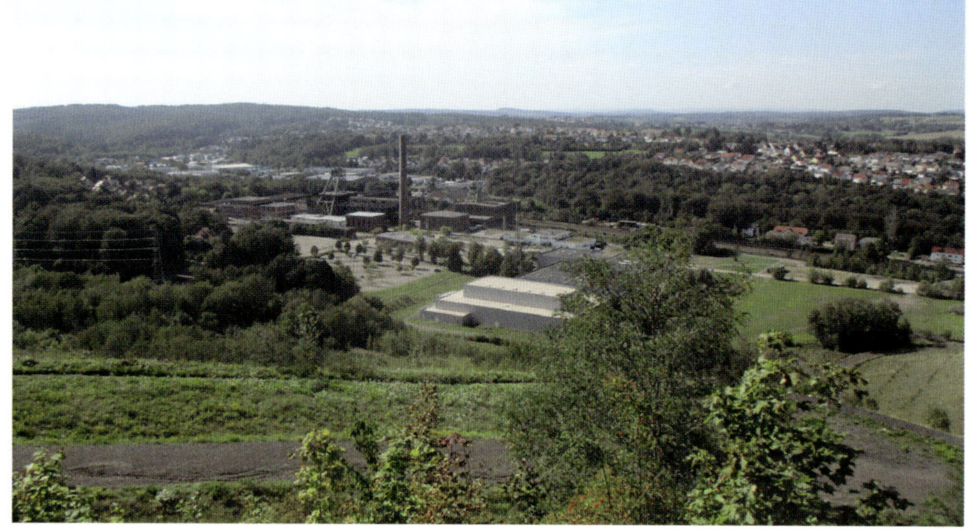

Abb. 1
Blick auf das Zechengelände und den Erlebnisort Reden. Im Gebäudebereich nahe dem Förderturm ist das Zentrum für Biodokumentation des Saarlandes untergebracht.

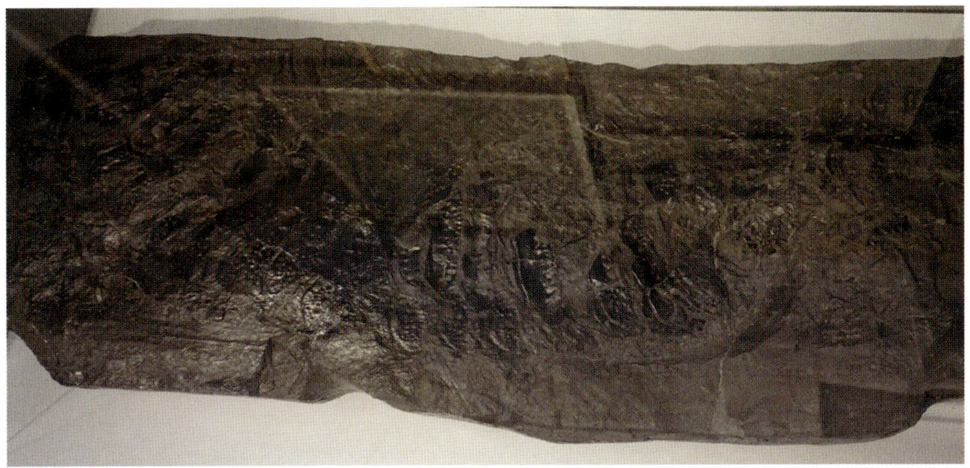

Abb. 2
Bedeutendstes Exponat in der Ausstellung zur Geologie des Saarlandes im Zentrum für Biodokumentation ist der Fund vom Riesentausendfüßer *Arthropleura* aus dem Jahre 1935.

ben. Basisstationen für unsere Zeitreise in den Steinkohlenwald sind das Zentrum für Biodokumentation des Saarlandes in Gebäuden und Räumen der ehemaligen Grube Reden und das auf dem Grubengelände in direkter Nachbarschaft errichtete naturhistorische Erlebnismuseum „GONDWANA – Das Praehistorium".

Die Grube Reden wurde 1847 aufgefahren und hatte 1995 ihre letzte Kohleförderung. Mit der Stilllegung in 2000 begann die Wandlung des 120 ha großen Bergbauareals zu einem Zukunftsort. Das Zentrum für Biodokumentation ist Teil davon. Hier wird die umfangreichste Sammlung an naturkundlichen Objekten des Saarlandes beherbergt, darunter auch eine große geowissenschaftliche Kollektion. Letztere entstand durch die Zusammenlegung der Sammlungen der Universität des Saarlandes und der geologisch-mineralogischen Sammlung der Deutschen Steinkohle AG. Sie umfasst rund 300.000 Mineralien, Gesteine und Fossilien aus allen Erdzeitaltern und von unterschiedlichsten Fundstellen. Im Lampensaal des ehemaligen Grubengebäudes besitzt das Zentrum eine Dauerausstellung „Geologie der Region und des Saarlandes". Unter den hier ausgestellten Exponaten befindet sich auch ein bedeutendes Einzelstück aus der umfangreichen Sammlung von Fossilien aus dem Oberkarbon des Saarlandes. Es handelt sich um Reste des Riesentausendfüßers *Arthropleura armata*. Die ersten Nachweise dieses urzeitlichen Gliedertiergiganten stammen aus dem 19. Jh. und wurden im Saarland gemacht. 1853 erfolgte die wissenschaftliche Erstbeschreibung. Die in zahlreiche Körperplattensegmente gegliederten Tiere hatten eine maximale Körperlänge von bis zu 2,5 m, eine Breite von 50 cm und wogen runde 50 kg. In der Bodenzone des Steinkohlenwaldes suchten die Riesen vor 300 Millionen Jahren nach Nahrung. Ob nur Pflanzliches oder auch kleine Tiere, ist ungeklärt. Das in Landsweiler-Reden ausgestellte

Abb. 3
Rekonstruktion des Riesentausendfüßer *Arthropleura*. Zeichnung: E. Gröning (2005).

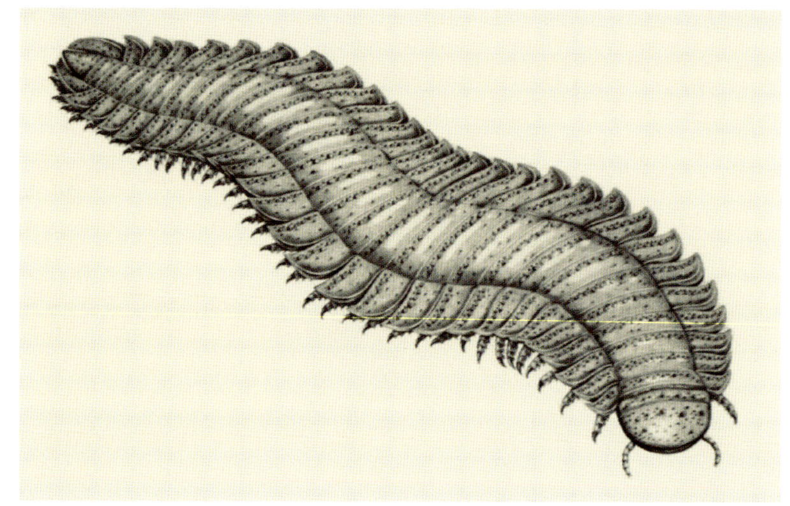

Abb. 4
Das Erlebnismuseum „GONDWANA – Das Praehistorium". Schon die Außengestaltung der Eingangshalle verweist auf einen Steinkohlenwald.

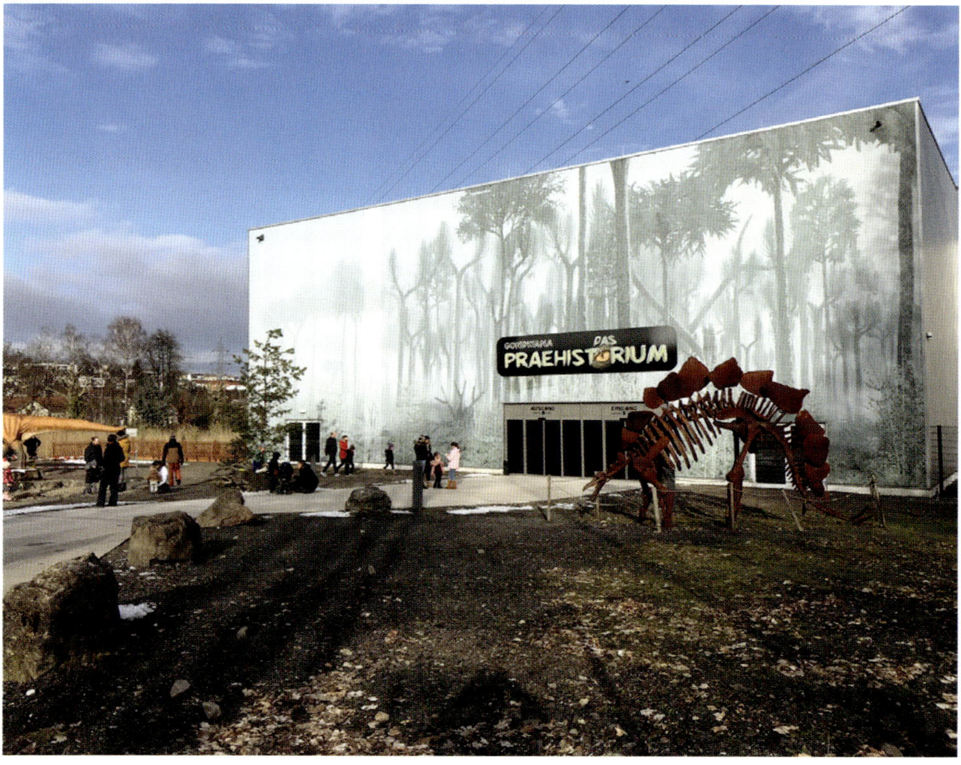

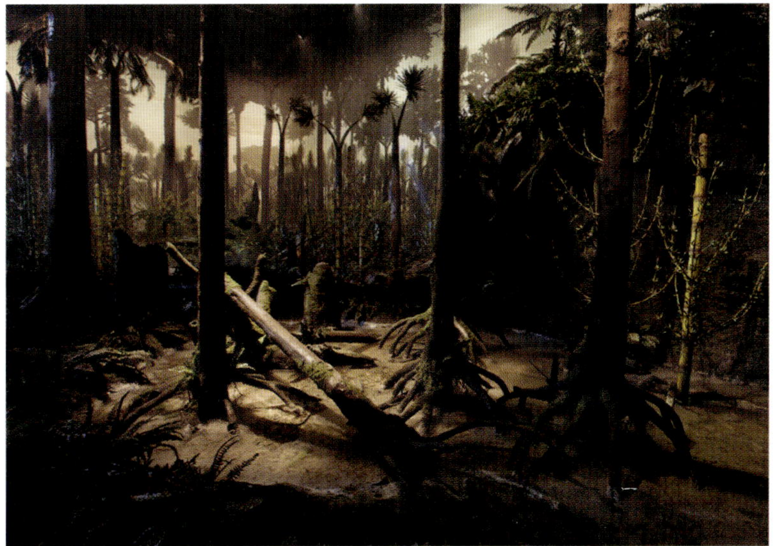

Abb. 5
Eindrucksvolle und lebensechte Rekonstruktion eines Steinkohlenwaldes im Erlebnismuseum „GONDWANA – Das Praehistorium".

Fossil ist mit 90 cm Länge eines der vollständigsten Exemplare. Es wurde 1935 in der saarländischen Grube Maybach entdeckt.

Auf urzeitlichen Wegen

Eine in Deutschland einzigartige, sehr atmosphärische und lebensechte Begegnung mit einem Steinkohlenwald, seiner Lebenswelt und auch *Arthropleura* ist nur wenige Schritte vom ausgestellten Fossil möglich. Das Erlebnismuseum „GONDWANA – Das Praehistorium" lädt seit 2008 mit großen, inszenierten Räumen auf 10.000 m^2 Fläche ein, ausgewählte Epochen der Urzeit und Menschheitsgeschichte zu entdecken. Der Gang durch einen wirklichkeitsgetreu nachgebauten Steinkohlenwald ist nur ein Highlight einer außergewöhnlichen und eindrucksvollen Zeitreise in vergangene Welten.

WR

Weiterführende Informationen:
www.erlebnisort-reden.de/erlebnisort/der-standort/reden-allgemein
www.gondwana-das-praehistorium.de
www.saarland.de/mukmav/DE/portale/naturschutz/informationen/artenschutz/zentrum-fuer-biodokumentation/zentrum-fuer-biodokumentation_node.html

Literatur:
Schneider, H. (1991): Saarland. – Sammlung geologischer Führer, Bd. 84, 271 S.; Stuttgart.

13 Ein urzeitliches Pompeji – Der versteinerte Wald von Chemnitz (Sachsen)

Perm (299–252 Mio. Jahre)

Wir reisen 291 Millionen Jahre zurück, in die Permzeit. Geografisch befinden wir uns südlich des 15. Breitengrades, rund 1.600 km nördlich des Äquators. Das Klima ist feucht und schwülwarm. Ein dichter, tropischer Regenwald umgibt uns. Die Bäume sind andere, als wir aus heutigen Regenwäldern kennen. Es gibt riesige Farn- und Bärlappgewächse, baumgroße Schachtelhalme sowie Koniferen und andere frühe Samenpflanzen. Auch die Tierwelt ist eine andere. Hier leben z. B. Riesentausendfüßer, eidechsenähnliche Pelycosaurier, die auch auf Bäume klettern können sowie größere, fleischfressende Amphibien. Das Gebiet dieser Szenerie ist heute eine Stadt mit knapp 250.000 Einwohnern. Ihr Name ist Chemnitz.

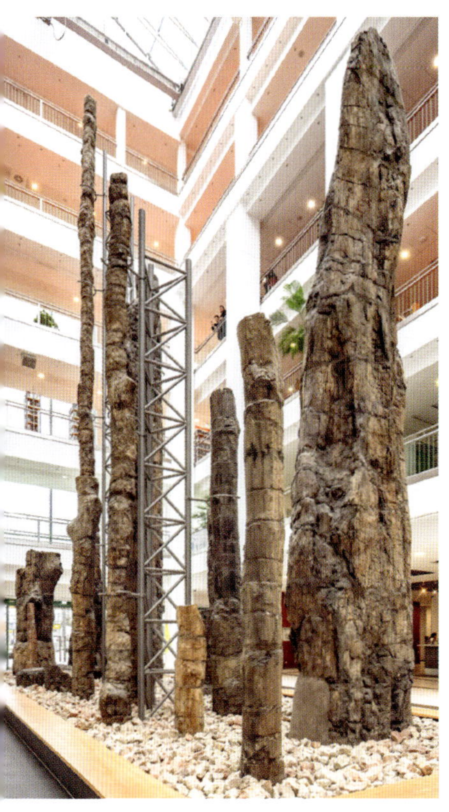

Abb. 1 Eine imposante Gruppe von versteinerten Baumstämmen aus dem Stadtgebiet von Chemnitz im Lichthof des Kulturzentrums DAStietz.

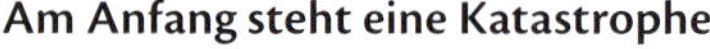

Am Anfang steht eine Katastrophe

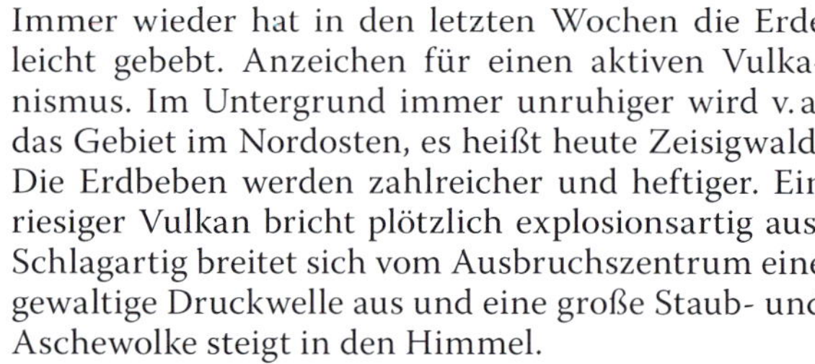

Immer wieder hat in den letzten Wochen die Erde leicht gebebt. Anzeichen für einen aktiven Vulkanismus. Im Untergrund immer unruhiger wird v. a. das Gebiet im Nordosten, es heißt heute Zeisigwald. Die Erdbeben werden zahlreicher und heftiger. Ein riesiger Vulkan bricht plötzlich explosionsartig aus. Schlagartig breitet sich vom Ausbruchszentrum eine gewaltige Druckwelle aus und eine große Staub- und Aschewolke steigt in den Himmel.

In wenigen Sekunden wird die tropische Lebenswelt im Vulkanumfeld zerstört. Wie Streichhölzer knicken die baumgroßen Gewächse in Richtung der sich ausbreitenden Druckwelle um. Bald setzt auch ein Ascheregen ein, welcher die Landschaft zu bedecken beginnt. Es gibt mehrere Ausbruchsphasen und immer wieder gehen instabil gewordene Teile der Staub- und Aschesäule als große, heiße Glutwolkenlawinen (Pyroklastische Ströme) nieder. Sie schießen rasend schnell über die Landschaft und alles am Boden liegende wird mit einer meterhohen Staub- und Ascheschicht luftdicht zugedeckt.

Diese Bedeckung und ihre chemischen Bestandteile sind der Grund dafür, dass der permische Regenwald vor einer biologischen Zersetzung geschützt und als Lebensmoment über 291 Millionen Jahre hinweg er-

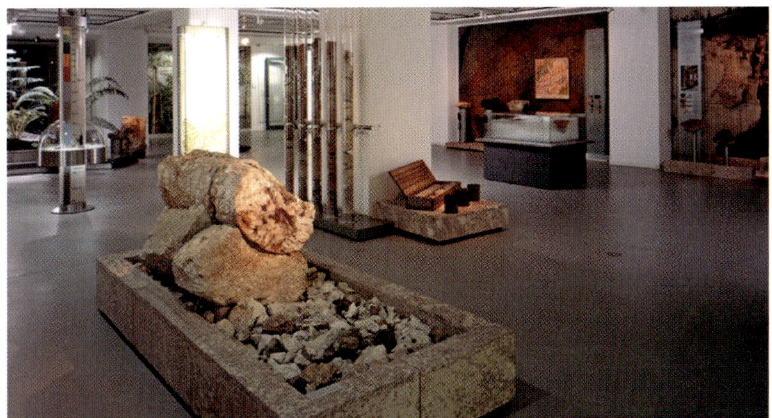

Abb. 2
Blick in die Dauerausstellung zum versteinerten Wald von Chemnitz im Museum für Naturkunde.

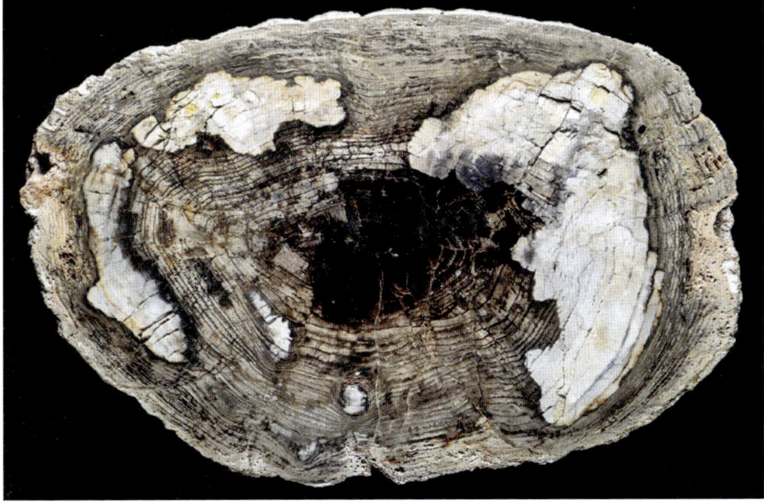

Abb. 3
Über die Zuwachszonen in dieser Scheibe einer baumförmigen Samenpflanze (Cordait) konnte ein 11-jähriger Sonnenzyklus für die Zeit vor 291 Millionen Jahren nachgewiesen werden. Einen solchen Sonnenzyklus gibt es auch heute noch.

halten bleibt. In die Ascheschicht bzw. den Boden eindringende Wässer mobilisieren später die darin enthaltene Kieselsäure und transportieren diese bis in die feinsten Strukturen der verschiedenen Pflanzenteile. Der permzeitliche Wald fossilisierte und der versteinerte Wald von Chemnitz entstand.

Die Erhaltung von vergangenen Lebensmomenten durch Vulkanasche ist über die römische Stadt Pompeji am Vesuv und ihren Untergang 79 n. Chr. bzw. die Archäologie weltbekannt. Es kommt also nicht von ungefähr, dass bezüglich des versteinerten Waldes von Chemnitz auch von einem „Pompeji der Paläontologie“ gesprochen wird.

Abb. 4
Der größte Calamit (*Arthropitys bistriata*) der Welt, ein 10 m langer Stamm eines Schachtelhalmbaumes, wurde 2008 bei einer Grabung in Chemnitz-Hilbersdorf gefunden.

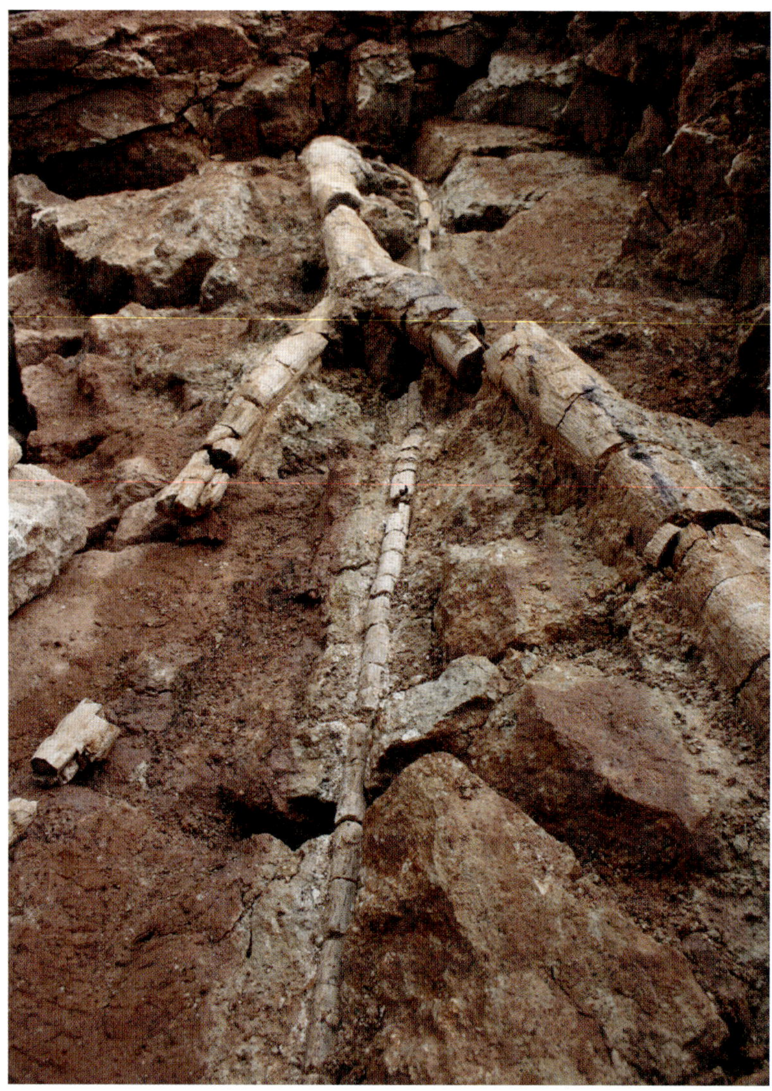

Ein besonderes Holz

Erwähnungen über Funde von versteinerten Bäumen in Chemnitz finden sich schon bei Georg Agricola (1494–1555), dem Begründer der modernen Geologie und ehemaliger Bürgermeister von Chemnitz. Er war es auch, der erstmals den Begriff „Fossil" für steinerne Funde aus dem Boden prägte.

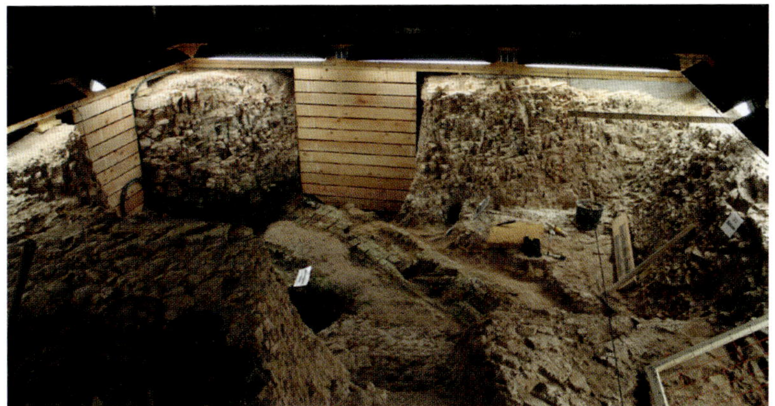

Abb. 5
Blick in die aktuelle Grabung des Museums für Naturkunde in Chemnitz-Sonneberg.

Ins 18. Jh. datieren die ältesten Fundnachweise von versteinertem Holz aus Chemnitz. Im 18., 19. und beginnenden 20. Jh. kamen im Zuge der Stadterweiterung bei Bauaktivitäten bedeutende Funde zutage. 1868 wurde das Museum für Naturkunde in Chemnitz gegründet. Hier befindet sich die größte und bedeutendste Sammlung zum versteinerten Wald. Die einzigartige Funderhaltung geht über Jahrringe bis hin zu einzelnen Zellen. Durch Analysen der Zuwachszonen konnte man sogar 291 Millionen Jahre alte Sonnenzyklen nachweisen.

Bei einer wissenschaftlichen Grabung im versteinerten Wald durch das Museum für Naturkunde wurde 2008 in Chemnitz-Hilbersdorf der weltweit größte Stamm eines Schachtelhalmbaumes (Calamit) entdeckt. Das sehenswerte und vielseitige Museum hat einen speziellen Ausstellungsteil zum versteinerten Wald und befindet sich seit 2004 im Chemnitzer Kulturzentrum DAStietz. Im Lichthof des Zentrums ist auch eine eindrucksvolle Gruppe von hohen, versteinerten Baumstämmen zu bestaunen.

WR

Weiterführende Informationen:
www.naturkundemuseum-chemnitz.de

Literatur:

Rößler, R. (2001): Der versteinerte Wald von Chemnitz. – 252 S.; Chemnitz.

Rößler, R., Luthardt, L. & Schneider, J. W. (2015): Der versteinerte Wald von Chemnitz – Momentaufnahme eines vulkanisch konservierten Ökosystems aus dem Perm (Exkursion L. am 11. April 2025). – Jahresberichte und Mitteilungen des Oberrheinischen Geologischen Vereins, NF, Bd. 97, S. 231–266; Stuttgart.

14 Spuren und ein besonderes Saurierpaar – **Der Bromacker bei Tambach-Dietharz und seine vergangene Lebenswelt (Thüringen)**

Perm (299–252 Mio. Jahre)

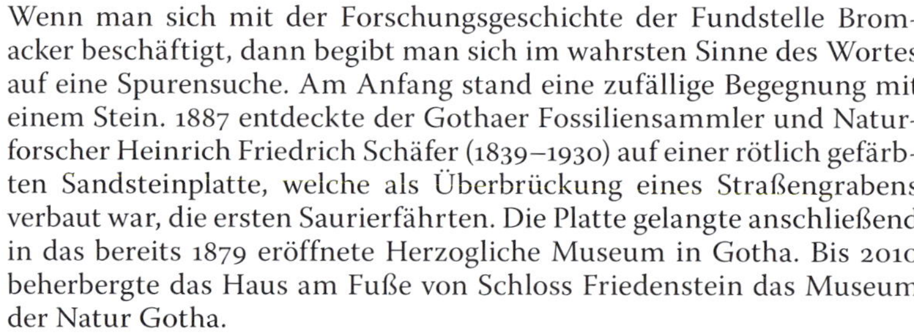

Wenn man sich mit der Forschungsgeschichte der Fundstelle Bromacker beschäftigt, dann begibt man sich im wahrsten Sinne des Wortes auf eine Spurensuche. Am Anfang stand eine zufällige Begegnung mit einem Stein. 1887 entdeckte der Gothaer Fossiliensammler und Naturforscher Heinrich Friedrich Schäfer (1839–1930) auf einer rötlich gefärbten Sandsteinplatte, welche als Überbrückung eines Straßengrabens verbaut war, die ersten Saurierfährten. Die Platte gelangte anschließend in das bereits 1879 eröffnete Herzogliche Museum in Gotha. Bis 2010 beherbergte das Haus am Fuße von Schloss Friedenstein das Museum der Natur Gotha.

Als Herkunftsort für die Fährtenplatte wurde ein Sandsteinbruch am Bromacker nördlich der kleinen Ortschaft Tambach, seit 1925 Stadt Tambach-Dietharz, lokalisiert. In den Jahren nach dem ersten Fund konnten zahlreiche weitere Fährten entdeckt werden, sodass sich bis 1908 insgesamt 140 Platten mit Saurierspuren vom Bromacker in der Museumssammlung befanden. Die Fundstücke und ihre wissenschaftliche Bearbeitung lagen im besonderen Interesse von Prof. Wilhelm Pabst (1856–1908), Gymnasiallehrer und Kustos der Naturwissenschaftlichen Sammlung im Herzoglichen Museum.

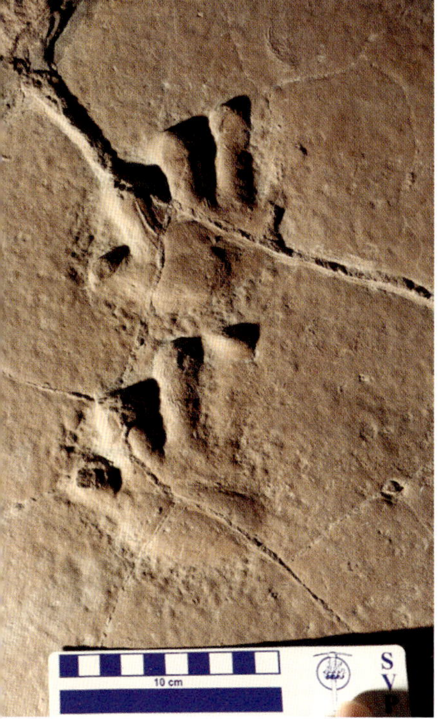

Abb. 1
Fährtenplatte: Ausschnitt der Fährtenplatte MNG1840 mit den Ausfüllungen eines Hand- und Fußabdrucks der Wirbeltierspur *Ichniotherium sphaerodactylum*.

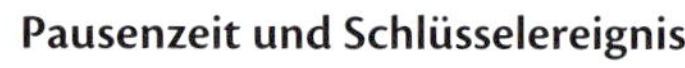

Pausenzeit und Schlüsselereignis

Mit seinem Tod verschwanden die bedeutenden Funde und die Fundstelle Bromacker weitestgehend aus dem Blickfeld der Forschung. Erst ab den 1950er Jahren, als in den alten Steinbrüchen kaum noch abgebaut wurde, weckten die im Museum aufbewahrten Fährten wieder das Interesse verschiedener Paläontologen und bis in die 1970er Jahre erschienen einige neue wissenschaftliche Artikel und Beschreibungen verschiedener Spuren.

Die Gesteine am Bromacker stammen aus dem Unterperm, sind etwa 290 Millionen Jahre alt und gehören zur Tambach-Formation. Hierbei handelt es sich um eine Schichtenfolge von roten und braunen Sedimentgesteinen. Am Bromacker ist der mittlere Teil

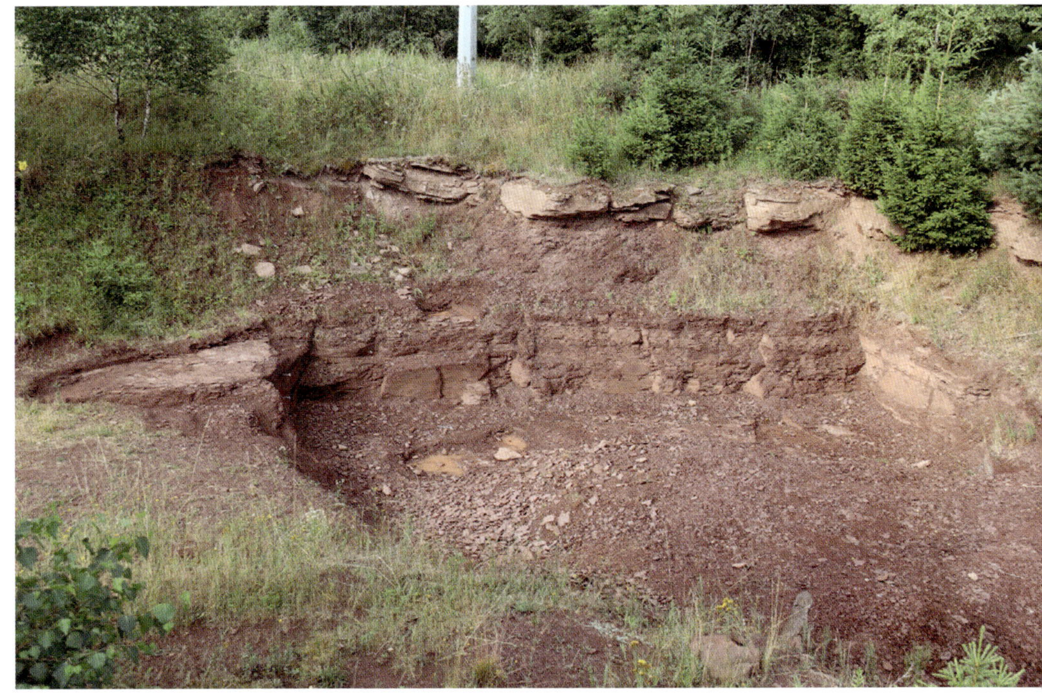

Abb. 2
Blick in den westlichen Teil der Fossillagerstätte Bromacker.

der Formation aufgeschlossen, welcher sich in die „Unteren Schichten“ und die „Oberen Schichten“ gliedern lässt.

Ein Schlüsseljahr für die heutige große internationale Bedeutung der Fundstelle ist das Jahr 1974. Als Geologiestudent fand Dr. Thomas Martens erstmals Knochen von einem Tetrapoden, einem vierfüßigen Landwirbeltier. Von 1978 bis 2010 führte er als wissenschaftlicher Mitarbeiter am Naturmuseum jährlich systematisch Grabungen am Bromacker durch. Gesucht waren v. a. weitere Reste von möglichen Spurenverursachern.

Die erhofften Funde stellten sich auch bald ein. Es zeigten sich hinsichtlich der Arten starke Bezüge zu Perm-Fundstellen in den USA. Auch war bald klar, dass es außerhalb der USA nichts Vergleichbares mit dem Bromacker und seinem fossilen, unterpermischen Ökosystem in der paläontologischen Forschung gibt. Alle Wirbeltierfunde stammen aus den „Oberen Schichten“.

Besonders spektakulär war ein Fund aus dem Jahre 1997. Dabei handelt es sich um zwei fast vollständige und seitlich Kopf an Kopf zueinander liegende Skelette von *Seymouria sanjuanensis*, einem landlebenden

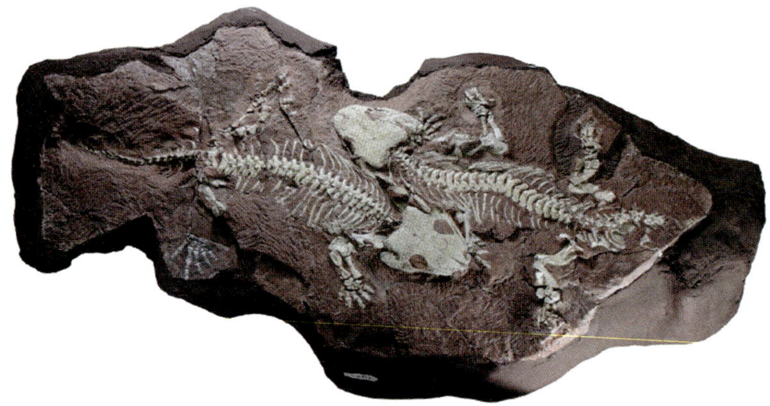

Abb. 3
Fossilplatte des 1997 entdeckten Tambacher Liebespaares. Es handelt sich um die Skelette des Ur-Sauriers *Seymouria sanjuanensis*.

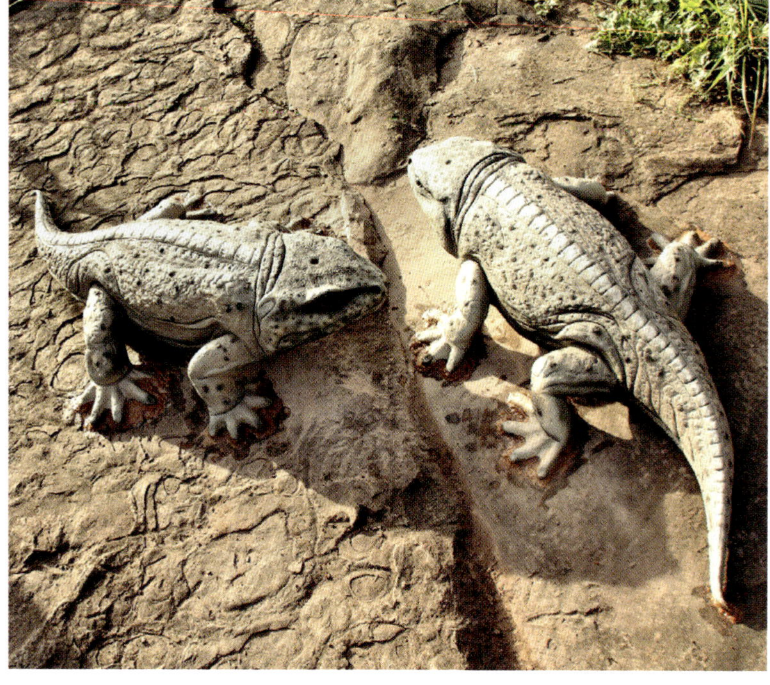

Abb. 4
Lebendmodelle des Tambacher Liebespaars (*Seymouria sanjuanensis*) am Saurier-Erlebnispfad in der Nähe des Bromackers.

Amphibium. Als „Tambacher Liebespaar“ wurden die beiden Skelette über die Medien international bekannt. Seit 2020 gibt es das interdisziplinäre BROMACKER-Projekt mit neuen jährlichen Grabungen. Am Bromacker konnten bisher über 40 Skelettfunde von mindestens 13 Landwirbeltierarten dokumentiert werden.

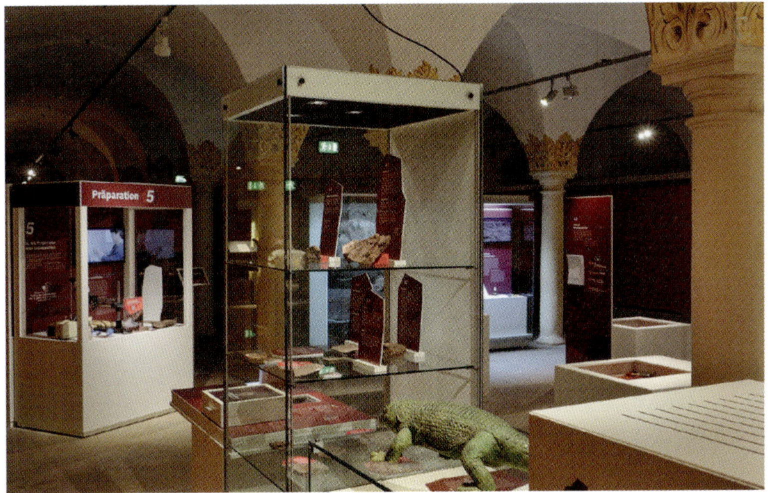

Abb. 5
Blick in die interaktive Ausstellung „Bromacker lab“ auf Schloss Friedenstein mit Originalfossilien, Modellen, Animationen und Möglichkeiten zum Mitmachen.

Bromacker sehen und erleben

Seit 2011 gibt es einen Saurier-Erlebnispfad von Georgenthal zur Fundstelle in Tambach-Dietharz. Der Weg zeigt 17 Saurier mit Infotafeln, ist 4,5 km lang und Teil des UNESCO Global Geoparks Thüringen Inselsberg – Drei Gleichen.

Wer die Funde sehen und sogar Teil der Forschung sein möchte, der sollte sich unbedingt das „BROMACKER lab – Entdecke die Urzeit!“, eine partizipative Ausstellung im Westflügel von Schloss Friedenstein, anschauen. Die naturkundlichen Sammlungen sind heute Teil der Friedenstein Stiftung Gotha.

WR

Weiterführende Informationen:
www.geopark-thueringen.de/entdecken-erleben/georouten/georoute-6-saurier-erlebnispfad
www.stiftung-friedenstein.de/naturkunde

Literatur:
Martens, T. (2018): Scientific importance of the Fossillagerstätte Bromacker (Germany, Tambach Formation, Lower Permian) – vertebrate fossils. Wissenschaftliche Bedeutung der Fossillagerstätte Bromacker (Deutschland, Tambach Formation, Unteres Perm) – Wirbeltierfossilien. – 52 S.; Göttingen.
Martens, T. (2020): Die Ursaurier-Fundstätte Bromacker – Eine 290 Millionen Jahre alte Lebenswelt. – In: Hübner, T (Hrsg.): Saurier. Die Erfindung der Urzeit. S. 119–129; Regensburg.

15 Zu Gast bei den Urahnen der Dinosaurier und Säugetiere – Die „Korbacher Spalte" bei Korbach (Hessen)

Perm (299–252 Mio. Jahre)

Eine der bedeutendsten Fossilfundstellen für Wirbeltiere aus dem Perm ist die „Korbacher Spalte" bei Korbach in Nordhessen (Landkreis Waldeck-Frankenberg). Das paläontologische Bodendenkmal befindet sich am südlichen Stadtrand von Korbach. Die Spalte wurde 1964 in einem Steinbruch entdeckt, in dem Kalksteine aus dem oberen Perm (Zechsteinzeit, 290 bis vor 250 Millionen Jahren) abgebaut wurden. Während dieser Zeit waren alle heutigen Kontinente in einer großen Landmasse vereint, Pangäa genannt. Korbach lag damals am Ostrand in einer küstennahen Gebirgszone. Hier kam es mehrfach zu einem Wechsel von Meeresvorstößen und Trockenphasen mit wüstenartigem Klima.

Man vermutet, dass die Öffnung der Spalte während einer Trockenphase im oberen Perm im Zusammenhang mit einem Erdbeben steht. Anschließend kam es aber auch durch Verwitterungsprozesse zur Spaltenerweiterung, wie Spuren an den Seitenwänden zeigen. Von der Steinbruchkante aus reicht die Spalte heute 12 m in die Tiefe. Im oberen Bereich ist sie etwa 3 bis 4 m breit, unten nur noch 30 bis 50 cm. Die Spaltenfüllung besteht aus gelben Schluffsteinen, die teilweise von violetten bis roten Tonsteinen durchzogen sind.

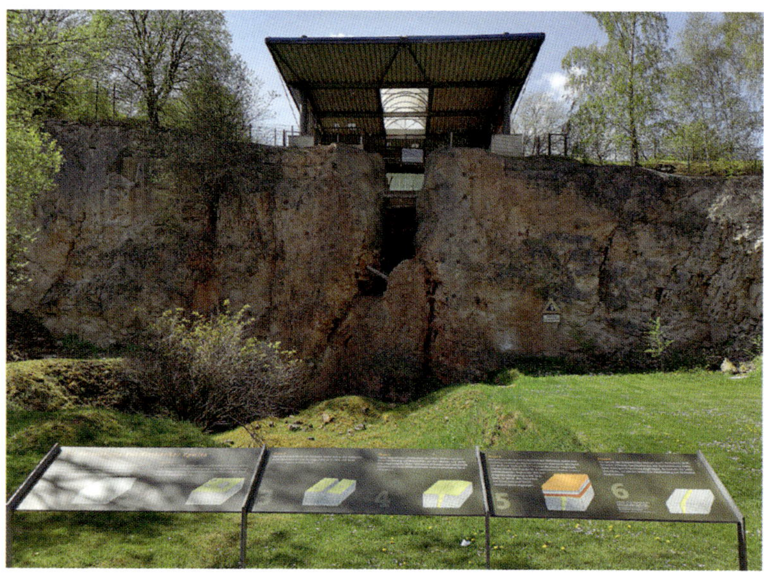

Abb. 1
Die mit einem Dach geschützte „Korbacher Spalte" ist eine der wichtigsten Fossillagerstätten für permzeitliche Wirbeltiere.

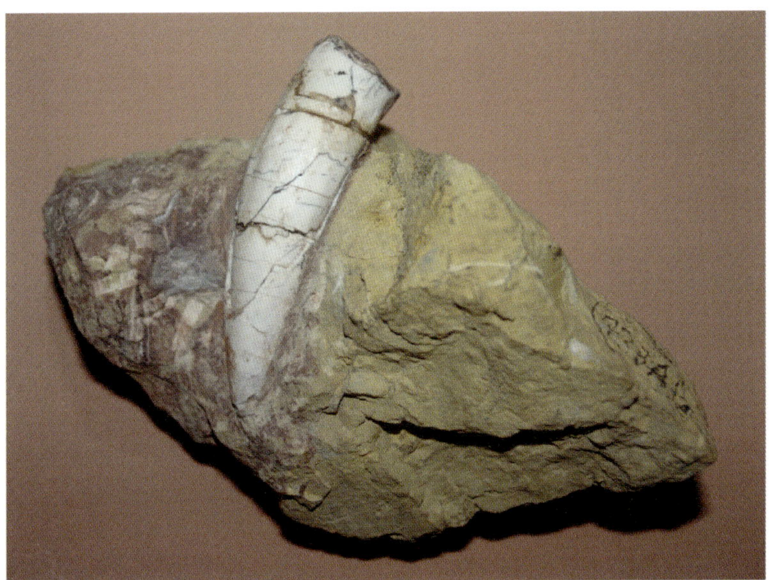

Abb. 2
Eckzahn eines permischen Cynodontiers aus der Karstspalte von Korbach.

Die Verfüllung der Spalte mit Bodenablagerungen aus der Umgebung erfolgte bei Starkregenereignissen, welche immer wieder während der wüstenartigen Trockenphasen auftraten. Zusammen mit den Sedimenten gelangten auch zahlreiche sterbliche Überreste der damaligen Tierwelt in die Spalte. Das Schlamm-Knochengemenge füllte die Spalte in kurzer Zeit aus. Mit dem nächsten Meeresvorstoß in das Küstengebiet, noch während des oberen Perm, entstanden erneut Kalksteinablagerungen, welche die Spaltenfüllung überdeckten und so vor einer schnellen Abtragung schützten.

Die herausragende Bedeutung der „Korbacher Spalte" als Wirbeltierfundstelle für das Zeitfenster vor rund 256 Millionen Jahren wurde erst 1988 erkannt. Seitdem kam es in der Sedimentfüllung der Spalte zu zahlreichen wissenschaftlichen Grabungen und Untersuchungen. Bisher konnten mehr als 2.500 Skelettreste geborgen werden. Die Fauna setzt sich aus verschiedenen Reptiliengattungen und -arten zusammen. Die wichtigsten Funde gehören der Ordnung der erstmals im mittleren Perm auftretenden Therapsiden (reptilienähnliche Stamm-Säugetiere). Permische Therapsiden waren bis zur Entdeckung der „Korbacher Spalte" weltweit nur aus Afrika, Russland und Schottland bekannt. Die bedeutendste Form in der „Korbacher Spalte" ist der Cynodontier *Procynosuchus*.

Procynosuchus war ein etwa 60 cm langes säugetierähnliches Reptil von hundeähnlicher Gestalt. Diese Gattung kannte man bisher nur aus Süd-

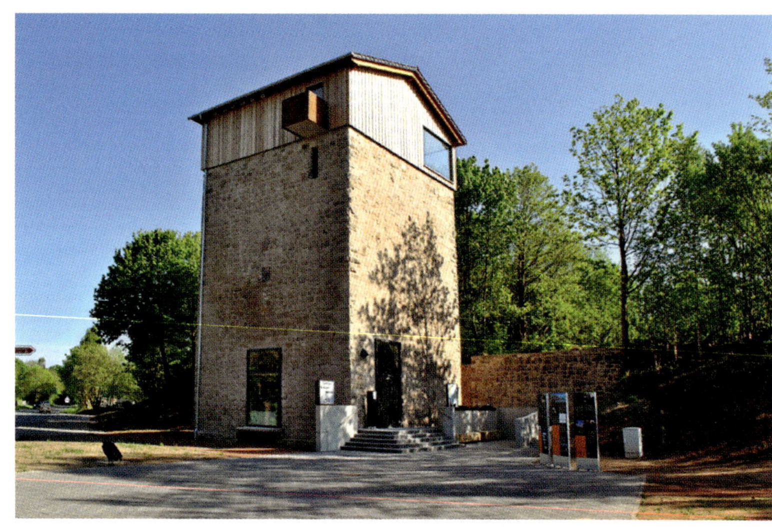

Abb. 3
Der Korbacher Kalkturm an der Fundstelle beherbergt ein GeoFoyer mit Infos zur Fundstelle und Kalksteinindustrie.

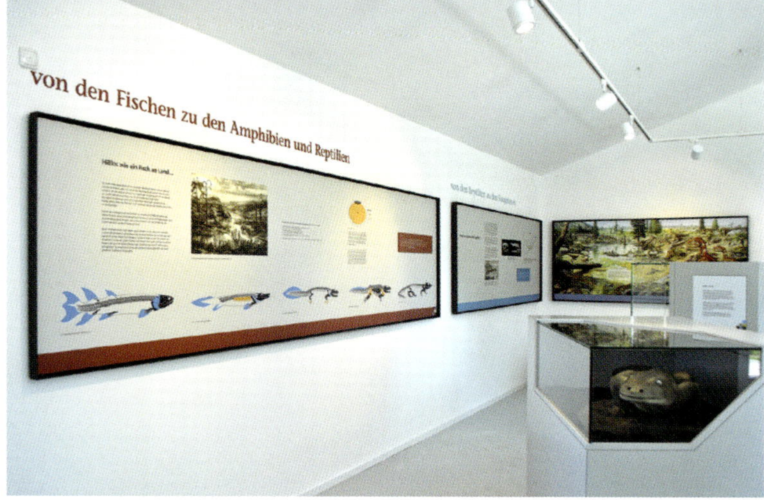

Abb. 4
Blick in die Ausstellung im GeoFoyer.

afrika. Ihr Vorkommen in der „Korbacher Spalte" bzw. in Europa ist ein wichtiger Hinweis darauf, dass sich bereits im oberen Perm alle heutigen Kontinente zum Superkontinent Pangäa zusammengeschlossen hatten. Weitere Knochenfragmente stammen von Pareiasauriern und archosauromorphen Reptilien (Vorfahren der Dinosaurier). Die Funde dokumentieren den Zeitpunkt der Wirbeltierevolution, an dem sich aus den ursprünglichen Reptilien die jeweiligen Urahnen von Dinosauriern und Säugetieren entwickelten.

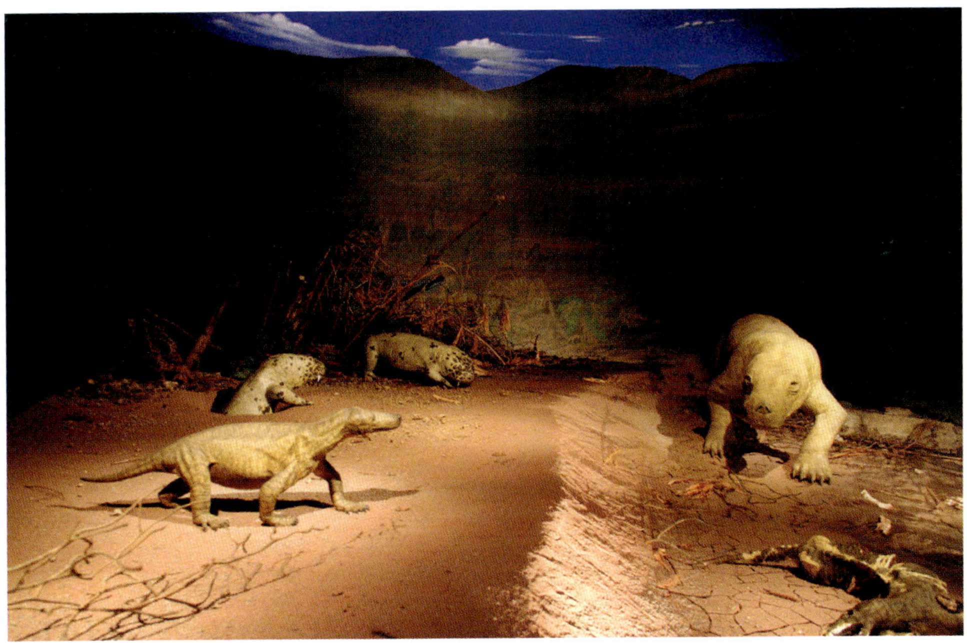

Abb. 5 Rekonstruktion der permzeitlichen Lebenswelt Korbachs als Diorama im Wolfgang-Bonhage-MUSEUM in Korbach.

Die „Korbacher Spalte“ ist ein besonderes Highlight im seit 2006 bestehenden Nationalen Geopark „*Grenz*Welten“. Das mit einem Schutzdach und verschiedenen Infotafeln versehene Geotop liegt an der Frankenberger Landstraße. Die Zufahrt zu einem Besucherparkplatz ist ausgeschildert. Hier befindet sich auch der Korbacher Kalkturm, welcher ein GeoFoyer beherbergt, z. B. mit Infos zur Fundstelle und Kalksteinindustrie. Auch ein 20 km langer Geopfad beginnt am Turm. Sehenswerte Funde aus der Spalte und Rekonstruktionen der Zechstein-Lebenswelt sind im Wolfgang-Bonhage-MUSEUM in Korbach zu besichtigen.

WR

Weiterführende Informationen:
www.geopark-grenzwelten.de
www.museum-korbach.de

Literatur:

Heggeman, H. & Keller, T. (2003): Die Korbacher Spalte. – Paläontologische Denkmalpflege in Hessen, Bd. 15, 16 S.; Wiesbaden.

16 Das Salz in der Suppe der Alpengeologie – Das Weiße Gold von Berchtesgaden (Bayern)

Perm (299–252 Mio. Jahre)

Der für sein Salzbergwerk berühmte Markt Berchtesgaden liegt im südöstlichsten Winkel Deutschlands innerhalb eines Talkessels der Berchtesgadener Alpen. Charakteristisch für diese Region sind die beeindruckenden Massive aus den schroffen Felspartien des Dachsteinkalks. Bekanntere Bergstöcke aus dieser bis zu 1.000 m mächtigen und großflächig verbreiteten Schichtfolge in der Nachbarschaft von Berchtesgaden sind der Untersberg und der Watzmann. Dass in Talnähe dagegen kleinräumige Verhältnisse herrschen und dort Salz vorkommt, liegt an der Alpenentstehung.

Des einen Gebirges Ende ist des anderen Anfang

Vor mehr als 252 Millionen Jahren, gegen Ende des Perm, begann sich Europa von Afrika zu trennen. Durch die beginnende Absenkung des Untergrundes überflutete ein Meer den Rumpf eines in der jüngeren Hälfte des Erdaltertums entstandenen (variszischen) Vorläufergebirges der Alpen – die heutige Grauwackenzone zwischen Zentralalpen und Nördlichen Kalkalpen. Die Gesteine des alten Gebirges wurden in einem wüstenhaften Klima aufgearbeitet, was Konglomerate, Sandsteine und Schiefer aus dieser Zeit am Südrand der Nördlichen Kalkalpen

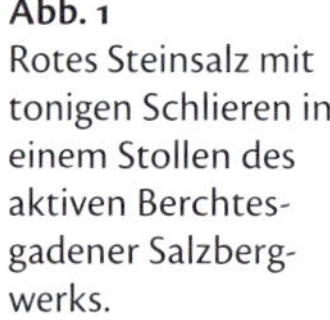

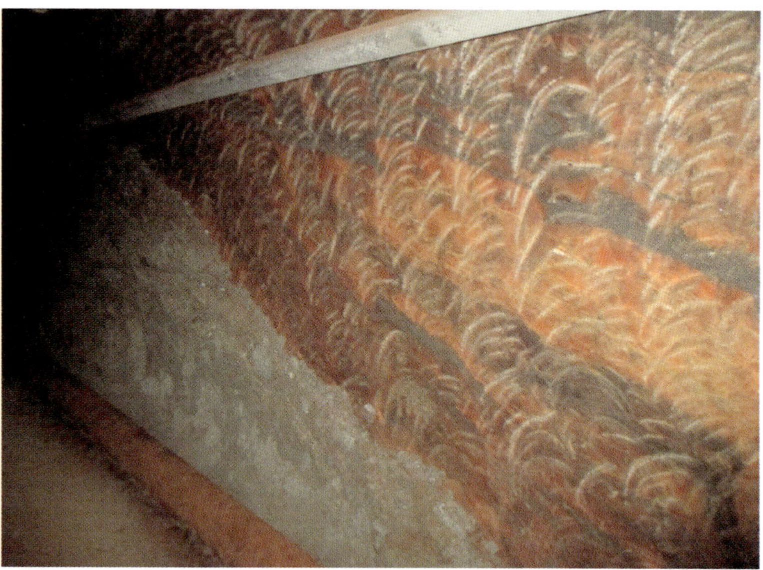

Abb. 1 Rotes Steinsalz mit tonigen Schlieren in einem Stollen des aktiven Berchtesgadener Salzbergwerks.

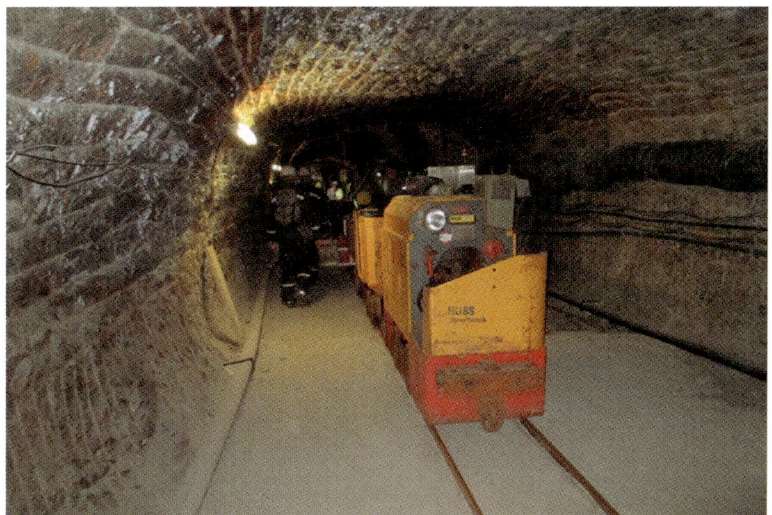

Abb. 2
Grubenbahn im Salzstollen. Man erkennt die Schrämspuren an den Salzwänden.

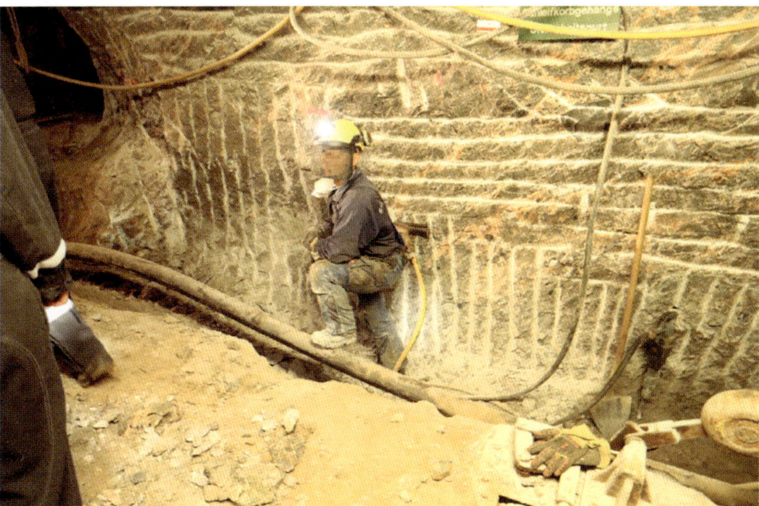

Abb. 3
Ein Salzstollen, der gerade aufgeweitet wird. Die Schrämspuren des Presslufthammers sind deutlich zu erkennen.

belegen. In Bereichen mit sehr geringer Wassertiefe (wie bei heutigen Sabkhas im Persischen Golf) bildeten sich wenige Millionen Jahre lang Krusten aus Steinsalz, Gips und Tonablagerungen – die Grundlage für die heutigen alpinen Salzvorkommen. Da die Bildung der Salzgesteine bis in die unterste Trias reicht, eine genaue Bestimmung der Perm-Trias-Grenze aber wegen des Fehlens von Fossilien im Salz nicht möglich ist, spricht man diesen Zeitraum mit „Permoskyth" an (das Skythium ist die älteste Stufe der Alpinen Trias).

So kam das Salz ins Gebirge

Der Untergrund sank weiter ab, es entstand der Tethys-Ozean und es bildeten sich bis in den Oberjura hinein die weiteren Ablagerungseinheiten der kalkalpinen Schichtfolgen – inklusive der triassischen Dachsteinkalk-„Pakete“. Dann begann über die Krustenbewegungen die Einengungsphase. Wie in einem Schraubstock wurden die vorher nebeneinander liegenden Ablagerungsstapel zwischen Europa und Afrika eingequetscht und übereinander gestapelt. Dabei zerbrach die Dachsteinkalkplattform als dickstes Schichtpaket in ihre heutigen, wuchtigen Massive, sodass die zuunterst liegenden Salzschichten an den Bruchlinien durch die der Alpenhebung nachfolgenden Erosion freigelegt werden konnten. Während der Gebirgsbildung wurden die ursprünglichen Salzabfolgen oft bis zur Unkenntlichkeit vermischt. Diese Erscheinungsform der Salzschichten wird mit dem alten Bergmannsbegriff als „Haselgebirge“ bezeichnet.

Das uralte Erbe des Salzbergbaus

Es war also das Steinsalz mit seinen Begleitgesteinen, das die Voraussetzung für die Talkesselbildung und die kleinräumige Geologie schuf. Das salzhaltige Wasser fließt ab und lässt nur die unlöslichen Anteile der Salzgesteine zurück. Salzhaltige Quellen waren wohl der Grund für das Auffinden der Salzvorkommen. Der älteste Salzbergbau in der Region fand vor ca. 2.600 Jahren am ca. 7 km von Berchtesgaden entfernten

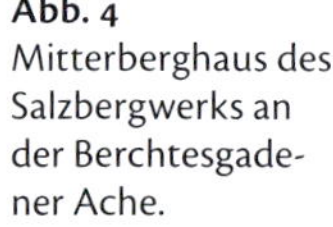

Abb. 4 Mitterberghaus des Salzbergwerks an der Berchtesgadener Ache.

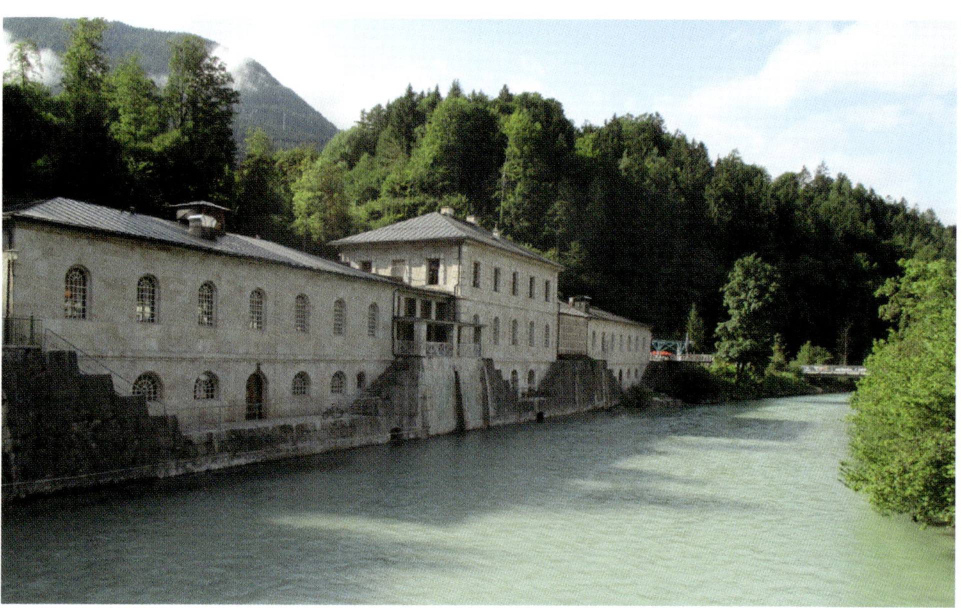

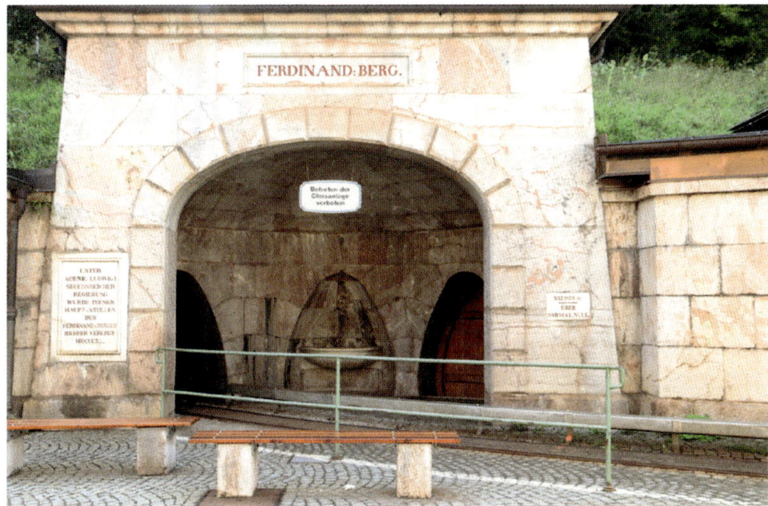

Abb. 5
Die Ferdinandberg-Besuchereinfahrt. Die Grubenbahn bringt die Besucher 1.400 m weit in den Berg.

Dürrnberg (bei Hallein im Salzachtal) statt. Während des Abbaus in historischen Zeiten trafen die Bergleute öfter auf die Spuren alter Abbaue, das „Heidengebirge" mit im Salz steckenden Kienspänen.

Bei Berchtesgaden ist die Salznutzung ab dem 12. Jh. überliefert. Das Salzbergwerk in Berchtesgaden wurde 1517 aufgefahren und die Sole im Umfeld zu Salz gesotten. Wegen Brennstoffmangel wurde die Sole ab 1816 in Holzrohren von Berchtesgaden in die Saline Reichenhall geleitet – als dritter Bauabschnitt der ersten Pipeline der Welt. Heute wird im ältesten aktiven Salzbergwerk Deutschlands Salz in großen Sink- und Bohrspülwerken ausgelaugt und als Sole gewonnen.

Touristische Angebote zum Thema „Salz" sind das Salzbergwerk mit Salzerlebnispfad und Wandern auf Soleleitungswegen, das Nationalparkzentrum und das Keltenmuseum am Dürrnberg.

RD

Weiterführende Informationen:
https://www.berchtesgaden.de/nationalparkzentrum-haus-der-berge
www.keltenmuseum.at
www.salzbergwerk.de

Literatur:
Hornung, Th. (2022): Nationalpark Berchtesgaden. Vom Tropenstrand zum Hochgebirge. – 215 S.; München.
Salzbergwerk Berchtesgaden (2017): Geschichte des Salzbergbaus in Berchtesgaden. – 205 S.; Berchtesgaden.

17 Vom lockeren Sand zum steinigen Inselstrand – **Helgoland und seine Felsen (Schleswig-Holstein)**

Trias (252–201 Mio. Jahre)

Hohe, rot-violette Felsen, umspült von Wasser und besiedelt von zahlreichen Vogelkolonien. So könnte man Helgoland, die einzige Felseninsel Deutschlands kurz beschreiben. Helgoland, das sind zwei Inseln. Die große, felsige Hauptinsel sowie die deutlich kleinere und flache Insel „Düne". In diesem Beitrag geht es v. a. um die Hauptinsel. Das viel besuchte Nordsee-Eiland befindet sich rund 60 km vor der Festlandsküste und ist seit 1890 Teil Deutschlands (Kreis Pinneberg).

Eine besondere Gliederung

Die geologischen Anfänge der Insel führen in die Zeit der Trias zurück. Diese erdgeschichtliche Epoche steht am Beginn des Erdmittelalters und dauerte von vor 252 Millionen Jahren bis vor 201 Millionen Jahren. In Mitteleuropa nördlich der Alpen wird die Trias aufgrund von typischen Schichtabfolgen von alt nach jung in die Gesteinsgruppen Buntsandstein, Muschelkalk und Keuper untergliedert. Weil die Ablagerungen im sog. Germanischen Becken entstanden, wird diese Auf-

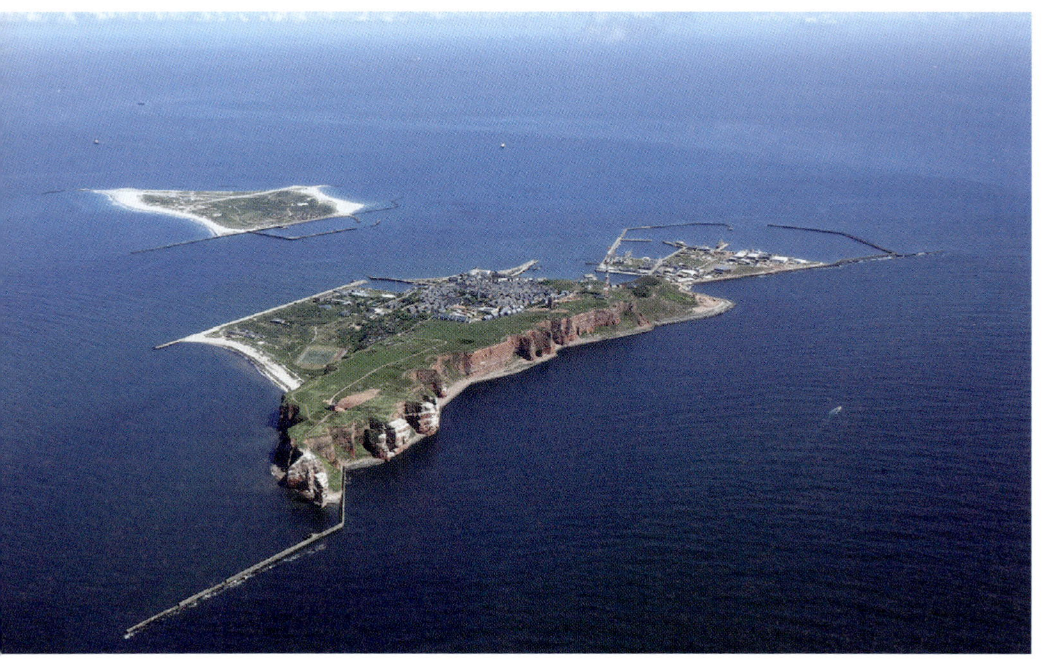

Abb. 1 Luftbild von Helgoland mit der felsigen Hauptinsel im Vordergrund und der kleinen, flachen „Düne" als Insel dahinter.

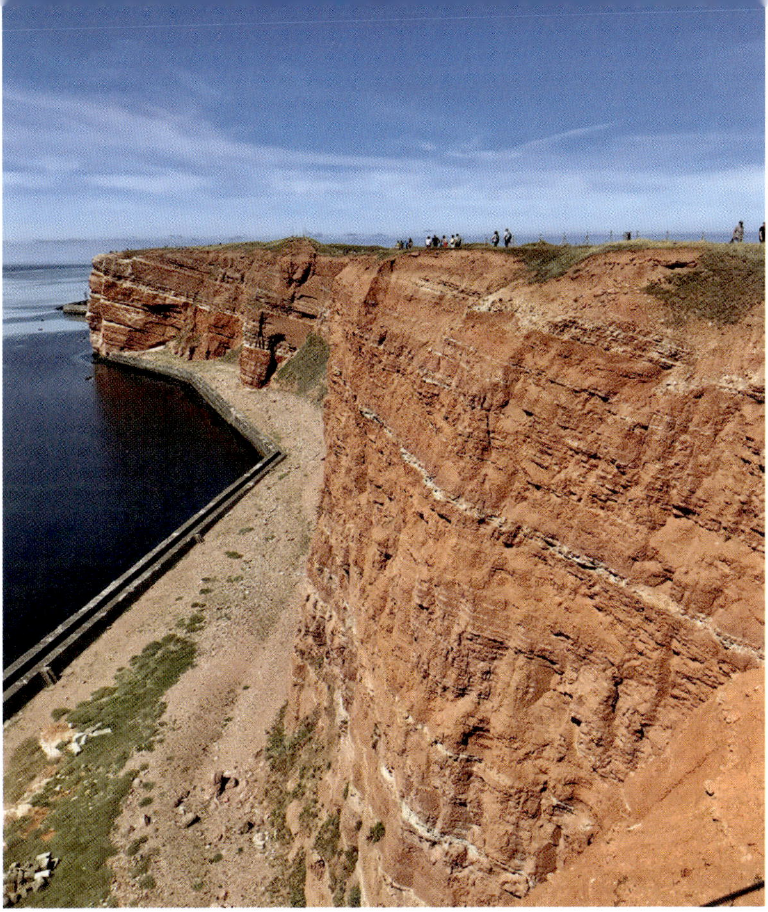

Abb. 2
Einen guten Einblick auf die Buntsandsteinschichten der Westküste Helgolands bekommt man über einen Rundweg, der oberhalb der Steilküste entlangführt.

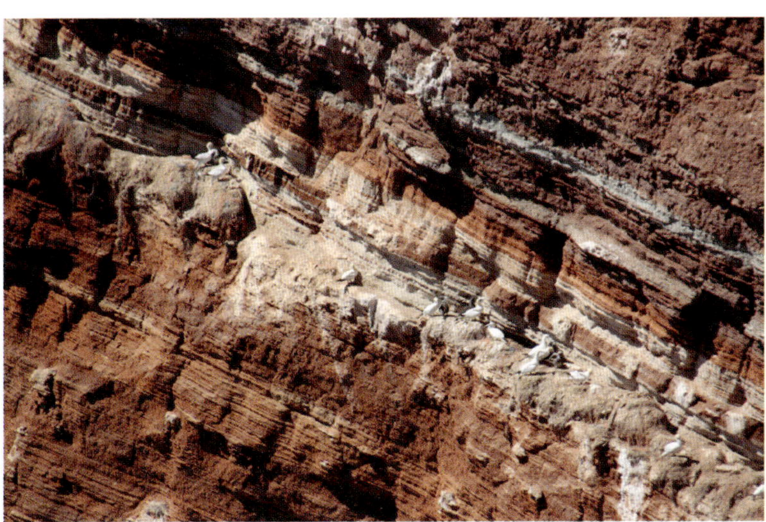

Abb. 3
Typisch für das Erscheinungsbild der rot-violetten Felsen auf Helgoland sind eingeschaltete, helle Lagen aus mürbem, kalkhaltigem Sandstein, „Katersand“ genannt.

teilung auch als Germanische Trias bezeichnet. In den Alpen und südlich davon waren die Sedimentationsbedingungen anders, mit anderen Gesteinsgruppen und anderer Gliederung, weshalb man dort von der Alpinen Trias spricht. Die Alpine Trias ist international maßgeblich für die zeitliche Epochengliederung.

Keine bunten Steine

Die Felsen der Hauptinsel gehören zum Buntsandstein, die Düne dagegen besteht aus Ablagerungen des Muschelkalks. Mit der Bezeichnung Buntsandstein ist kein spezifisch gefärbtes Gestein gemeint, sondern die gesamte Gesteinsabfolge aus der Untertrias vor etwa 248 Millionen Jahren. Die Abfolge besteht aus Sand-, Silt- und Tonsteinen sowie einzelnen Kalkstein-, Salz- und Gipsschichten. Sie wird von alt nach jung in Unterer-, Mittlerer- und Oberer- Buntsandstein gegliedert. Die sichtbaren Felsen der Hauptinsel stammen nur aus dem Mittleren Buntsandstein. Auffällig ist hier nicht nur die rot-violette Farbigkeit, durchzogen von weißlichen Bändern, sondern auch eine deutliche Schichtung und deren Schrägstellung. Der steinerne „Bierdeckelstapel" ist um 20° nach Nordosten gekippt.

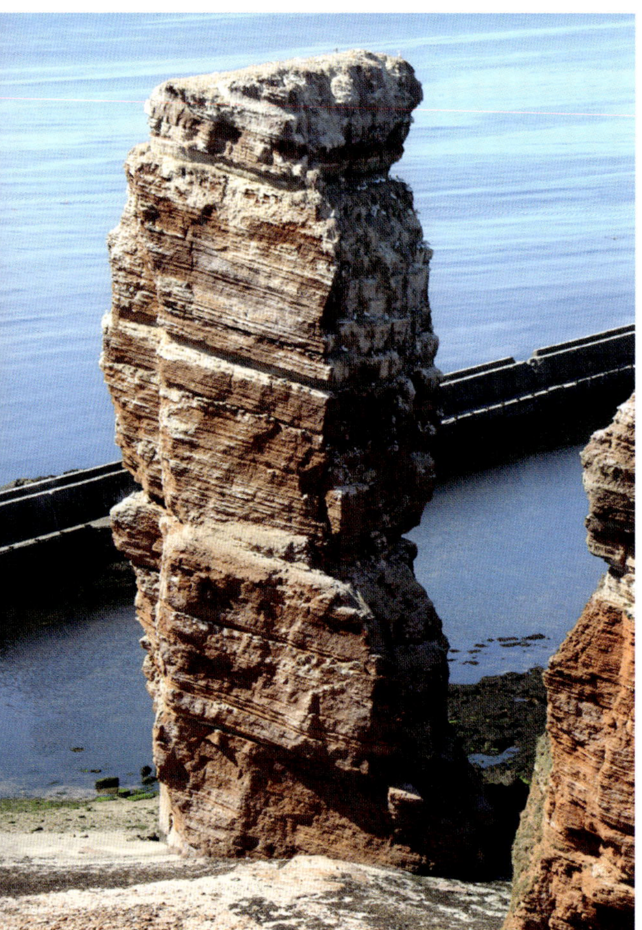

Abb. 4
Der Brandungspfeiler „Lange Anna" ist 47 m hoch und als bedeutendes Geotop das felsige Wahrzeichen Helgolands schlechthin.

Im Detail werden die bis zu 60 m hohen Felsen aus Sandsteinen und tonigen Sandsteinen aufgebaut, in welche immer wieder dünnere, helle Lagen aus mürbem, kalkhaltigem Sandstein eingeschaltet sind. Dieser wird als „Katersand" bezeichnet und ist typisch im Erscheinungsbild der Helgoländer Felsen. Entstanden sind die verschiedenen Schichten in einer wüstenhaften Ebene aus sandigen und tonigen Fluss- und Seeablagerungen. Sturzregenzeiten, in denen Verwitterungsmaterial aus höher gelegenen Gebieten in die Ebene gebracht wurde, wechselten sich mit Trockenphasen ab.

Ohne Salz keine Insel

Dass wir den Buntsandstein, und damit Helgoland heute an dem Ort sehen können, wo sich die Insel befindet, ist einem Salzlager im Untergrund zu verdanken. Das Salz entstand am Ende der Permzeit und liegt als ältere Ablagerung aus dem Zechstein-Meer unter dem Buntsandstein um Helgoland. Dieses Salz stieg v.a. im Tertiär als Kissen auf und drückt die darüber liegenden Schichtenfolgen nach oben. Durch diese Hebung, Halokinese genannt, kamen die Schichten des Buntsandsteins nicht nur an die Oberfläche, sondern wurden auch schräg gestellt. Zu Beginn des Quartärs endete der Aufstieg. Ohne die Halokinese würde der Buntsandstein mehrere 100 m tiefer liegen. Eine Felseninsel gäbe es nicht.

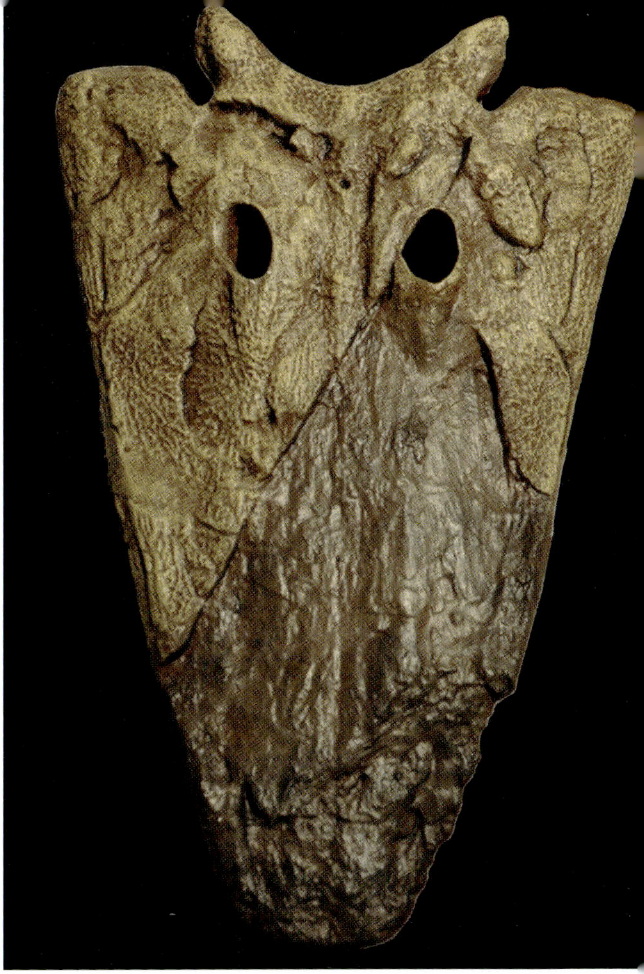

Seitdem die Helgoland-Felsen exponiert sind, nagen die vielfältigen Kräfte der Abtragung an ihnen, formen und verkleinern diese. Im Mittelalter soll die Insel noch um das Vierfache größer gewesen sein. Vor rund 6.500 Jahren war Helgoland zudem noch als Halbinsel mit dem Festland verbunden. Mit weiter ansteigendem Meeresspiegel in der Nacheiszeit geriet die Flachlandbrücke jedoch mehr und mehr unter Wasser und der Buntsandsteinfelsen wurde zur heutigen Insel.

WR

Abb. 5
Oberschädel von *Parotosuchus helgolandicus*, einem großen Amphibium aus der Unteren Trias, gefunden in den Buntsandsteinschichten Helgolands. Abguss im Geomatikum Hamburg.

Weiterführende Informationen:
www.museum-helgoland.de

Literatur:

Fraedrich, W. (2022): Felseninsel Helgoland: ein geowissenschaftlicher Führer. – 237 S.; Heidelberg.

Kremer, B. P. & Gosseleck, F. (2022): Helgoland: Ein Naturreiseführer. – 168 S.; Wiebelsheim.

18 Muscheln und ein Meer vor unserer Zeit – **Der Kalkstein von Rüdersdorf (Brandenburg)**

Trias
(252–201 Mio. Jahre)

Kalkstein kennen wir aus vielen verschiedenen erdgeschichtlichen Zeiten. Aber nur einer davon hat es zur Benennung einer längeren geologischen Zeitphase geschafft. Es handelt sich um den Muschelkalk, der gleichermaßen eine Gesteinsformation wie auch einen Ablagerungszeitraum von 7 Millionen Jahren Dauer bezeichnet. Muschelkalk bildete sich im mittleren Bereich der Trias in Mittel- und Nordeuropa nördlich der Alpen, im Zeitfenster von ca. 247 bis vor 240 Millionen Jahre.

Mehr als nur Muschelschalen

Entstanden sind die Muschelkalkablagerungen in einer Senke, welche von einem flachen Meer bedeckt war. Dieses Meeresbecken, das sog. Germanische Becken, war Teil eines größeren Ozeans, Tethys genannt, und erstreckte sich über Gebiete des heutigen Mittel- und Nordeuropas.

Am Boden des Germanischen Beckens kam es zu Ablagerungen feiner, kalkhaltiger Sedimente sowie von zahlreichen Meerestierresten. Anders als der Name „Muschelkalk“ vermuten lässt, waren dies nicht nur Muschelschalen. Auch Brachiopodenschalen, die man sogar häufiger als Muschelschalen antrifft, sowie Seelilienstielglieder waren Bestandteil.

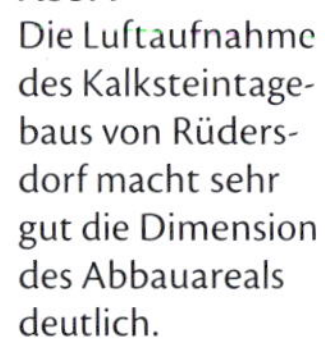

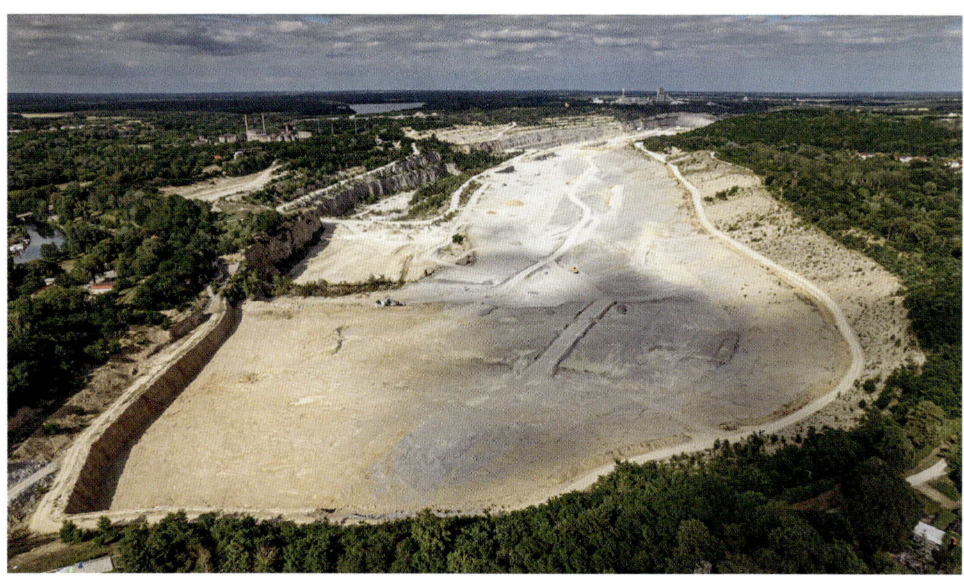

Abb. 1
Die Luftaufnahme des Kalksteintagebaus von Rüdersdorf macht sehr gut die Dimension des Abbauareals deutlich.

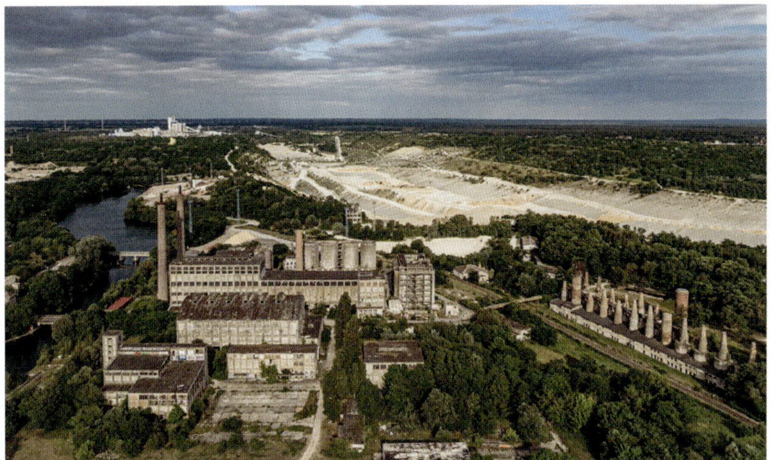

Abb. 2
Luftaufnahme vom Museumspark Rüdersdorf mit seinen großen, alten Industrieanlagen.

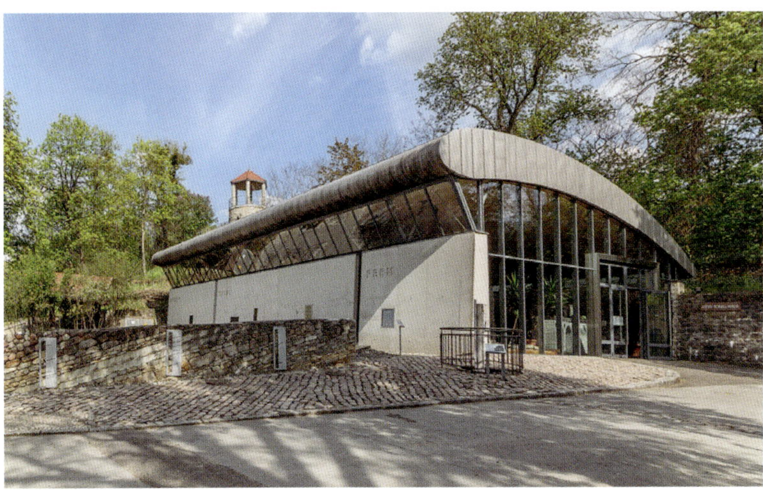

Abb. 3
Im Otto-Torell-Haus auf dem Gelände des Museumsparks befindet sich eine Ausstellung zur Geologie.

Zum Ende des Muschelkalkes verlor das Meer im Germanischen Becken seine Verbindung zum Tethys-Ozean und begann auszutrocknen.

Die zur Zeit des Muschelkalkes entstandenen, mächtigen Ablagerungen wurden in der Folgezeit über geologische Druck- und Temperaturprozesse zu Kalkstein, Ton- und Kalkmergel sowie zu Sandstein verfestigt.

Ein Salzkissen mit Aufwärtstrend

Im heutigen Gebiet von Rüdersdorf hatten die Muschelkalkschichten und die später darüber abgelagerten Sedimente einen besonderen Einfluss auf darunterliegende Salzablagerungen aus dem Oberen Perm (Zechsteinzeit, vor rund 250 Millionen Jahren). Die mächtige Auflast löste die Entstehung eines Salzkissens aus, welches nach oben drückte. Über diesen geologischen Lift kam der Muschelkalk ab dem Neogen langsam an die Oberfläche. Normalerweise würden die Schichten hier deutlich über 1.000 m tiefer liegen.

Die Ablagerungen in Rüdersdorf sind die größte Kalksteinlagerstätte Norddeutschlands. Die gesamte Abfolge des Muschelkalkes mit den verschiedenen Schichteinheiten aus den Abschnitten Unterer Muschelkalk, Mittlerer Muschelkalk und Oberer Muschelkalk sind über den Tagebau erschlossen. Neben Fossilien von Brachiopoden und Muscheln sind im Steinbruch in Rüdersdorf auch zahlreiche Skelettreste von *Nothosaurus*, einem größeren Meeresreptil, gefunden worden.

Es begann mit den Mönchen

Die Anfänge des Kalksteinabbaus in Rüdersdorf liegen im 13. Jh. Zisterzienser Mönche bauten als erste in einem Steinbruch Material zur Errichtung von Gebäuden ab. Für das 16. Jh. ist die Herstellung von Branntkalk belegt und 1885 begann man mit der Zementproduktion. Der Kalkstein aus Rüdersdorf und die aus ihm hergestellten Rohstoffe waren wichtig für die wirtschaftliche und bauliche Entwicklung der Region. Auch in Berlin wurde vieles mit Kalksteinen und Zement aus

Abb. 4 Rumfordöfen im Museumspark. Es handelt sich um Brennöfen zur Produktion von Branntkalk.

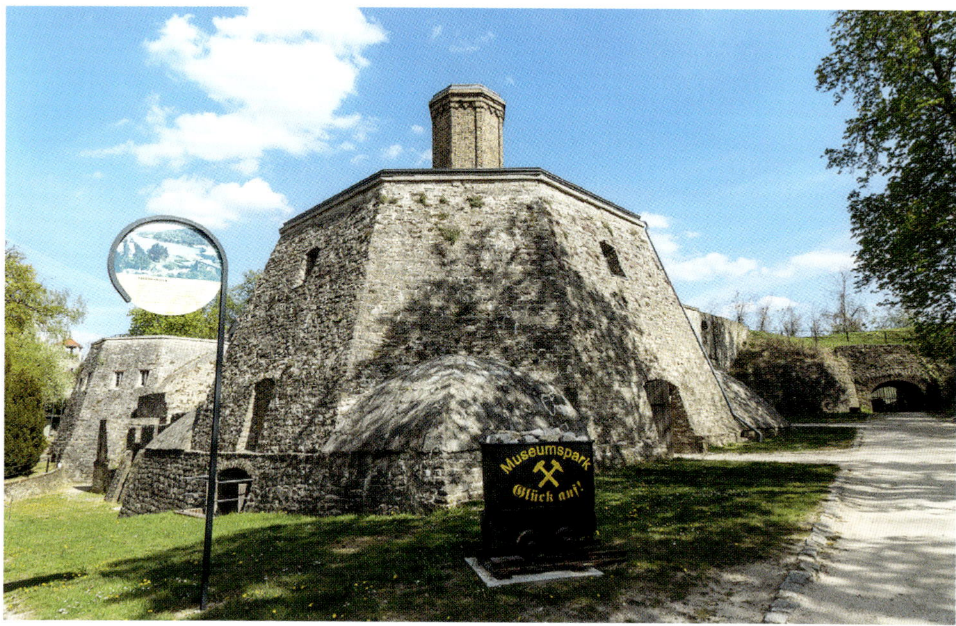

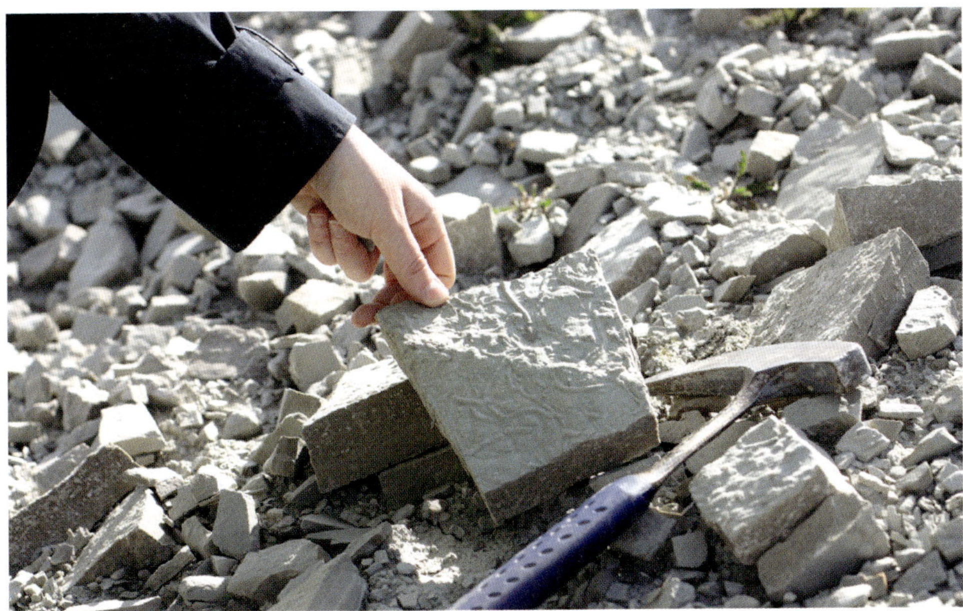

Abb. 5
Über den Museumspark gibt es auch die Möglichkeit, den Steinbruch zu besuchen und Muschelkalkfossilien zu sammeln.

Rüdersdorf gebaut. Das Fundament des Brandenburger Tores oder auch das Olympiastadion bestehen u. a. aus Rüdersdorfer Kalkstein. Der heutige Steinbruch ist 4 km lang, 1 km breit und über 100 m tief. Mehr als 2 Millionen Tonnen Kalkstein werden pro Jahr gefördert.

Nördlich des aktiven Steinbruchs gibt es einen 17 ha großen Museumspark, der auf einzigartige und vielfältige Art und Weise die Erd- und Industriegeschichte des Rüdersdorfer Kalksteins erlebbar macht. Auf dem Parkgelände finden sich zahlreiche Industriedenkmäler, alte Produktionsstätten und Werkgebäude sowie Ausstellungen zur Geologie, zu Kalkstein und Geschichte. Ein Bergbaulehrpfad mit Infotafeln führt entlang der Steinbruchkante. Führungen in den aktiven Steinbruch und die Möglichkeit zum Sammeln von Muschelkalkfossilien sind ebenfalls Teil des vielfältigen Freizeitangebotes.

WR

Weiterführende Informationen:
www.museumspark.de

Literatur:

Köhler, E. (1994): Rüdersdorf. Die Kalkhauptstadt am Rande Berlins. – 192 S.; Berlin.

Schroeder, J.H. (Hrsg.) (1993): Führer zur Geologie von Berlin und Brandenburg. Bd. 1: Die Struktur Rüdersdorf. – 164 S.; Berlin.

19 Wo man Deutschland aufs Dach steigt – **Die Zugspitze im Wettersteingebirge (Bayern)**

Trias
(252–201 Mio. Jahre)

Die Zugspitze ist mit 2.962 m Höhe der höchste Berg Deutschlands. Sie ist Teil des Zugspitz-Massivs südwestlich von Garmisch-Partenkirchen. Dieses wiederum ist der westlichste Teil des Wetterstein-Gebirges.

Wandernde Kontinente und Bausteine der Zugspitze

Europa und Afrika waren vor ca. 252 Millionen Jahren (Perm) noch miteinander verbunden und Teile des Großkontinents Pangäa. Als sich beide Teile trennten, entstand zwischen ihnen während eines Zeitraumes von ca. 100 Millionen Jahren der Ozean Tethys. Zu Beginn sank der Meeresboden so langsam ab, dass der Absenkungsbetrag durch die Bildung von Ablagerungen ausgeglichen wurde. Das führte zu gleichförmigen Ablagerungen mit großen Mächtigkeiten. Der Ozean erreichte vor ca. 150 Millionen Jahren seine größte Nord-Süd-Ausdehnung. Dann begann durch Krustenbewegungen Afrika wieder Richtung Europa zu wandern. Die inzwischen im Tethys-Becken gebildeten Ablagerungen wurden zwischen den beiden Kontinenten in die Zange genommen, eingeengt, verfaltet und letztendlich zerrissen und partienweise übereinander gestapelt. Das war der Beginn der Alpenentstehung.

Die Knautschzone zwischen Afrika und Europa

Die Einengung verstärkte sich massiv, als vor ca. 40 Millionen Jahren die nordwärts wandernden Gesteinsstapel auf den europäischen Kon-

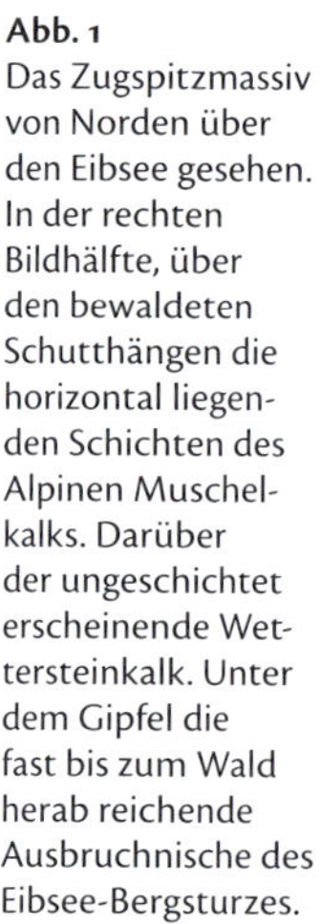

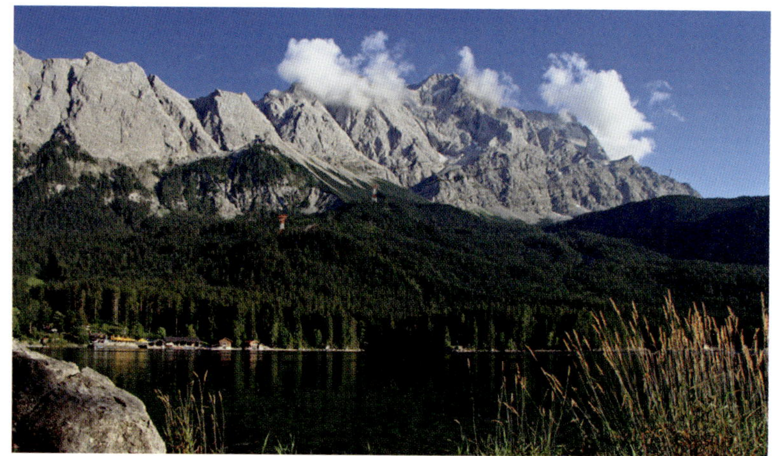

Abb. 1
Das Zugspitzmassiv von Norden über den Eibsee gesehen. In der rechten Bildhälfte, über den bewaldeten Schutthängen die horizontal liegenden Schichten des Alpinen Muschelkalks. Darüber der ungeschichtet erscheinende Wettersteinkalk. Unter dem Gipfel die fast bis zum Wald herab reichende Ausbruchnische des Eibsee-Bergsturzes.

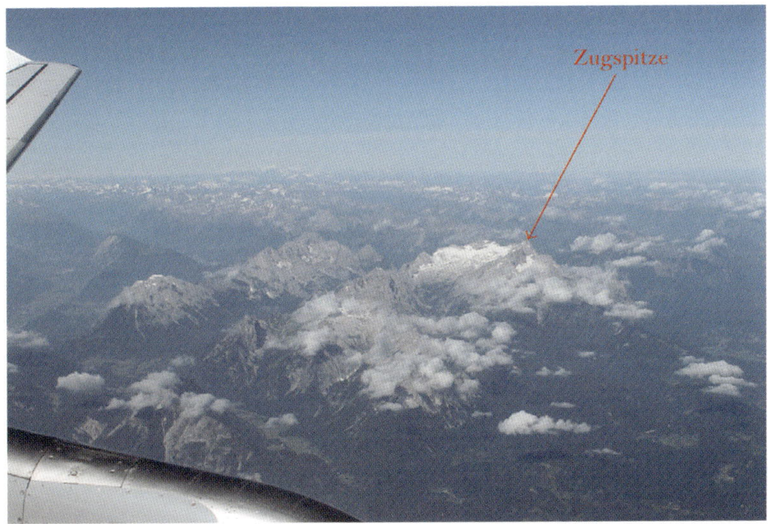

Abb. 2
Blick auf das Zugspitzmassiv vom Flugzeug aus nach Westen. Links neben dem Zugspitz-Massiv die Geländekerbe des Gaistals mit Ehrwald als Talort und links davon die nördlichsten Ausläufer der Mieminger Kette.

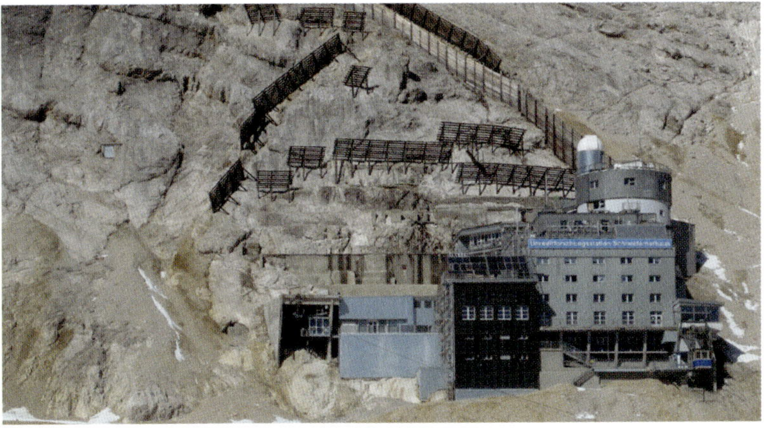

Abb. 3
Südlich unterhalb des Zugspitzgipfels finden in der Umweltstation Schneefernerhaus vielerlei Forschungen, v. a. meteorologischer Art, statt.

tinentalsockel trafen. Die Gesteine der heutigen Nördlichen Kalkalpen schoben sich als mindestens drei flächig verbreitete Schichtenstapel („Decken") übereinander, die nach ihrer heutigen geografischen Hauptverbreitung Allgäu-, Lechtal- und Inntal-Decke benannt sind.

Als Folge der Einengung bildeten sich auch innerhalb der verschiedenen Decken z. T. riesige geologische Mulden- und Sattelstrukturen, die durch Verwitterung oft deutlich herauspräpariert wurden. Die Zugspitze z. B. liegt innerhalb der Lechtal-Decke am Westende der Wetterstein-Mulde, die nach dem Wettersteingebirge benannt ist. Das dominierende Gestein in diesem Bereich wurde dort zum ersten Mal als

Wettersteinkalk beschrieben. Gleichartige Gesteine in gleicher stratigrafischer Stellung heißen deshalb auch andernorts ebenfalls Wettersteinkalk.

Wenn man die Zugspitze von Norden aus betrachtet, erkennt man an ihrer Basis, dass hier deutlich +/- horizontal geschichtete Gesteine vorherrschen. Es sind die insgesamt ursprünglich ca. 350 m mächtigen Formationen des alpinen Muschelkalks (Alter ca. 247–240 Millionen Jahre). Der darüber liegende Wettersteinkalk aus der Zeit zwischen ca. 240 bis 235 Millionen Jahren gehört großenteils schon zum unteren Keuper. Er ist ein gebankter Schuttkalk von Algen-Schwamm-Riffen.

Sterbender Permafrost

Im Gipfelbereich der Zugspitze herrscht „eiszeitliches" Klima. Nur von Mai bis Oktober erreicht die Temperatur tagsüber Mittelwerte von 0°C bis 5°C. Das in den Felsspalten im Berginneren vorhandene Wasser ist deshalb gefroren und wirkt zwischen den Steinen als „Kleber". Mit steigenden Jahresmitteltemperaturen taut das Eis immer weiter auf und verliert seine Bindekraft. Der auf ca. 3.750 Jahre vor heute datierte Eibsee-Bergsturz ist u. a. auf den schwindenden Permafrost in der Nacheiszeit zurückzuführen. Die Ausbruchnische des ca. 200 Millionen Kubikmeter großen Bergsturzes reicht bis an den Gipfel heran. Wahrscheinlich war die Zugspitze zuvor ein Dreitausender. Die Bergsturzblöcke konnten eine Kantenlänge von bis zu 20 m haben.

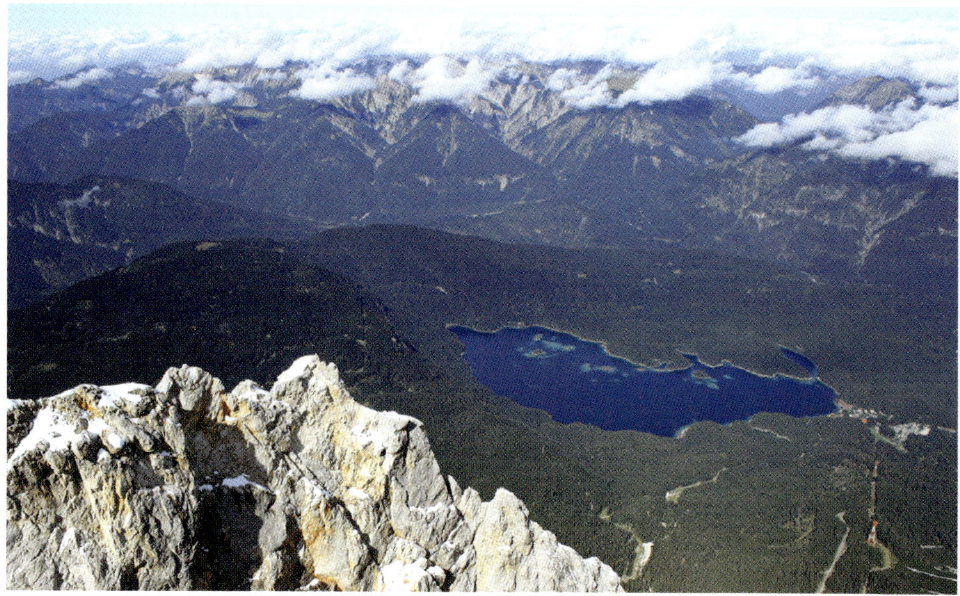

Abb. 4 Blick vom Zugspitzgipfel auf den Eibsee. Die hellen Bereiche um die kleinen, durch Bergsturzmaterial verursachten Inseln im See sind Flachwasserzonen, in denen sich heller Kalkschlamm aus dem Wasser abscheidet.

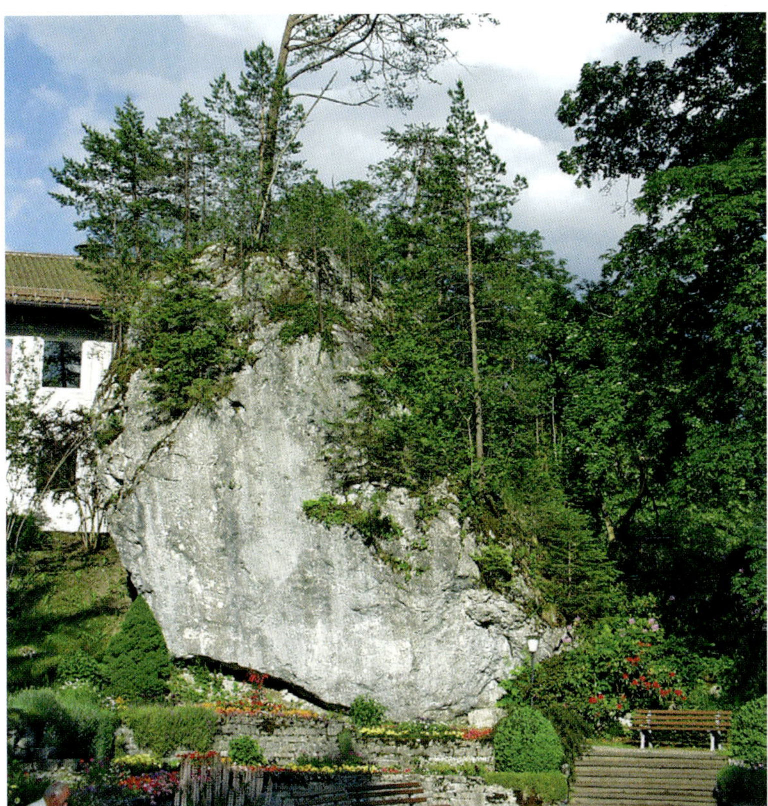

Abb. 5
Dieser riesige Block aus massigem Wettersteinkalk im Kurpark beim Rathaus des Ortes Grainau ist durch den Eibsee-Bergsturz vor ca. 3.750 Jahren an seine heutige Lagerstätte gekommen. Hier startet ein 11 km langer geologischer Wanderweg.

Die Bergsturzmassen erreichten das Gebiet der fast 10 km entfernten, heutigen Gemeinde Grainau, und brandeten auf der anderen Talseite 100 Höhenmeter den Gegenhang hinauf. Flächenhaft verbreitete Blockmassen und der Eibsee sind die Überbleibsel dieses Ereignisses. Im Kurpark von Grainau beginnt ein geologischer Wanderweg, über den viel Interessantes zum Bergsturz und zur lokalen Geologie entdeckt werden kann. Einen weiteren Lehrpfad gib es im Reintal zwischen Zugspitzplatt und Partnachklamm. An elf Haltepunkten werden Informationen zur landschaftsgeschichtlichen Talentwicklung und zur Zugspitze gegeben.

RD

Weiterführende Informationen:
www.grainau.de/a-geologische-wanderung-in-grainau

Literatur:

Götz, J. & Schrott, L. (Hrsg.) (2010): Das Reintal: Geomorphologischer Lehrpfad am Fuße der Zugspitze. – 104 S.; München.

20 Burgsandstein und eine Breitwegechse – **Besondere Urzeitzeugen in Nürnberg (Bayern)**

Trias (252–201 Mio. Jahre)

Wenn man an Nürnberg und eine Tour durch die Stadt denkt, dann kommen einem sicherlich eher bedeutende historische Gebäude und Sehenswürdigkeiten in den Sinn, als Urzeitzeugen. Wobei auch Fassaden und Gemäuer in einer Stadt viel Interessantes und Facettenreiches aus der Erdgeschichte erzählen können. Das ist hier aber nicht das Thema. Tatsächlich kann man in Nürnberg zwei wichtigen erdgeschichtlichen Zeugnissen begegnen. Deren Geschichten führen rund 220 Millionen Jahre in die Vergangenheit zurück. Es ist der mittlere Zeitabschnitt des Keupers (ca. 241 bis vor 201 Millionen Jahre), eine Schichtenfolge in der jüngeren Trias-Epoche in Mitteleuropa.

Sandsteine und eine Burg

Die ersten Spuren aus dem Keuper finden sich an sehr prominenter Stelle am Burgberg, nur wenige Meter unterhalb der imposanten Nürnberger Kaiserburg. Es sind die rötlich-beigen Felsen, die hier und an den Bergflanken zutage treten. Dort, wo der Eisenoxidgehalt im Gestein höher ist, gibt es eine stärkere rotbraune Färbung. Wenn man sich die Felsen näher anschaut, dann sieht man feine, sandige Partikel. Es sind hauptsächlich Quarzkörner, welche das Gestein aufbauen. Man spricht

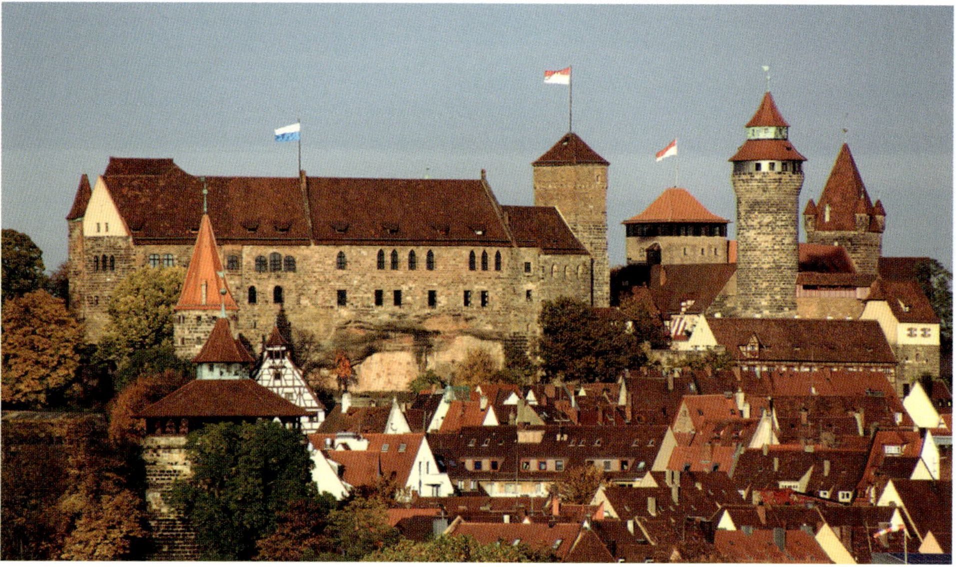

Abb. 1
Die Kaiserburg von Nürnberg, ein weit sichtbares Wahrzeichen der Stadt. Aus und auf besonderem Stein gebaut.

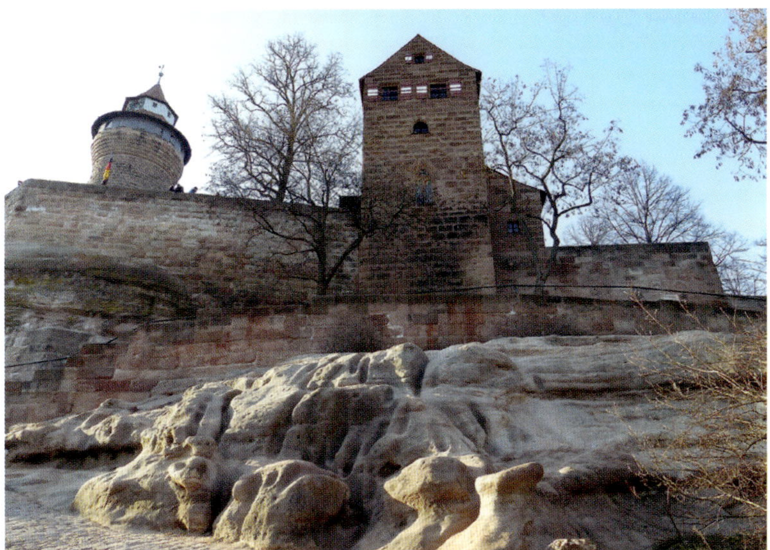

Abb. 2
Deutlich treten an verschiedenen Stellen am Burgberg Sandsteine zutage. Es ist der Burgsandstein des mittleren Keuper, der erstmals wissenschaftlich über das Vorkommen hier beschrieben und benannt wurde.

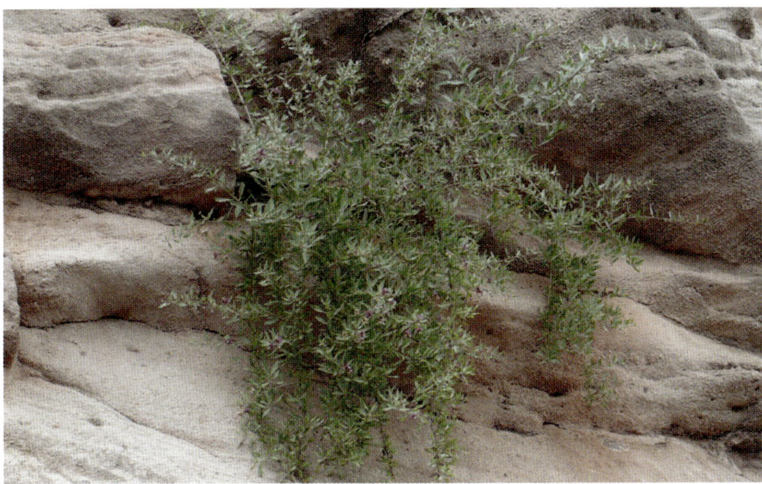

Abb. 3
Wenn man sich den Burgsandstein näher anschaut, erkennt man gut seine körnige Struktur und Komponenten.

daher auch von einem Sandstein. Neben Quarz gibt es aber auch einen gewissen Feldspatanteil. Spezialisten bezeichnen einen solchen Sandstein dann als Arkose. Für den mittleren Keuper sind in Süddeutschland Sandsteine typisch, weshalb man diesen auch als „Sandsteinkeuper" bezeichnet. Weil der in Bayern für diese Zeit typische Sandstein erstmals wissenschaftlich über das Vorkommen am Burgberg beschrieben wurde, hat man ihm den Namen Burgsandstein gegeben. Übergeordnet spricht man von der Löwenstein-Formation.

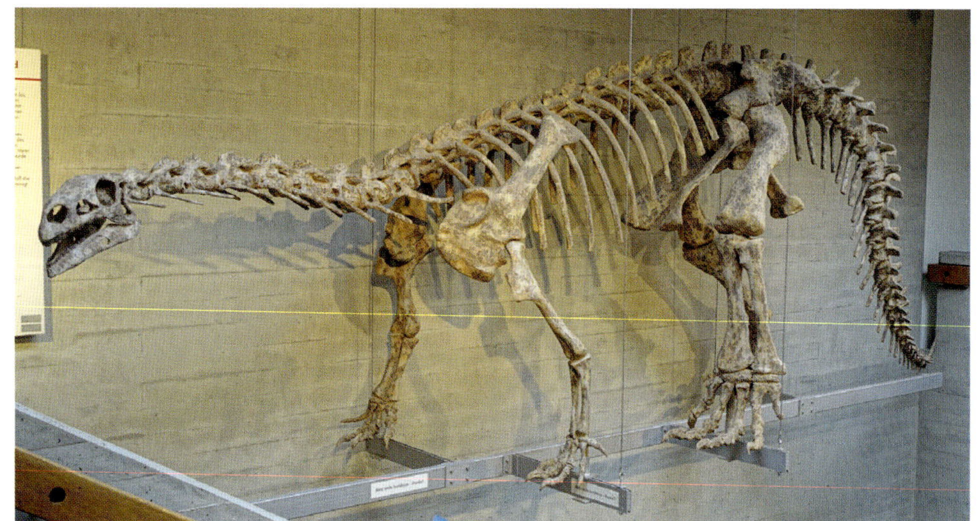

Abb. 4
Skelettabguss von einem Plateosaurier im Naturhistorischen Museum Nürnberg. Basis dafür waren 1962 in Ellingen bei Weißenburg entdeckte Funde.

Burgsandstein findet sich aber nicht nur natürlich unter der Kaiserburg. Als geschätzter Werkstein wurde er auch für den Bau der Burg verwendet. Die Stadtmauer, die Lorenzkirche und viele weitere Häuser in der Nürnberger Altstadt sind ebenfalls mit dem Keupersandstein errichtet. Entstanden ist das Gestein aus Sandschüttungen in ein flaches Meer. Periodisch anschwellende Flüsse lieferten das Schwemmfächermaterial aus einem wüstenartigen Hochland im Osten des Meeres.

Der erste Fund

Über der Löwenstein-Formation wurden zunächst jüngere Schichten mit tonigeren Sedimenten abgelagert. Lokal werden diese als Feuerletten bezeichnet, übergeordnet als Trossingen-Formation. Sie bildeten sich in einem flachen Festlandbecken mit periodisch auftretenden Seen, Sümpfen und Überflutungen. Im jüngsten Abschnitt der Trossingen-Formation gibt es Hinweise auf Meeresvorstöße.

Für die Geschichte der Dinosaurierforschung in Deutschland sind die Feuerlettenablagerungen bei Heroldsberg, wenige Kilometer östlich von Nürnberg, von großer Bedeutung. 1834 stieß hier der Nürnberger Chemiker Prof. Dr. Johann Friedrich Engelhardt (1797–1837) in einer Tongrube auf mehrere Einzelknochen einer unbekannten „Riesenechse“. Bisher war zu solchen Funden wenig bekannt. Zur wissenschaftlichen Bearbeitung gingen die Funde aus Heroldsberg zu dem Paläontologen Hermann von Meyer (1801–1869) nach Frankfurt. 1837 beschrieb er diese als Tier einer neuen Reptiliengruppe und nannte es nach seinem Entdecker *Plateosaurus engelhardti*, was übersetzt „Engelhardts Breitweg-

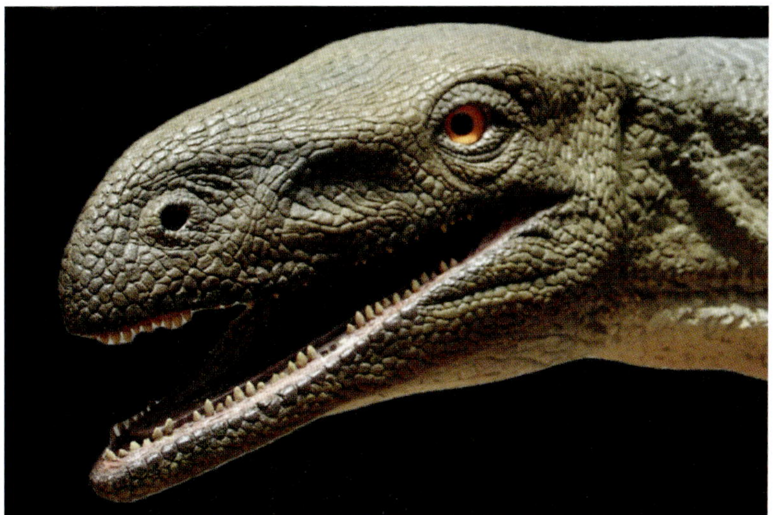

Abb. 5
So könnte er ausgesehen haben: Kopfrekonstruktion eines Plateosauriers, dem ersten in Deutschland entdeckten Dinosaurier.

echse“ bedeutet. Für die neue Reptiliengruppe wurde 1842 der Begriff „Dinosaurier“ in der Fachwelt eingeführt. *Plateosaurus engelhardti* war der erste Dinosaurierfund in Deutschland.

Plateosaurier waren Pflanzenfresser, hatten eine Körperhöhe von 2,3 m, eine Körperlänge von bis zu 6 m und bewegten sich vierfüßig fort. Bis heute sind zahlreiche weitere Funde aus Deutschland, Frankreich und der Schweiz bekannt geworden. Ein montierter Skelettabguss von einem erwachsenen Tier ist auch in Nürnberg, im Naturhistorischen Museum, zu sehen. Basis dafür waren die 1962 in Ellingen bei Weißenburg (Bayern) entdeckten Skelettreste.

WR

Weiterführende Informationen:
www.nhg-museum.de

Literatur:

Beutler, G., Hauschke, N. & Nitsch, E. (1999): Faziesentwicklung des Keupers im Germanischen Becken. – In: Hauschke, N. & Wilde, V. (Hrsg.): Trias – Eine ganz andere Welt – Mitteleuropa im frühen Erdmittelalter, S. 129–174; München.

Moser, M. (2003): *Plateosaurus engelhardti* Meyer, 1837 (Dinosauria: Sauropodomorpha) aus dem Feuerletten (Mittelkeuper, Obertrias) von Bayern. – Zitteliana Reihe B: Abhandlungen der Bayerischen Staatssammlung für Paläontologie und Geologie, Bd. 34, S. 3–186; München.

21 Eine Keimzelle der Paläontologie – Holzmaden und der Posidonienschiefer (Baden-Württemberg)

Jura
(201–145 Mio. Jahre)

Holzmaden liegt ca. 19 km südöstlich von Esslingen am Neckar, im Vorland der mittleren Schwäbischen Alb. Bekannt wurde der Ort durch hervorragend erhaltene Wirbeltierfossilen im Posidonienschiefer (Lias epsilon) im oberen Schwarzen Jura bzw. Abschnitt des Unteren Jura. Namengebend war die häufig vorkommende Muschel *Posidonia bronni*, deren Gattungsname mittlerweile in *Bositra* geändert wurde.

Arg gepresst und stufenbildend

Seine Ablagerungsdauer umfasste, beginnend vor ca. 178 Millionen Jahren, ca. 4 Millionen Jahre, bei einer durchschnittlichen Sedimentationsrate von 60 mm pro 1.000 Jahre.

Der Posidonienschiefer ist kein Schiefer im geologischen Sinn, sondern eine feingeschichtete Ablagerung von heute verfestigtem Schlamm, ein

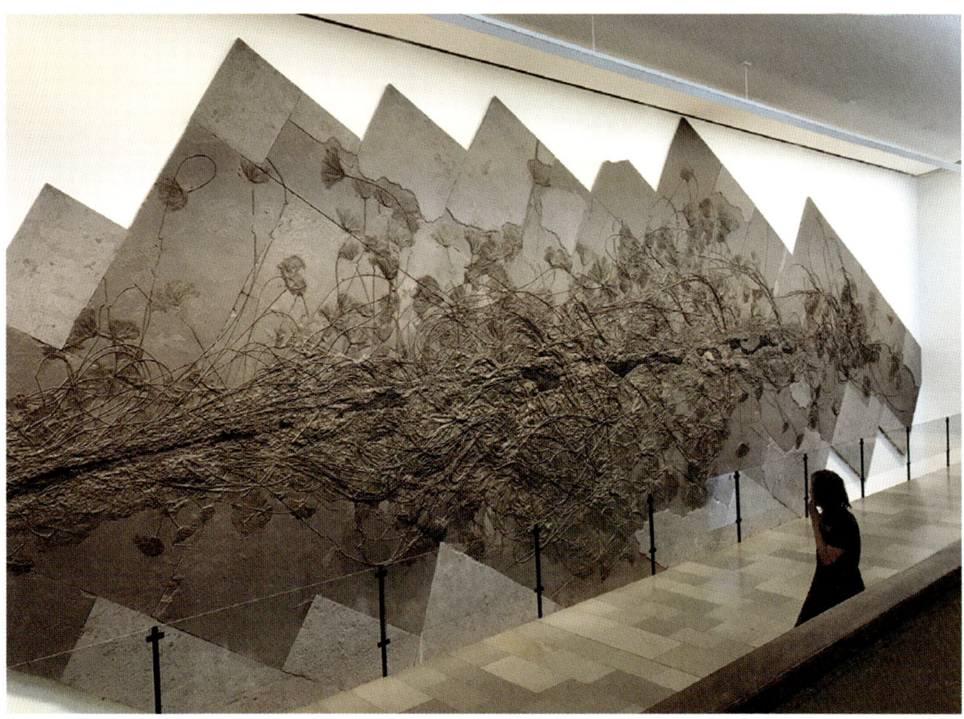

Abb. 1 Die 18 × 6 m große Platte mit einer Kolonie der Seelilie *Seirocrinus* im Museum Hauff in Holzmaden ist ein einzigartiger Fund und eine Meisterleistung der Präparation.

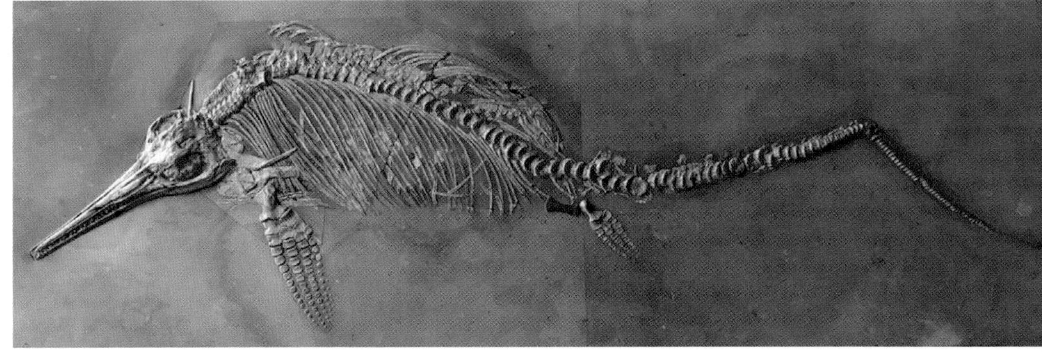

Tonstein. Die 60 mm Schlamm pro 1.000 Jahren wurden durch Kompaktion während der Erdgeschichte auf 3 mm zusammengepresst. Das meist schwarze und dünnplattige Gestein findet sich im Süddeutschen Schichtstufenland, ist aber auch in Mittel- und Nordwesteuropa weit verbreitet. Obwohl der Posidonienschiefer in der mittleren Schwäbischen Alb ein nur um 12 m mächtiges Schichtpaket darstellt, bildet er wegen seiner Abtragungsresistenz eine Geländestufe zwischen Donaueschingen und Aalen. Dieser schmale, ostnordost verlaufende Streifen biegt am Übergang in die Fränkische Alb nach Norden bis Lichtenfels um.

Abb. 2 Zu den bekanntesten und bedeutendsten Funden aus dem Posidonienschiefer gehören Fischsaurier der Gattung *Stenopterygius*.

Besondere Fossilien und eine besondere Präparation

Der Posidonienschiefer bildete sich in beckenartigen Senken des Unterjura-Meeres. Starke jahreszeitliche Schwankungen verursachten erhebliche Unregelmäßigkeiten im Sauerstoffgehalt der Wassersäule. Es kam oft zu Sauerstoffmangel, sodass organisches Material am Boden dieser Senken nicht verwesen konnte. Sogar ganze Skelette blieben wegen des giftigen Schwefelwasserstoffes im Schlamm ungestört von Aasfressern liegen. Bakterienmatten wirkten bei der Fixierung der Feinschichtung mit und zeichneten manchmal sogar Weichteile von Tierleichen nach.

Diese Schichtung war es, die den Posidonienschiefer seit dem 12. Jh. als Werkstein verwendbar machte. Man fand wohl schon damals Fossilien, allerdings ohne zu erkennen, was es mit den seit 1598 sog. Figuren auf sich hat. Erst 1724 wurde eine versteinerte Seelilie als „Medusenhaupt" benannt, als Tier erkannt – und als Überbleibsel der Sintflut interpretiert. Mit der Präparationskunst von Bernhard Hauff sen. (1866–1950) begann die systematische Erforschung des Posidonienschiefers. Hauff konnte 1892 zum ersten Mal die erhalten gebliebenen Weichkörperkonturen des Fischsauriers *Stenopterygius quadriscissus* freipräparieren. Mit den vielen präparierten Versteinerungen konnte Hauff sen. mit Unterstützung von seinem Sohn Bernhard Hauff jun. 1936/37 in Holz-

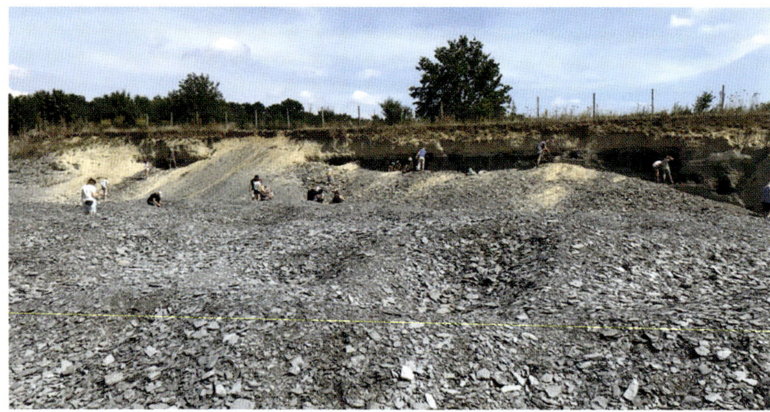

Abb. 3
Im Schieferbruch Kromer bei Holzmaden können Groß und Klein ins Jurameer eintauchen und auf Fossiliensuche gehen.

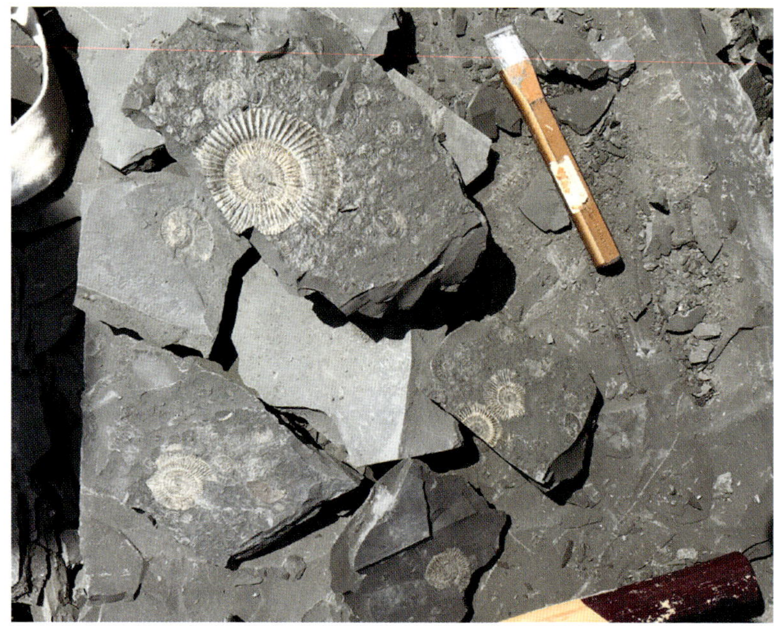

Abb. 4
Zu den häufigsten Funden gehören Ammoniten der Gattung *Dactylioceras* und Muscheln der Gattung *Bositra*.

maden das erste Hauff-Urwelt-Museum eröffnen. Sein Enkel Rolf Bernhard Hauff erweiterte das Hauff-Museum in den Jahren 1989 bis 1993. Heute wird das private Naturkundemuseum von den Urenkeln geführt.

Ein „Erdöl-Sparschwein" – noch nicht schlachtreif

Dadurch, dass im Posidonienmeer viel organische Substanz nicht abgebaut wurde, entwickelte sich der Posidonienschiefer zu „Ölschiefer",

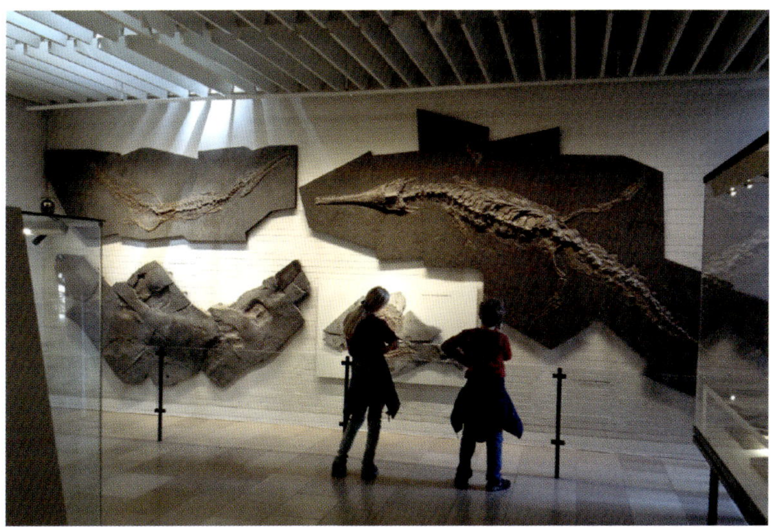

Abb. 5
Auch Meereskrokodile, hier Skelette im Museum Hauff in Holzmaden, gehören zu den außergewöhnlichen Funden aus Posidonienschiefer um Holzmaden.

einem Erdöl-Muttergestein. Manche niedersächsischen Ölvorkommen entstammen diesem Ölschiefer. Heute wird der Ölschiefer im Zementwerk in Dotternhausen nahe Balingen unter Ausnutzung des in ihm enthaltenen Brennstoffs zu einem speziellen Zement verarbeitet. Die bei der Gewinnung des Rohstoffs gefundenen Versteinerungen haben zur Entstehung des „Werkforums", einem weiteren Museum für Fossilien aus dem Posidonienschiefer, geführt. Auch im Naturkundemuseum in Stuttgart sind spektakuläre Funde ausgestellt.

Wer selbst mal auf Fossilienjagd im Posidonienschiefer gehen möchte, der kann das am Klopfplatz beim Werkforum in Dotternhausen, beim Zentrum „Schiefererlebnis" in Dormettingen oder nahe Holzmaden im Steinbruch Kromer bei Ohmden machen.

RD

Weiterführende Informationen:
www.holcim-sued.de/de/werkforum
www.naturkundemuseum-bw.de
www.schieferbruch-kromer.de
www.schiefererlebnis.de
www.urweltmuseum.de

Literatur:
Hauff, B. & Hauff, R. B. (1981): Das Holzmadenbuch. – 136 S.; Holzmaden (Teck).
Jäger, M. (1993): Das Fossilienmuseum im Werkforum. – 128 S.; Dotternhausen.
Rademacher, R. (Hrsg.) (2006): In einem Meer vor unserer Zeit. Das Jurameer vor 181 Millionen Jahren. – 112 S.; Esslingen.

22 Im Wellenschlag eines flachen Meeres – Eiserne Spuren in Aalen-Wasseralfingen (Baden-Württemberg)

Jura
(201–145 Mio. Jahre)

Wer einen Jurassic Park erleben will, muss sich keine Filme anschauen. Er kann auch die Schwäbisch-Fränkische Alb und ihre Erdgeschichte erkunden. Für eine Reise in die Zeit des Mittleren Jura, auch Dogger oder Brauner Jura genannt, empfiehlt sich ein Besuch des Besucherbergwerks „Tiefer Stollen" in Aalen-Wasseralfingen auf der Schwäbischen Ostalb. Keine Zeitmaschine, sondern eine Grubenbahn fährt alle „Zeitreisenden" über unterirdische Wege in die entsprechenden Schichten.

Inhalt und Farbe sind Namen

Warum man auch von „Brauner Jura" spricht, wird sehr schnell deutlich, wenn man sich die Farbe des Gesteins an den Stollenwänden anschaut. Ein hoher Eisengehalt hat diese durch Verwitterung bzw. Bildung von Eisenoxid braun gefärbt.

Bei den Ablagerungen aus dem Mittleren Jura handelt es sich um Sandsteine sowie Tone und Tonsteine. Diese wurden zwischen 175 und 162 Millionen Jahren in einem flachen, festlandnahen Meer abgelagert. Hinweise auf einen solchen Ablagerungsraum sind z. B. Strömungsmarken und Wellenrippel auf Schichtflächen und Fossilien von typischen

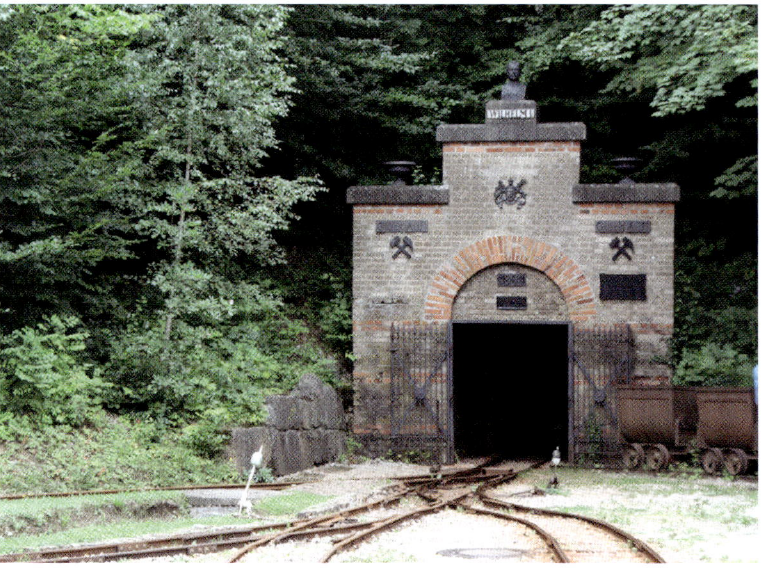

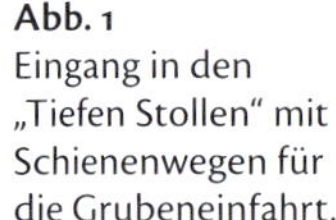
Abb. 1 Eingang in den „Tiefen Stollen" mit Schienenwegen für die Grubeneinfahrt.

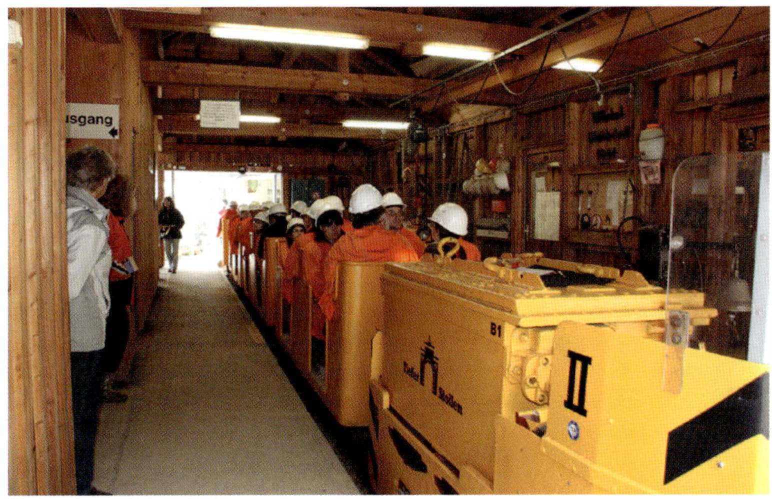

Abb. 2
Ausgerüstet mit Helm und Tropfschutzumhang fährt eine Grubenbahn die Besuchergruppen in die unterirdischen Abbauwelten.

Bewohnern (Muscheln, Seesterne oder Krebse). Reste von Ammoniten, welche die tiefen Meeresbereiche bevorzugten, wurden wahrscheinlich in diese Wasserzone eingespült.

Für die Gliederung des Mittleren Jura spielt die Erdgeschichte um Aalen und die frühen wissenschaftlichen Forschungen im „Tiefen Stollen" eine bedeutende Rolle. Die älteste geologische Zeitstufe wird deshalb international als Aalenium (175–171 Millionen Jahre) bezeichnet. Schichtfolgen sind hier die Opalinuston-Formation (Unteres Aalenium) und die Eisensandstein-Formation (Oberes Aalenium). Die Namengebung dieser beiden Formationen erfolgte über deren Fossil- bzw. Mineralinhalt. Beim Opalinuston waren es die opalschimmernden Schalen von Ammoniten und Muscheln, beim Eisensandstein die Lagen von Brauneisenkörnchen (Eisenoolithe). Der Eisenerzanteil in diesen Horizonten liegt teilweise bei über 30 % und damit in einem abbauwürdigen Bereich. Im Raum Aalen gibt es zwei abbauwürdige Eisenerzflöze. Ein Oberes Flöz mit 1,4 m Mächtigkeit und ein Unteres Flöz mit 1,7 m Mächtigkeit.

Ein ergiebiger Berg

Die Geschichte des „Tiefen Stollen" begann mit seinem Bau 1840. Er war Teil des Stollennetzes der Königlich-Württembergischen Eisenerzgrube „Wilhelm" im sog. Braunenberg in Wasseralfingen. Als Berg- und Hüttenwerk Wasseralfingen hatte die Grube 1872 mehr als 1.600 Beschäftigte und war der größte Industriebetrieb in Württemberg. Ein besonderes technisches Highlight in der Bergwerksgeschichte war 1876 die Errichtung der ersten Zahnradbahn in Deutschland, um das abgebaute

Abb. 3
Fördergang mit Schienen und altem Originalausbau mit Firsteisen.

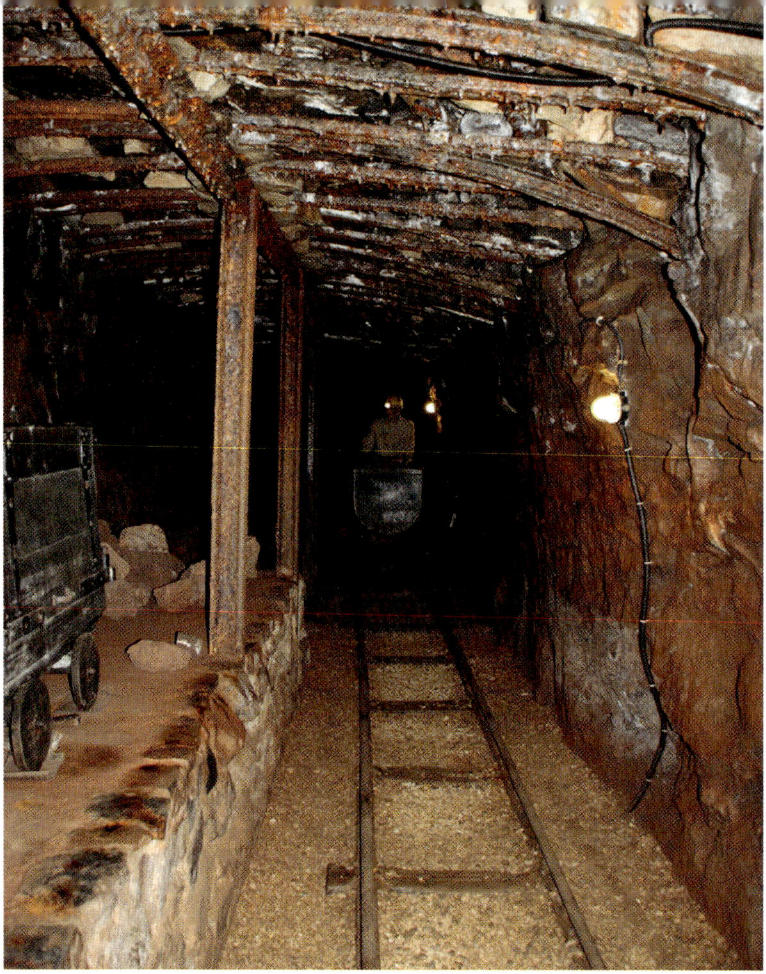

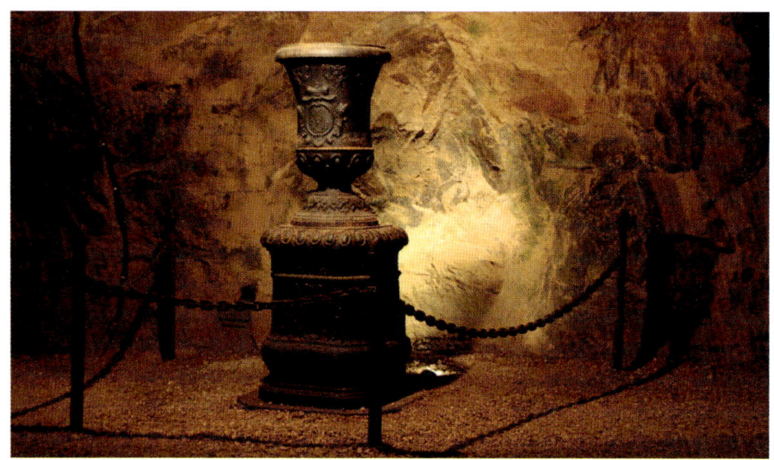

Abb. 4
Vasen- oder Glockenofen im Museumsbereich im „Tiefen Stollen“. Hergestellt im Eisengussverfahren nach Eisengewinnung aus Erzen in Aalen.

Erz ins Tal zu transportieren. 1939 wurde der Abbau in Aalen-Wasseralfingen eingestellt.

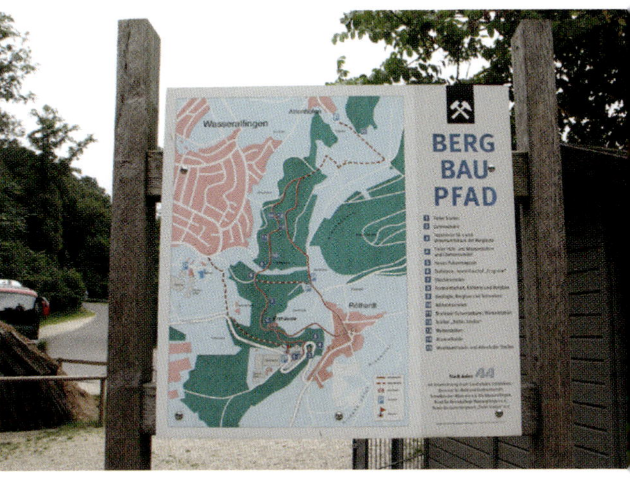

Abb. 5
Ein ausgeschilderter Bergbaupfad führt zu oberirdischen Sehenswürdigkeiten der Bergbaugeschichte um Aalen.

Stollenfahrt und Zeitreiseerlebnis

Im Zuge der Einrichtung eines Bergbaupfades wurde Ende der 1970er Jahre auch das zugemauerte Stollenmundloch des „Tiefen Stollen" wieder geöffnet. Das gesteigerte Interesse an der unterirdischen Welt hinter dem Gitter führte in der Folgezeit zur Errichtung eines Besucherbergwerkes, welches im Herbst 1987 seinen Betrieb aufnahm.

Die Reise in die Schichten des Mittleren Jura startet mit der Einfahrt über eine Grubenbahn, welche 400 m in den Berg führt. Am Beginn des Rundganges durch die Schichten der Eisensandstein-Formation steht eine Multivisionseinführung über die Geschichte des Bergbaus. Auf dem Weg durch die Stollengänge und Hallen gibt es über sachkundige Führungen Informationen zu Geologie, Fossilfunden, Erzvorkommen und -abbau sowie die Eisenverhüttung.

Auch die oberirdische Welt in und um Aalen lädt zu Geo-Entdeckungen ein. Der Wasseralfinger Bergbaupfad führt über drei Wegerunden mit zahlreichen Infotafeln zu Spuren der Bergbaugeschichte und das Urweltmuseum in Aalen in das Aalenium und andere Zeitstufen der Jurazeit.

WR

Weiterführende Informationen:
www.aalen-tourismus.de/urweltmuseum.186552.htm
www.bergwerk-aalen.de
www.bergwerk-aalen.de/bergbaupfad.36736.241.htm

Literatur:
Bayer, H.-J. & Schuster, G. (1988): Besucherbergwerk „Tiefer Stollen". Erzbergbau in Aalen-Wasseralfingen. – 174 S.; Stuttgart.
Simon, T. (2006): Exkursion 6: Bergbau, Fluss- und Landschaftsgeschichte in Aalen und Umgebung. – In: Rosendahl, W., Junker, B., Megerle, A. & Vogt, J. (Hrsg.): Schwäbische Alb. Wanderungen in die Erdgeschichte, Bd. 18, S. 96–109; München.

23 Zu Gast beim Urvogel – **Der Solnhofener Plattenkalk und seine weltberühmten Fossilien (Bayern)**

Jura
(201–145 Mio. Jahre)

Solnhofen liegt im Altmühltal, etwa 40 km nordwestlich von Ingolstadt. Der Name Solnhofen steht stellvertretend für die ganze Region, die für eine sehr hohe Fossilienqualität aus dem Weißjura bekannt ist. Im Oberen Jura (163,5–145 Millionen Jahren) bildeten Nordamerika, Europa und Asien noch den Großkontinent Laurasia, der sich erst später in die

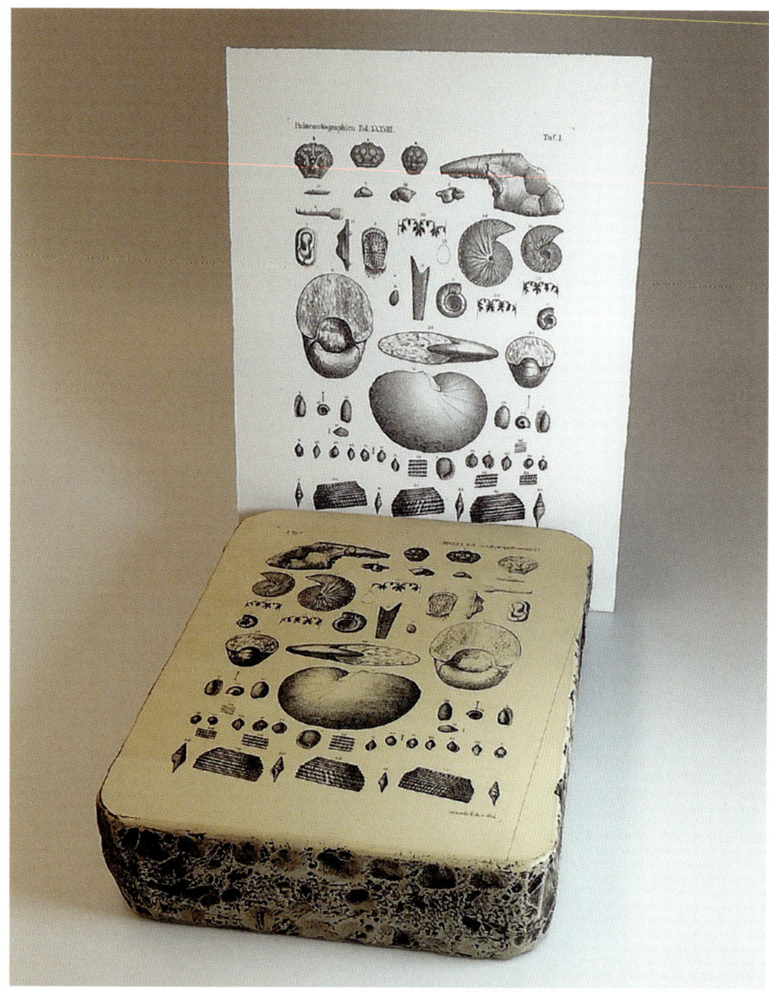

Abb. 1
Eine Lithografieplatte, mit der 1891 die Tafel 1 der Monografie „Die Kreidebildungen des Fürbergs bei Siegsdorf in Oberbayern" von Johannes Böhm (Paläontographica, Bd. 38, 1891) gedruckt wurde. Hinter der Druckplatte steht ein von dieser im Jahr 2020 abgenommener Druck auf Papier.

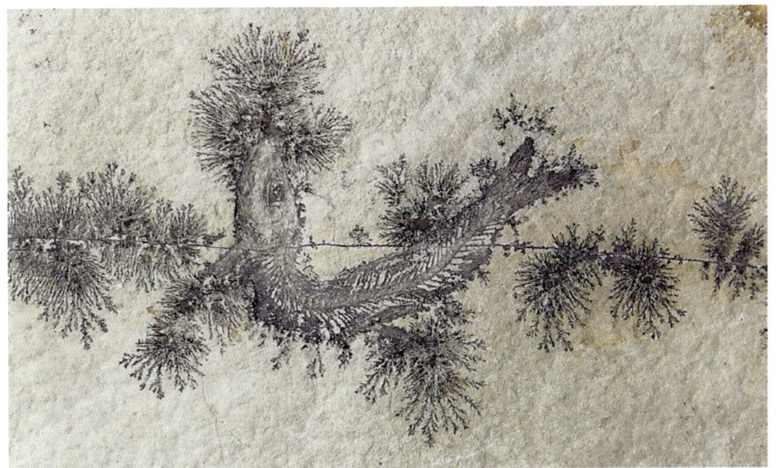

Abb. 2
Ein 7 cm langer Fisch auf Solnhofener Plattenkalk. Über den Riss, der sich quer durch das Bild in der Platte zieht, haben sich die moosartig aussehenden Dendriten aus Eisen- und Manganverbindungen auch entlang der Fischversteinerung gebildet.

Einzelkontinente auflöste. Europa war zu dieser Zeit mit einem Archipel großer Inseln vergleichbar. Südlich von Laurasia lag der Tethys-Ozean und als kleiner langgezogener Teil davon, nördlich von Afrika, der Penninische Ozean. Am Nordrand dieses Meeres entstanden die Ablagerungen, welche heute die südliche Frankenalb aufbauen.

Südsee um Solnhofen

Riffe aus Schwämmen und Korallen waren von Wannen mit tieferem Wasser umgeben. Gesägte Bodenplatten aus solchen Riffkalken sind im Eingangsgebäude des Dinosaurier-Museum Altmühltal bei Denkendorf verlegt. Während Zeiten mit geringem Wasseraustausch entwickelte sich in den Wannen in Bodennähe ein hoher Salzgehalt und Sauer-

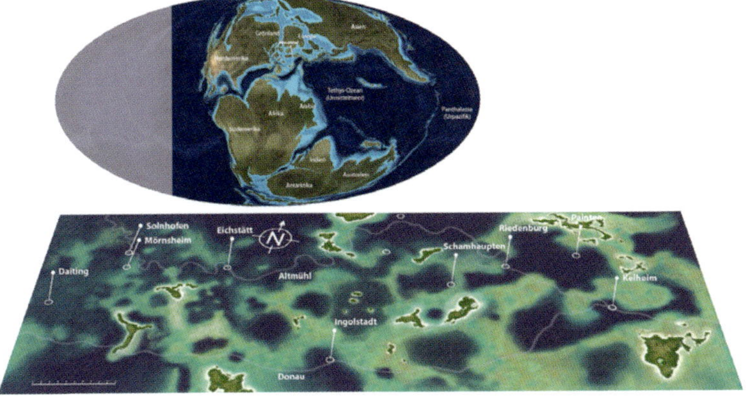

Abb. 3
Paläogeografische Weltkarte und Detailkarte des Solnhofener Archipels zur Zeit des Oberjura. Auf der Detailkarte sind die Riffgebiete hellbeige dargestellt. Die dazwischenliegenden Wannen (dunkelblau) sind die Ablagerungsgebiete der Plattenkalke.

stoffarmut. Es setzte sich zudem Kalkschlamm ab, der als versteinerter Meeresboden heute als „Flinz" bezeichnet wird. Lebewesen, die während dieser Ablagerungsphase auf den Wannenboden sanken, blieben erhalten, weil Aasfresser in diesem Milieu selbst verendeten. In Zeiten mit stärkerer Wasserdurchmischung kam auch toniges Material von einem nahen Festland hier zur Ablagerung. Das sind die „Fäulen" genannten, trennenden Schichten, die den Plattenkalk überhaupt erst zu einem plattigen Kalkstein machen.

Abb. 4
Das Berliner Exemplar von *Archaeopteryx* ist weitgehend vollständig erhalten und zeigt in hervorragender Weise die Befiederung. Es wurde vermutlich 1875 auf dem Blumenberg bei Eichstätt gefunden.

Eine Wundertüte der Evolution

Die in den sehr feinkörnigen Plattenkalken erhaltenen Versteinerungen zeichnen sich durch eine unglaubliche Vollständigkeit aus. Am bekanntesten dürfte der Urvogel *Archaeopteryx* sein. Zuerst fand man 1861 nur eine versteinerte Feder im Solnhofener Plattenkalk, was zu dem Namen, der übersetzt „uralter Flügel" bedeutet, führte. Noch im gleichen Jahr fand man ein weitgehend vollständiges Skelett, das schon zu Darwins Zeiten als Bindeglied zwischen Reptilien und Vögeln eine große Rolle in der Diskussion um die Evolutionstheorie spielte. Bis heute wurden zwölf mehr oder weniger vollständige Skelette gefunden. Mittlerweile hat man an anderen Fundstellen im Solnhofener Archipel sogar Wirbeltierfossilien mit Weichteilerhaltung nachgewiesen – wie in der Wanne von Painten bei *Sciurumimus albersdoerferi*, dem bisher am besten erhaltenen Dinosaurier Europas.

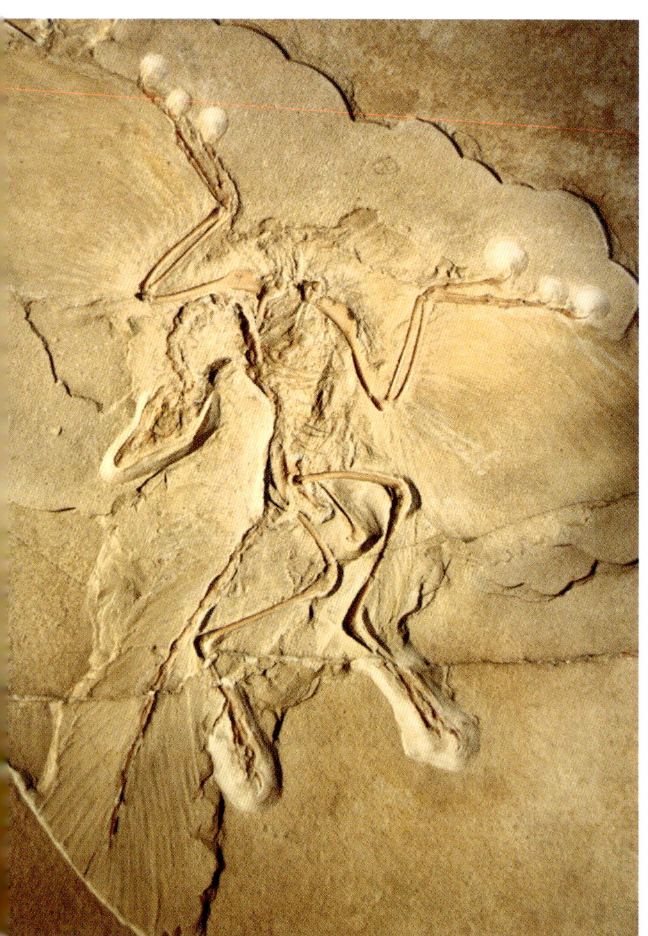

Das Geheimnis des Fossilreichtums

Wer selbst Fossilien in den Plattenkalken sucht, stellt schnell fest, dass der vermeintliche Fossilreichtum relativ zu sehen ist. Die moos- oder farnartigen Dendriten auf den Schichtflächen findet man immer. Das sind aber „nur" Eisen- und Mangan-Verbindungen. Als

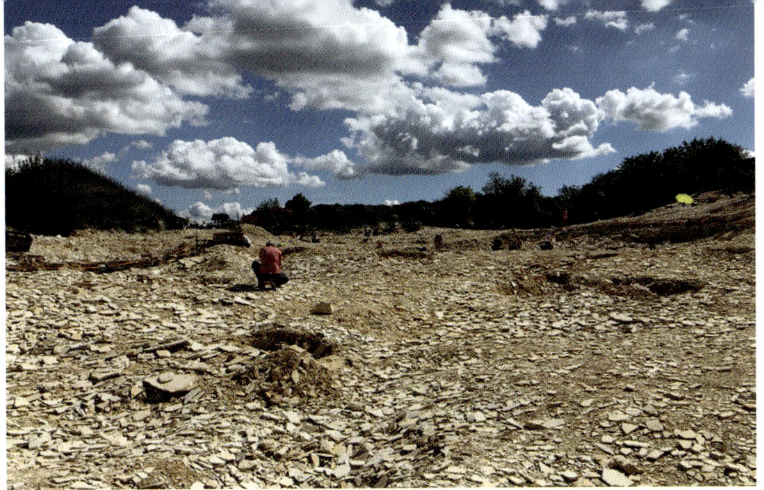

Abb. 5
Es gibt einige Steinbrüche im Plattenkalk, wie hier in Mühlheim, in denen Privatpersonen Fossilien suchen können.

echte Versteinerungen trifft man am ehesten die Schwebe-Seelilien *Saccocoma* an, die man ganz zu Beginn der Forschungen als versteinerte Spinnen angesehen hat. Der häufigste versteinerte Fisch der Solnhofener Plattenkalke, *Leptolepis sprattiformis*, ist dagegen vergleichsweise selten.

Der Solnhofener Plattenkalk wird seit dem 17. Jh. als Werkstein in industriellem Maßstab von Hand abgebaut. Dabei fallen Fossilien auf den eintönigen Schichtflächen natürlich auf. Als Alois Senefelder 1796 die Lithografie (den Steindruck) erfand, benötigte man ganz besonders feinkörnige und ausreichend dicke Flinz-Platten. Das führte zu einem enormen Anstieg des Plattenkalkabbaus, wodurch natürlich deutlich mehr Fossilien als vorher gefunden wurden. Bis heute hat man ca. 750 Arten von Organismen im Plattenkalk nachgewiesen: Pflanzen, Schnecken, Muscheln, Insekten, Krebse und vieles mehr. Zahlreiche bedeutende Originalfunde, darunter auch Urvögel, sind in den Museen in Solnhofen, Eichstätt und Denkendorf zu bestaunen. Wer selbst auf die Fossilienjagd gehen möchte, für den gibt es spezielle Sammelsteinbrüche, z. B. in Eichstätt, Solnhofen und Mühlheim.

RD

Weiterführende Informationen:
www.dinosauriermuseum.de
www.jura-museum.de
www.museum-berger.de
www.museum-solnhofen.de
www.naturpark-altmuehltal.de/fossiliensuche

Literatur:
Arratia, G., Schultze, H.-P., Tischlinger, H. & Viohl, G. (2015): Solnhofen. Ein Fenster in die Jurazeit. – 2 Bde., 620 S.; München.

24 Steißgesicht, Brunnentrog und Grabstein – Der Ruhpoldinger Marmor (Bayern)

Jura
(201–145 Mio. Jahre)

Ruhpolding liegt in einem Talkessel der Chiemgauer Alpen ca. 7 km südlich der Autobahnanschlussstelle von Siegsdorf im Tal der Weißen Traun. Der Weißtraun-Gletscher hat das Areal während der letzten Vereisungsphasen der Würm-Kaltzeit ausgeräumt und dabei auch den Ruhpoldinger Marmor zugänglich gemacht.

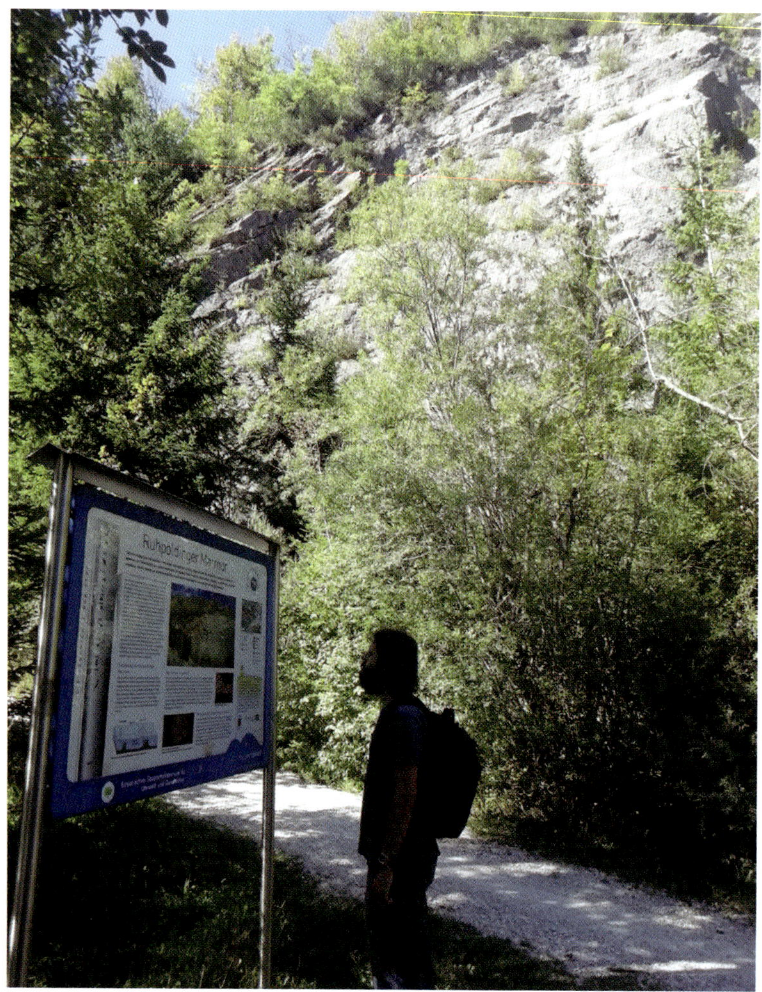

Abb. 1
Die Geotoptafel „Marmorbruch im Haßlberg bei Ruhpolding". Der gut geschichtete Ruhpoldinger Marmor ist in der Aufschlusswand im Hintergrund ganz links oben zu erkennen, aber praktisch nur für Kletterer zugänglich. Rechts daneben der massige „Oolithische Malmkalk", der als Kletterwand dient.

Dem Überfahren gerade noch entgangen

Der Ruhpoldinger Marmor liegt wie die Zugspitze innerhalb der alpengeologischen Lechtal-Decke, die hier aber viel kleinräumiger verfaltet ist als im Wetterstein-Gebirge. Die mächtigen Dachsteinkalk-Gebirgsstöcke (z.B. Watzmann, Leoganger Steinberge) sind hier nach Norden vorgestoßen, sodass die Lechtal-Decke ca. 15 km weiter östlich bei Bad Reichenhall bereits vollkommen von diesen überfahren ist. Bei Ruhpolding liegt sie noch an der Erdoberfläche.

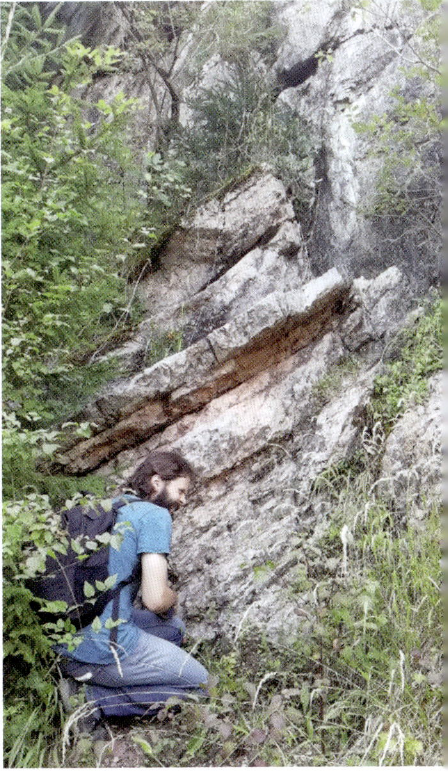

Abb. 2
Der Ruhpoldinger Marmor am Wanderweg im Steinbruch. Hier kann man die Knollenstruktur noch gut erkennen.

Knöllchen wegen zu tiefer Ablagerung

Der grob-bankige Ruhpoldinger Marmor entstand im Oberjura (Tithon, 152–145 Millionen Jahre), als der Tethys-Ozean seine größte Nord-Süd Ausdehnung erreichte. In dieser Zeit bildete sich am Ozeanboden durch unterschiedlich starke Senkungen ein ausgeprägtes Relief mit erhöhten Schwellenzonen und tiefer liegenden Becken. Auf den Schwellen lagerten sich meist geringmächtige grüne und rote Kalke wie der Ruhpoldinger Marmor ab, dessen Rotfärbung von dreiwertigem Eisen kommt. Die teilweise Auflösung des Kalzits im Kalkschlamm führte zur Bildung von Kalkknollen, die zusammen mit den dunkleren, tonreicheren Partien zwischen den helleren Knollen das typische Aussehen dieser Kalksteinvarietät mit relativ häufigen Ammonitensteinkernen ergibt. Die aus dem leichter löslichen Aragonit bestehenden Ammonitengehäuse selbst wurden in diesen Ablagerungstiefen schnell aufgelöst.

In den noch tieferen Becken wurde Kalk weitgehend zersetzt, sodass dort sich das Kieselgestein Radiolarit bildete. Dieses besteht aus den kieseligen Skeletten von im Wasser freischwebenden Einzellern (Radiolarien).

Von der Evolution gezeichnet – das Steißgesicht

In den Oberjurakalken kommt eine ganz spezielle und seltene Armfüßergattung als Leitfossil vor: der Brachiopode *Pygope diphya*. Im Laufe eines Pygope-Lebens bildeten die beiden Klappen eine langsam deutlicher werdende Bucht aus. Diese schloss sich im Erwachsenenstadium in Form eines Rings wieder. Durch das dabei entstehende Loch in den Klappen führte der muskulöse Stiel, mit dem dieses Tier am Substrat festgewachsen war. Dieses Loch und die Hinterbacken-ähnlichen Klap-

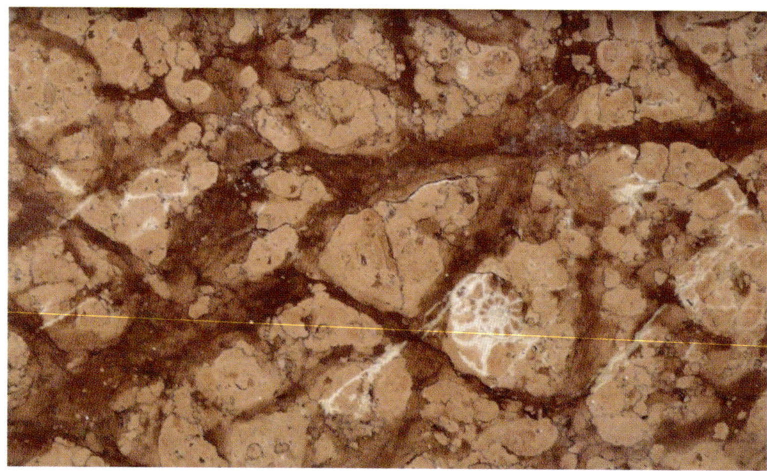

Abb. 3
Angeschliffene Platte aus Ruhpoldinger Marmor. Man sieht hellere Kalkknollen und einen gut erhaltenen Ammoniten (Dm. 8 cm). Die dunkelbraunen Partien sind durch Auflösung des Kalkes mit Ton angereichert.

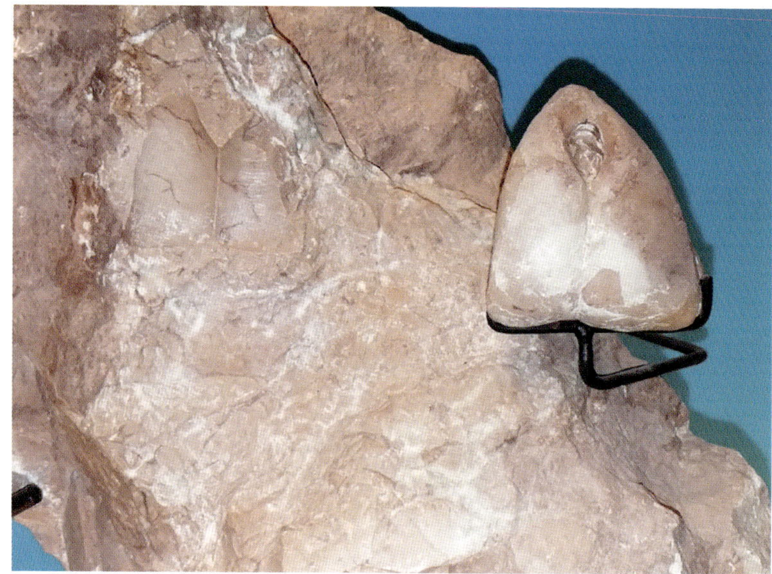

Abb. 4
Auf dem schwarzen Drahtständer eine *Pygope diphya* mit deutlich erkennbarem Loch in den Schalenklappen (Höhe der Klappe 3,5 cm). Im Hintergrund das Muttergestein „Oolithischer Malmkalk" mit dem Klappenabdruck der *Pygope*.

penhälften erinnern an einen „Allerwertesten". Der Name leitet sich her von altgriechisch *pyg* = Steiß und *ops* = Antlitz.

Marmor oder nicht Marmor, das ist hier die Frage

Eigentlich ist der Ruhpoldinger Marmor im geologischen Sinn gar kein Marmor, weil er keine Umkristallisation/Metamorphose erfahren hat. Steinmetze nennen jeden Kalk, der schleif- und polierfähig ist, „Mar-

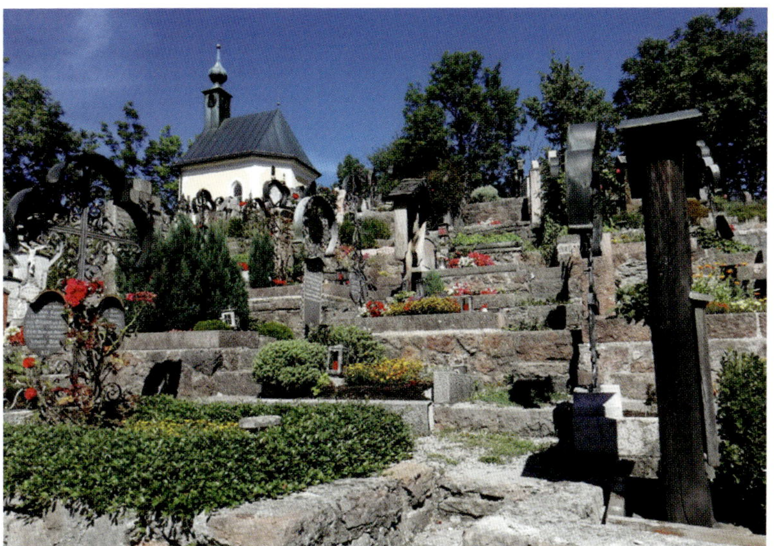

Abb. 5
Auf dem Bergfriedhof von Ruhpolding dominiert das rötliche Braun des Ruhpoldinger Marmors.

mor". In diesem Sinne wurde der Ruhpoldinger Marmor seit dem frühen Mittelalter als Dekorstein verwendet. Besonders in Fußbodenplatten erkennt man neben den Knollen und Ammonitenresten deutliche Wühlspuren, die grabende Lebewesen im noch weichen Kalkschlamm hinterlassen haben. Eine weitere häufige Verwendung fand der Marmor wegen seiner roten Farbtöne auf Friedhöfen. An alten Gehöften sieht man oft einen Brunnentrog aus diesem Knollenkalk.

Der Abbau des Ruhpoldinger Marmors wurde 1970 eingestellt. Heute findet man ihn anstehend nur noch als kleinen Rest am Westende des Haßlberg-Steinbruchs. Es führt ein Wanderweg durch den Steinbruch, und die Informationstafel zum Geotop gibt Auskunft zur Geologie dieser Lokalität. Ein geologischer Gipfelrundwanderweg startet an der Bergbahn am Hochfelln. Auch das Mammut- und Naturkundemuseum in Siegsdorf bietet, nicht nur bei schlechtem Wetter, interessante Einblicke in die Alpengeologie und die Welt des Ruhpoldinger Marmors.

RD

Weiterführende Informationen:
www.hochfellnseilbahn.de/geologischer-gipfelrundweg
www.museum-siegsdorf.de

Literatur:
Darga, R. (2016): Erdgeschichte Südostbayerns. Naturkunde- und Mammut-Museum Siegsdorf. – 176 S.; München.

25 Großspurig unterwegs gewesen – Die Dinosaurierspuren von Münchehagen (Niedersachsen)

Kreide
(145–66 Mio. Jahre)

Münchehagen ist ein Stadtteil von Rehburg-Loccum im Landkreis Nienburg/Weser und liegt ca. 6 km westlich des Steinhuder Meeres und ca. 30 km westnordwestlich von Hannover. Seit mehr als hundert Jahren sind in den Rehburger Bergen (aber auch in den Bückebergen westlich von Hannover) in den dortigen Sandsteinbrüchen immer wieder einzelne Dinosaurierfährten gefunden worden.

Der Bremer Stein als Tresor für Riesenspuren

Im Rahmen einer Feuerwehrübung wurde 1980 bei Münchehagen eine seit 1965 brach liegende Steinbruchsohle abgespritzt. Dabei wurden auf einer 1.500 m² großen Fläche insgesamt ca. 256 Einzeltrittsiegel entdeckt. Man kann acht zusammengehörende Fährten erkennen. Mit bis zu 57 Fußabdrücken sind sie überdurchschnittlich lang. Die vorherrschende Spurenform ist rund und wird den vierfüßigen Sauropoden („Langhalsdinosauriern") zugeordnet.

Deutlich seltener kommen dreizehige Trittsiegel vor, die wohl von zweibeinigen Ornithopoden („vogelfüßige" Saurier) wie *Iguanodon* verursacht wurden. Die Spuren legen aber nahe, dass *Iguanodon* bei Bedarf auch seine Vorderextremitäten beim Gehen einsetzte. Bei späteren Grabungen in dem 6 bis 9 m mächtigen Sandsteinpaket im Steinbruch auf-

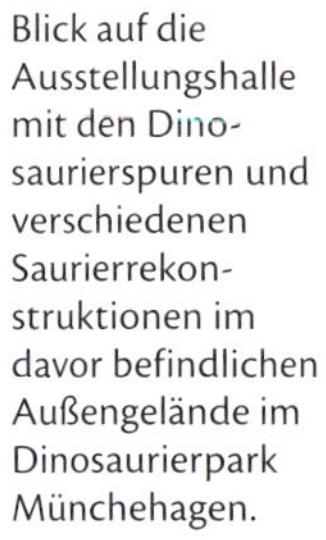

Abb. 1
Blick auf die Ausstellungshalle mit den Dinosaurierspuren und verschiedenen Saurierrekonstruktionen im davor befindlichen Außengelände im Dinosaurierpark Münchehagen.

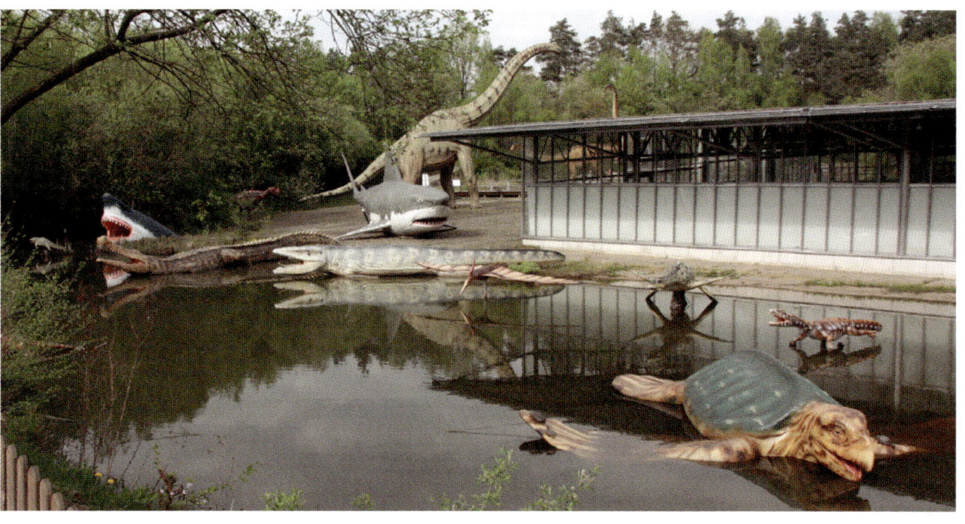

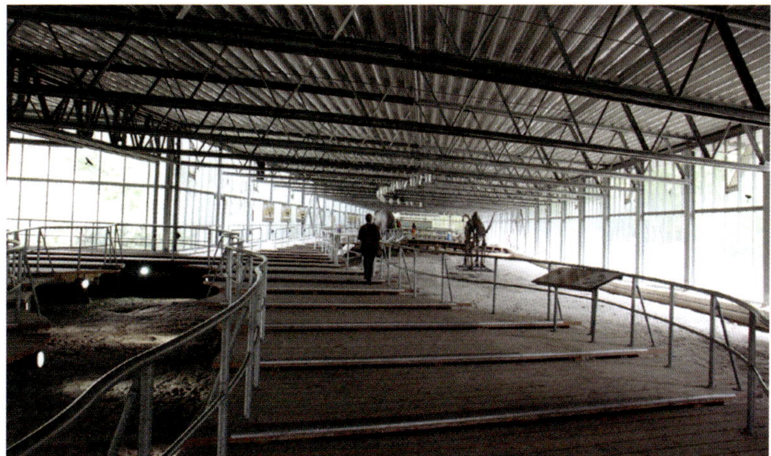

Abb. 2
Ein Besuchersteg führt in der Ausstellungshalle über die verschiedenen Originalfährten.

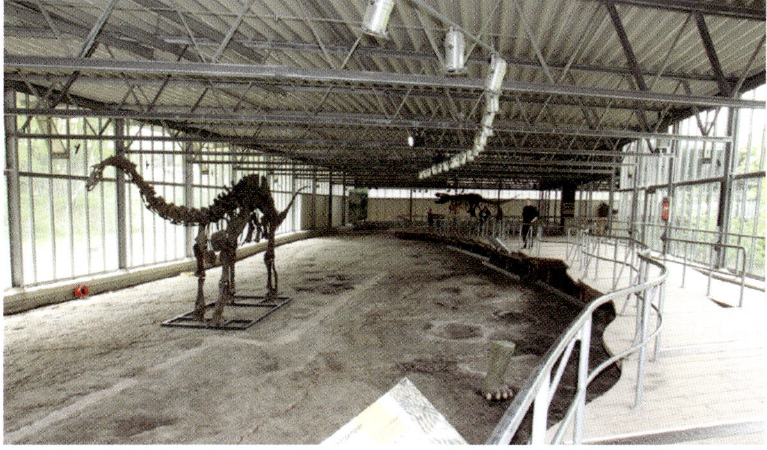

Abb. 3
Ein Sauropodenskelett in der Ausstellungshalle im Bereich der runden Sauropodenspuren. Im Hintergrund ein Raubsaurierskelett.

gedeckte Fährten kamen auch dreizehige Spuren zutage, die auf große Raubsaurier, insbesondere auf *Allosaurus* hinweisen.

Die Saurierspuren finden sich regelmäßig im sog. Obernkirchener Sandstein. Diese wegen ihrer häufigen Verwendung als Baustein in Bremen auch „Bremer Stein" genannte Sandsteinabfolge und ihre Begleitgesteine sagen einiges über die Umwelt zur Lebenszeit der Dinosaurier aus.

Der sprichwörtliche Sand am Meer

Der Sandstein lagerte sich zu Beginn der Unterkreide vor etwa 140 Millionen Jahren ab. Große Teile Deutschlands waren zu dieser Zeit

Festland oder Inseln in einem Binnenmeer, das im Süden von der Mitteldeutschen Landschwelle begrenzt wurde. Dieser ehemalige Meeresraum lässt sich zwischen den heutigen Orten Rheine, Hannover und Bremen verorten. Das Binnenmeer wechselte mehrfach zwischen Süß- und Brackwasser. Es existierten ausgedehnte Strandzonen mit Sanddämmen. Das aus dem Meer verdunstende Wasser wurde durch Zufluss von Flüssen ausgeglichen. Über diese wurden auch Sand- und Tonsedimente herantransportiert. Der Obernkirchener Sandstein ist ein Teil dieser Ablagerungen.

Die untere Partie des Obernkirchener Sandsteins mit seinen geringer mächtigen Sandsteinbänken enthält auch mehrere Kohleflöze. Diese wurden zwischen 1850 und 1920 bei Münchehagen bis in eine Tiefe von ungefähr 160 m abgebaut.

Vom Urzeitstrand zum Dinopark

Insgesamt ergibt sich für die Entstehungszeit der Spuren das Bild einer riesigen flachen Senke. Auf dem Festland prägten verzweigte Flusssysteme und Seen die Landschaft. Überall dominierte Quarzsand den Untergrund. Auf den weiten Flächen des Binnenmeeresgrundes entstanden Wellenrippeln.

Wie die Spuren von Münchehagen zeigen, wanderten die Sauropoden und Ornithopoden im Familienverband am Strand und im Flachwasser

Abb. 4 Sauropodenspuren im mit Wellenrippeln bedeckten Sandstein. Die Langhalssaurier sind hier also im Flachwasser gewatet.

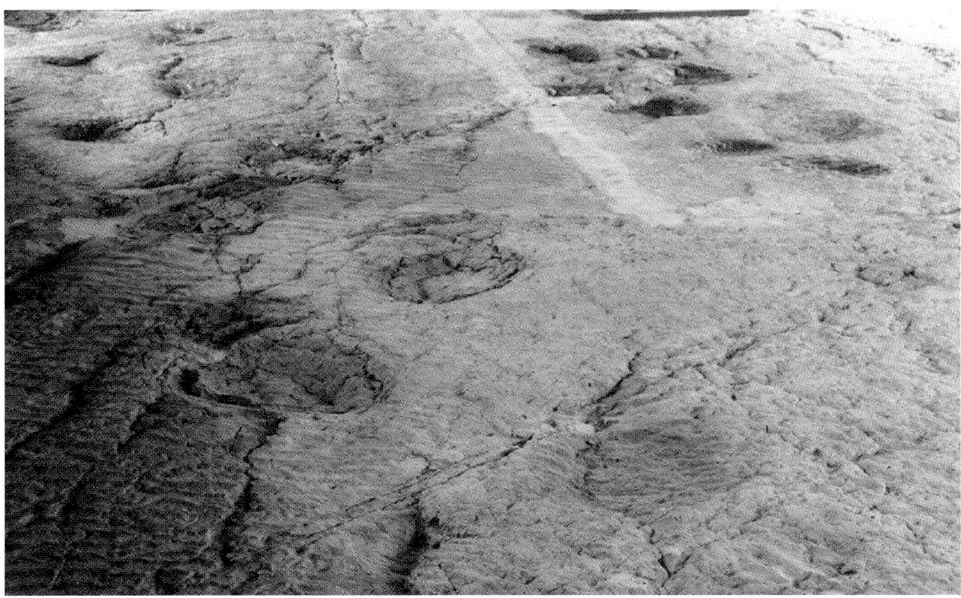

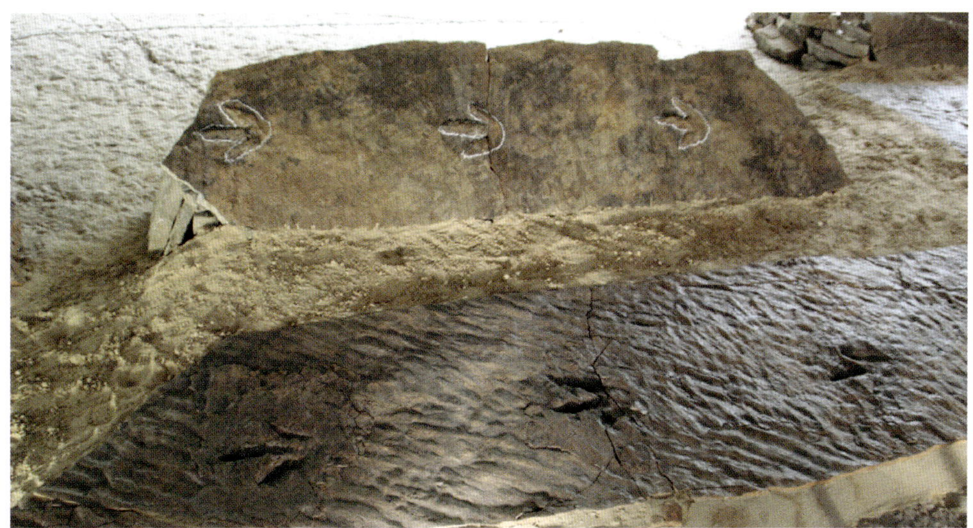

umher. Speziell im Flachwasser wurden deren tiefe Fußabdrücke wieder von dem feinen Sand aufgefüllt und damit bis heute konserviert. An Land wuchsen urtümliche Wälder aus Schachtelhalmen, Baumfarnen, Ginkgos und Araucarien, deren Reste durch von starken Niederschlägen erzeugten Hochwassern in den Mündungsbereichen der Flüsse zusammengeschwemmt wurden, wo sie die Grundlage für die Entstehung der Kohleflöze bildeten. In den Flüssen und Seen lebten u. a. Krokodile und Schildkröten. Bemerkenswert ist, dass sich Knochen und andere organische Materialien im Obernkirchener Sandstein meist nicht erhalten haben, sondern nur deren Hohlräume.

Abb. 5
Deutlich sind die Trittsiegel eines dreizehigen Sauriers im mit Wellenrippeln bedeckten Sandstein zu erkennen.

Auf der Fläche der alten Steinbruchsohle befindet sich seit 1992 der Dinosaurier-Park Münchehagen. Ein 2,5 km langer Rundweg führt zu den Dinosaurierspuren sowie zu über 150 originalgroßen Modellen urzeitlicher Tiere.

RD

Weiterführende Informationen:
www.dinopark.de

Literatur:

Fischer, R. (1998): Die Saurierfährten im Naturdenkmal Münchehagen. – Mitteilungen aus dem Geologischen Institut der Universität Hannover, Bd. 37, 58 S.; Hannover.

Lehmann, J. (2006): Dinosaurier – Spuren einer vergangenen Welt. Münchehagen, der Bremer Stein und die Saurierfährten. – Haus der Wissenschaft, Heft 3, 97 S.; Bremen.

26 Hier fehlen 217 Millionen Jahre! – **Ein Besuch im Geologischen Garten in Bochum (Nordrhein-Westfalen)**

Kreide (145–66 Mio. Jahre)

Im Geologischen Garten in Bochum liegen die fast flach liegenden Schichten der Oberkreide (95 Millionen Jahre) auf den gefalteten Schichten des Oberkarbons (312 Millionen Jahre) und zeigen somit lehrbuchhaft eine geologische Diskordanz. Der außergewöhnliche Aufschluss wurde im Jahr 2017 als Nationales Geotop ausgezeichnet.

Am Anfang war ein Steinbruch

Der Garten geht auf einen Steinbruch zurück, der bis 1959 die Rohstoffbasis für eine Ziegelei bildete, die auf dem Gelände des heute angrenzenden Sportplatzes an der Querenburger Straße lag. Die Ziegelei nutzte v. a. die karbonzeitlichen Tonsteine, die sich, aufgemahlen und mit Wasser vermischt, zu Ziegeln verarbeiten lassen. Die maximale Jahresproduktion der Ziegelei betrug 8 Millionen Ziegel. Da der Steinbruch die Schichten des Deckgebirges und des flözführenden Karbons gleichermaßen zeigte und nahe zur damaligen Bochumer Bergschule, der heutigen Technischen Hochschule Georg Agricola, gelegen war, wurde er vielfach zur geologischen Ausbildung des bergmännischen Nachwuchses genutzt.

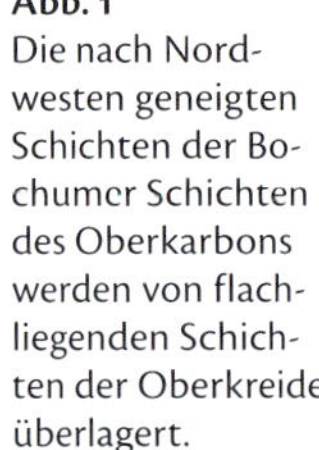

Abb. 1 Die nach Nordwesten geneigten Schichten der Bochumer Schichten des Oberkarbons werden von flachliegenden Schichten der Oberkreide überlagert.

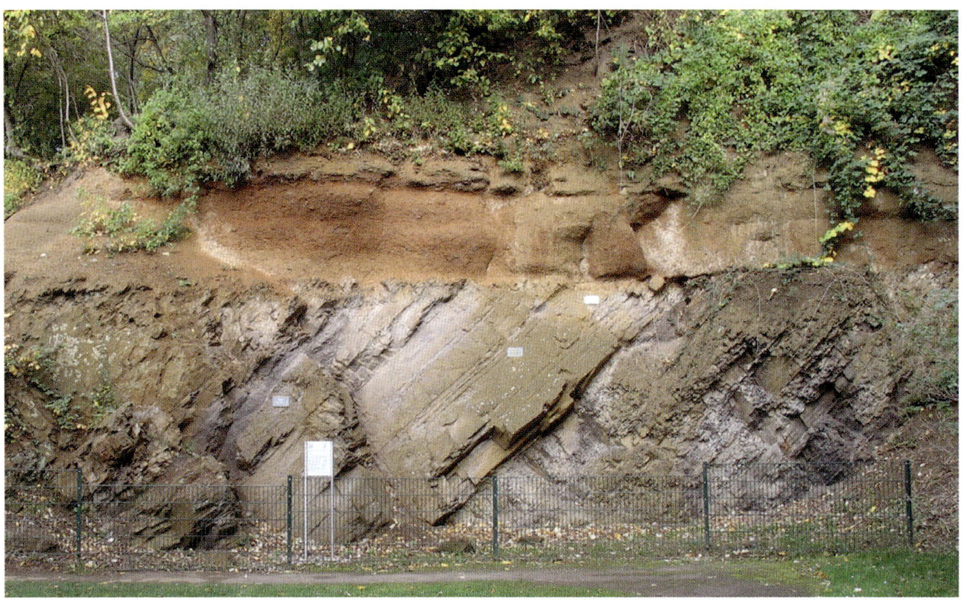

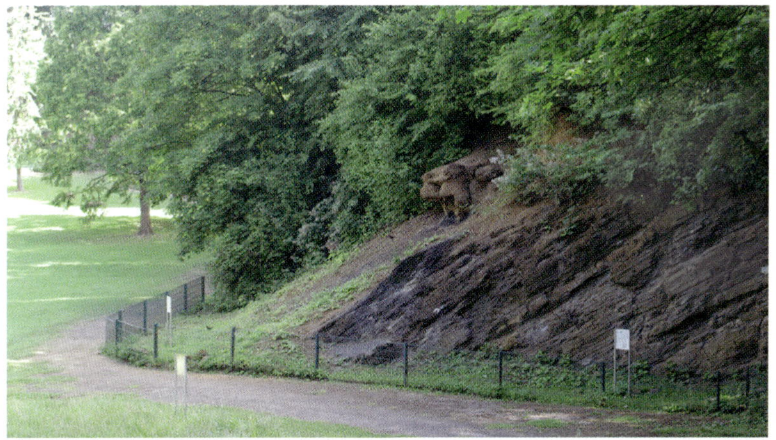

Abb. 2
Über den dunklen, geneigten Bochumer Schichten des Oberkarbons liegen die bräunlichen Ablagerungen der Oberkreide. Die Schichtlücke zwischen den beiden Einheiten umfasst rund 217 Millionen Jahre.

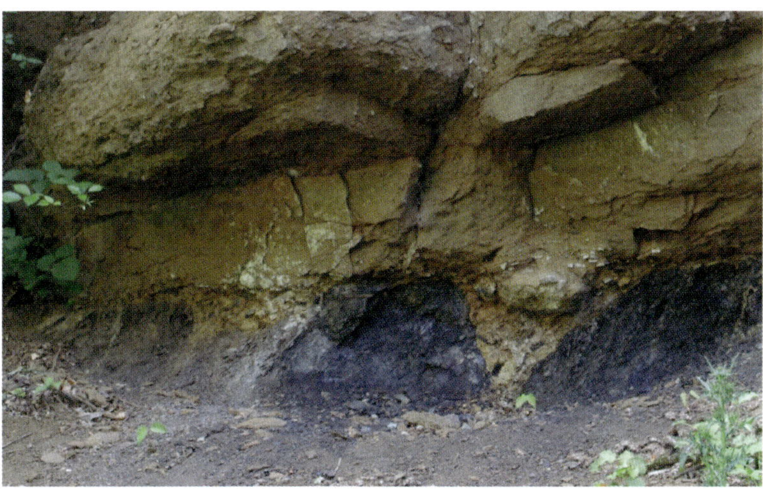

Abb. 3
Die Brandung des Kreidemeeres hat im Kohleflöz „Wasserfall" einen kleinen Kolk gebildet, in dem sich grobe Gerölle gesammelt haben.

Nach der Einstellung des Abbaus setzte sich der damalige Leiter der geologischen Abteilung der Westfälischen Berggewerkschaftskasse (WBK), Prof. Carl Hahne, erfolgreich für den Erhalt ein. Der Steinbruch wurde im Jahr 1962 als erstes geologisches Naturdenkmal im Ruhrgebiet unter Schutz gestellt. Die Stadt Bochum richtete das Gelände als öffentliche Parkanlage her.

Eine lückenhafte Begegnung

Vom Karbon ist ein etwa 75 m mächtiges Profil der Bochum-Formation (312 Millionen Jahre) mit den Flözen Dickebank, Dünnebank und Wasserfall aufgeschlossen. Die Schichten fallen mit rund 30 bis 45° nach

Nordwesten ein. Das rund 150 cm mächtige Flöz Dickebank war hier als Kohleneisensteinflöz ausgebildet und wurde weitgehend abgebaut. Ein Abbauhohlraum ist in der westlichen Grubenböschung noch zu erkennen. Der Kohleneisenstein bildete sich durch chemische Fällung von eisenhaltigen Lösungen in den huminsauren Moorwässern. Das Flöz Dünnebank ist hier nur ca. 40 cm mächtig und unrein ausgebildet und war deshalb nicht abbauwürdig. Über Flöz Wasserfall findet sich ein mariner Horizont mit Brachiopoden, Grabgängen und Muschelkrebsen.

Die durch die variszische Gebirgsbildung am Ende der Karbonzeit schräg gestellten, ca. 312 Millionen Jahre alten Karbonschichten werden mit scharfer Grenze von flach liegenden Ablagerungen aus der Oberkreide (Cenoman, 95 Millionen Jahre) überdeckt. Es besteht daher eine Schichtlücke, die rund 217 Millionen Jahre umfasst!

Die Diskordanzfläche zwischen den Karbonschichten und den Kreideablagerungen zeigt eine deutliche Abhängigkeit von der Gesteinsausbildung der Karbonschichten. Im Bereich der festen Sandsteine über Flöz Dickebank kam es zu Klippen- und Kliffbildungen im Kreidemeer, während besonders weiche Schichten relativ stark ausgeräumt wurden.

Die Schichten der Oberkreide beginnen mit einem Basiskonglomerat, das besonders am Fuß der Sandsteinklippe über Flöz Dickebank grobe Gerölle aufweist. Darüber liegen bräunlich verwitternde Sandsteine (Essen-Grünsand-Formation) in fast horizontaler Lagerung. In frischem Zustand ist das Gestein durch das Mineral Glaukonit grün gefärbt, was ihm seinen Namen gegeben hat. Erst bei der Verwitterung an der Oberfläche entsteht der jetzt vorherrschende braune Farbton.

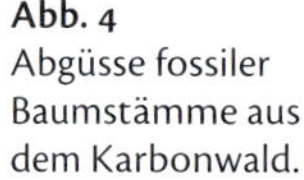

Abb. 4
Abgüsse fossiler Baumstämme aus dem Karbonwald.

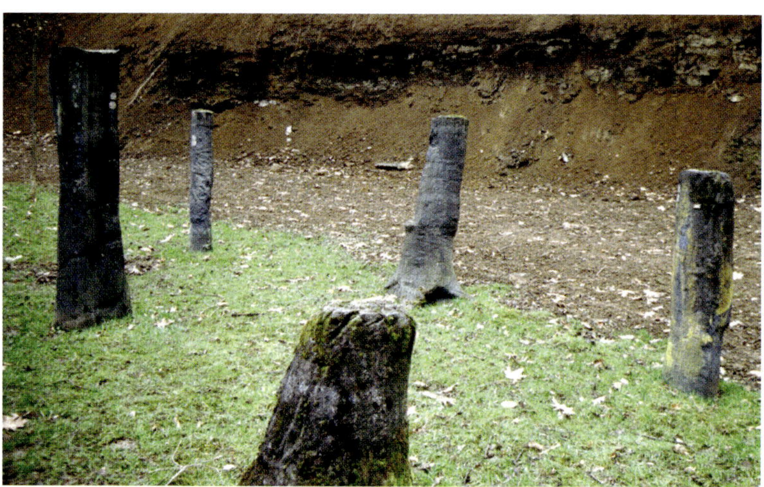

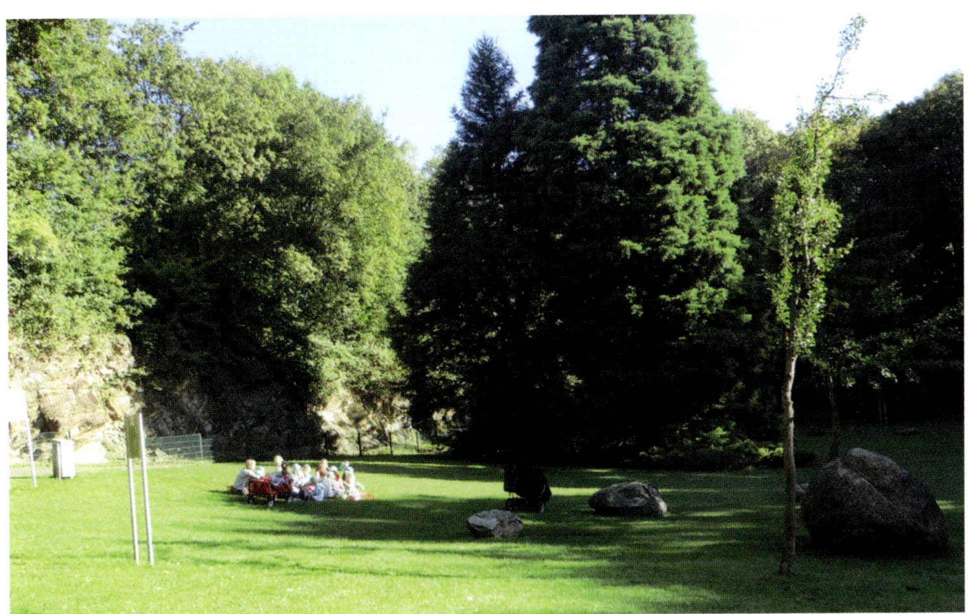

Abb. 5
Blick in den Geologischen Garten mit Sumpfzypressen und Ginkgobäumen. Auf dem Rasen liegen eiszeitliche Findlingsblöcke.

Reichhaltiger Garten und interessantes Museum

Jede der 17 geologischen Stationen im Garten hat eine Infotafel. Außerdem sind verschiedene Exponate aus der Zeit des Karbons, wie Abgüsse von Baumstümpfen, und große Toneisenstein-Konkretionen in der Parkanlage aufgestellt. Auch wurden typische Vertreter einer „Kohleflora" angepflanzt. Ginkgoblätter sind schon aus dem Oberkarbon belegt, während die Sumpfzypresse (Taxodium) ein typisches Element der späteren, tertiären Braunkohlenwälder war. Ergänzend zur Gartentour empfiehlt sich ein Besuch im Deutschen Bergbaumuseum in Bochum.

VW

Weiterführende Informationen:
www.bergbaumuseum.de
www.geopark.ruhr/standorte/geotope/geologischer-garten/

Literatur:
Ganzelewski, M., Kirnbauer, Th., Müller, S. & Slotta, R. (2008): Karbon-Kreide-Diskordanz im Geologischen Garten Bochum und Deutsches Bergbau-Museum. – Jahresberichte und Mitteilungen des Oberrheinischen Geologischen Vereins, NF, Bd. 90, S. 93–136; Stuttgart.
Mutterlose, J. (2011): Geologischer Garten Bochum. Exkursionsführer durch ein Naturdenkmal. – 44 S.; Bochum. Frei abrufbar unter www.geopark.ruhr/standorte/geotope/geologischer-garten/

27 Rügen steht in der Kreide – **Und ging gerade deswegen nicht unter (Mecklenburg-Vorpommern)**

Kreide
(145–66 Mio. Jahre)

Rügen ist die größte Insel Deutschlands. Sie ist wohl in erster Linie wegen ihrer weißen Kreidefelsen, die auch Caspar David Friedrich (1774–1840) in seinen Gemälden verewigt hat, weltweit bekannt. Diese Felsen haben eine ganz eigene Geschichte.

Ein Meeresarm am Ende des Erdmittelalters

Das blendend weiße Gestein entstand gegen Ende der Kreidezeit vor ca. 75 Millionen Jahren als Ablagerung eines ca. 200 m tiefen Meeres. Dieses erstreckte sich aus der Paläo-Nordsee als Arm über die Norddeutsche Senke (zwischen Baltica und Rheinisch-Böhmischem Massiv) bis ins Polnische Becken (nördlich des Karpatenbogens). Die jüngeren Schichten des Tertiär und Quartär legten sich über die Kreideablagerungen, sodass die gesamte Kreide im Bereich dieses Meeresarms eigentlich gar nicht an der Erdoberfläche anzutreffen sein sollte. Die Kreide liegt z. B. bei der kaum 10 km von Rügen entfernten Insel Hiddensee 50 m unter dem Meeresspiegel.

Gletscher-Quetscher

Während der letzten Kaltzeiten (Weichsel-Eiszeit) war Nordeuropa mehrfach von aus Skandinavien vorrückenden Gletschern bedeckt. Vor

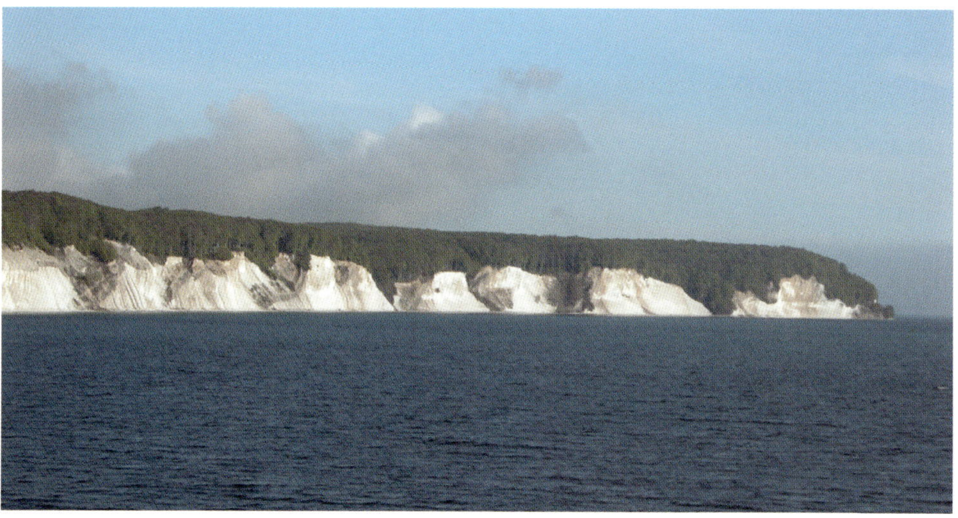

Abb. 1 Blick auf einen ca. 1 km langen Steilküstenabschnitt von Rügen. Die einzelnen Kreidepartien sind von leichter erodierbaren Moränenstreifen getrennt.

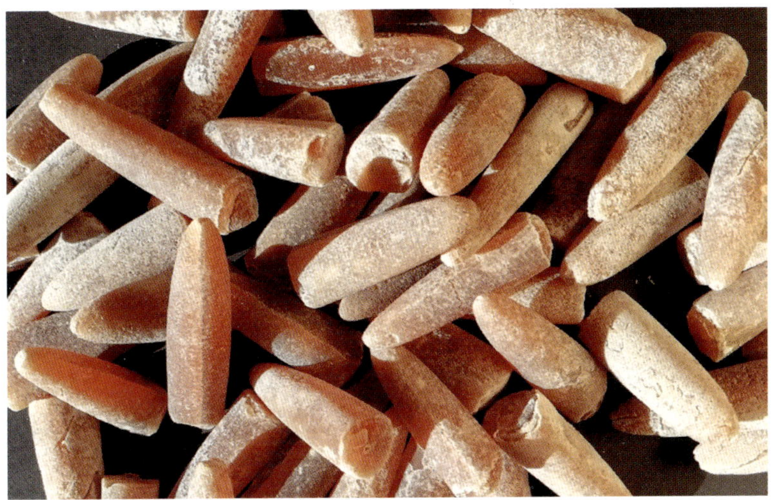

Abb. 2
Vom Uferstreifen aufgesammelte, bereits etwas abgerollte Belemniten. Von der Farbe her kann man sie mit Bernstein verwechseln.

ca. 21.000 Jahren presste das Gewicht der Eismassen den Untergrund an die Oberfläche. Dabei wurden ehemals waagerecht abgelagerte Kreideschichten mit den obenauf liegenden Gletscherablagerungen (Moränen) älterer Kaltzeiten in kleinere Partien zerrissen, steilgestellt und dachziegelartig nebeneinander gestapelt. Deswegen ist die heutige Kreideküste auf Rügen immer wieder von „Kerben“ durchbrochen, in denen das Moränenmaterial tiefer heraus wittert als der standfeste Kreidefels. Gegen Ende der letzten Kaltzeit vor 17.000 bis 15.000 Jahren überfuhr dann ein bisher letzter Gletscher die ausgequetschten Kreidelagen und hinterließ eine fast ungestörte, jüngste Moräne auf dem gestörten Schichtverband, aus dem Rügen im Kern besteht.

Kreideschichten als Schatztruhe

Die Gletscher brachten aus ihrem Einzugsbereich im Norden Gesteine mit, die nun aus den Moränen ausgewaschen werden und als Strandgerölle einen Einblick in die Gesteinssorten Nordeuropas geben. Aus der Kreide kommen dagegen Versteinerungen wie Seeigelgehäuse und „Donnerkeile“ bzw. Belemniten, wie man die Reste von Tintenfischverwandten Kopffüßern nennt. Die sind relativ widerstandsfähig und werden nicht gleich von der Brandung zerstört.

Hauptbestandteil der Kreideschichten sind aber die extrem winzigen Kalkskelette von Goldbraunalgen. Deren Skelette lieferten ca. 20 Gewichtsprozent des Kalkschlamms, den man heute „Rügener Schreibkreide“ nennt. Trotz des geringen Anteils der Schreibkreide an dem erdgeschichtlichen Zeitabschnitt „Kreide“ wurde deren Name auf die gesamte Periode (145 bis vor 66 Millionen Jahre) übertragen.

Kreidegewinnung als Hauptindustrie

Ab ca. 1720 wurde die Schreibkreide in Steinbrüchen für Branntkalk und Schlämmkreide (für Portlandzement) abgebaut. Dann kam die Verwendung für Düngekalk, chemische Industrie, Rauchgasentschwefelung und die Lack- und Farbenindustrie (Weißpigment) dazu. Aber: Die „Rügener Schreibkreide" wurde und wird nicht (!) als Wandtafelkreide genutzt. Dafür nimmt man Gips.

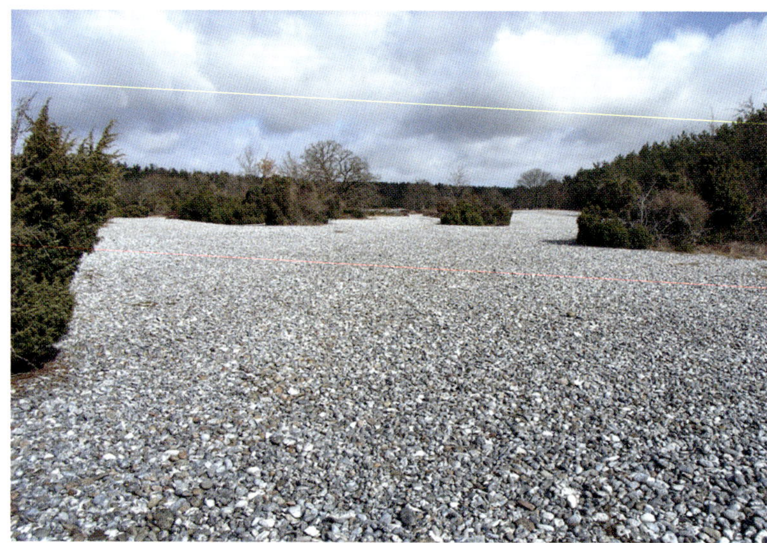

Abb. 3
Durch Wellengang bewirkte Sortierung der Gesteinsgröße haben sich an manchen Stellen auf Rügen Feuersteinfelder gebildet, wie hier bei Neu Mukran.

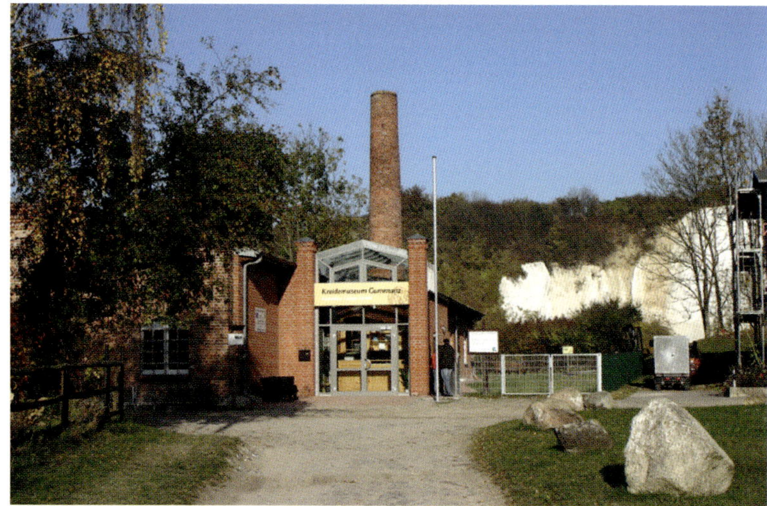

Abb. 4
Das Kreidemuseum Rügen in Gummanz ist in einem historischen Kreidewerk aus der Zeit des traditionellen Kreideabbaus auf Rügen untergebracht und erzählt alles über die Rügener Kreide.

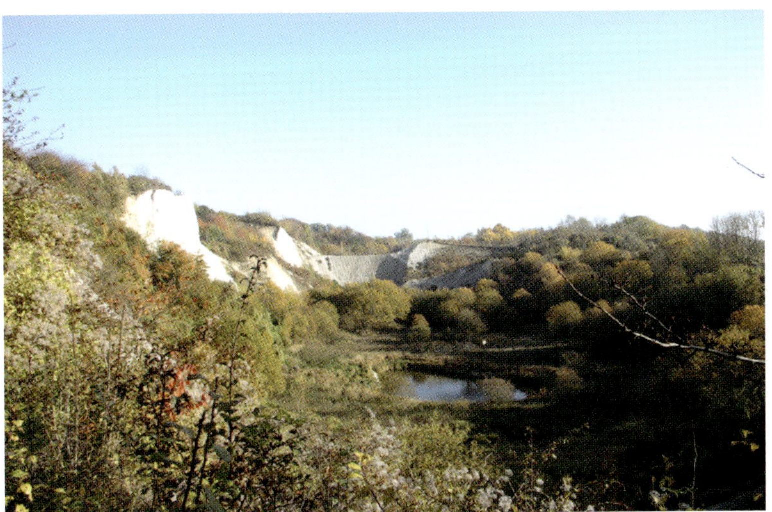

Abb. 5
Das Außengelände des Kreidemuseums Rügen ist ein ehemaliger Kreidesteinbruch.

In den Kreideschichten fallen die Bänder aus Feuerstein (Flint) auf, die anzeigen, dass die Rügener Kreidegesteine nicht wie ursprünglich horizontal gelagert, sondern steil gestellt und oft auch verfaltet sind. Feuerstein wird auch als „Stahl der Steinzeit" bezeichnet, da zur Herstellung vielfältiger Steinwerkzeuge verwendet. Um 1610 wurde das Steinschlossgewehr erfunden, bei dem ein auf Feuerstahl schlagender Flint das Pulver zündete. Daher der Name Flinte.

Wegen der besonderen Lagerungsverhältnisse, Landschaftsformen und Vegetation wurde 1990 auf der Halbinsel Jasmund ein Nationalpark ausgerufen. Seit 2011 ist ein Teil des dortigen Buchenwalds auch UNESCO-Welterbe. Zum Kennenlernen der vielfältigen Facetten der Rügener Kreide empfiehlt sich unbedingt ein Besuch im „Kreidemuseum Rügen" in Gummanz.

RD

Weiterführende Informationen:
www.kreidemuseum.de
www.nationalpark-jasmund.de

Literatur:
Niedermeyer, R.-O. et al. (2011): Die Deutsche Ostseeküste. – Sammlung geologischer Führer, Bd. 115, 370 S.; Stuttgart.
Vinx, R. (2016): Steine an deutschen Küsten. Finden und bestimmen. – 279 S.; Wiebelsheim.
Nestler, H. (1982): Die Fossilien der Rügener Schreibkreide. – Die Neue Brehm-Bücherei, Bd. 486, 108 S.; Wittenberg.

28 Wo der Meeresboden senkrecht steht – **Die Teufelsmauer bei Blankenburg im Harzvorland (Sachsen-Anhalt)**

Kreide (145–66 Mio. Jahre)

Am nördlichen Harzrand wurden bei der Gebirgshebung die Schichten senkrecht gestellt. Dabei entstand auch die Teufelsmauer zwischen Blankenburg und Ballenstedt, eine mit Unterbrechungen fast 10 km lange Felsrippe.

Ein Klassiker

Das Harzrandgebiet gilt als die „Klassische Quadratmeile der Geologie". Es gibt in Europa kein anderes Gebiet, wo auf nur wenigen Zehner Quadratkilometern Fläche Ablagerungen aus fast allen Erdzeitaltern, magmatische Gesteine und eine Vielzahl von Erzen und Rohstoffen nebeneinander vertreten sind.

Grund für diese geologische Vielfalt ist die Heraushebung des Harzes, der aus Gesteinen des Erdaltertums bis zum Karbon besteht, gegenüber dem Harzvorland, in dem fast lückenlos die gesamte Abfolge vom Perm bis zur Jetztzeit vertreten ist. Die Hebung erfolgte in verschiedenen Phasen. Die Störung war schon während der variszischen Faltung in der

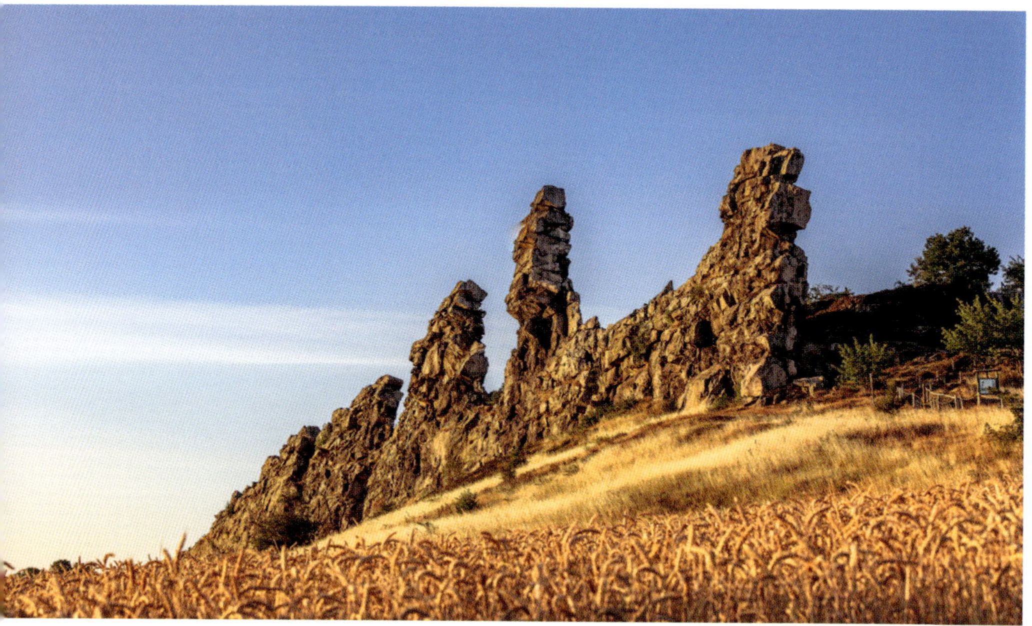

Abb. 1 Die Teufelsmauer bei Weddersleben.

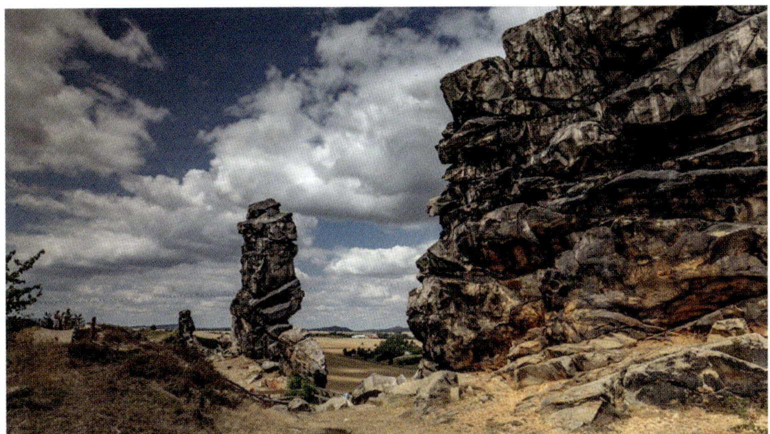

Abb. 2
Teufelsmauer: Der Königsstein.

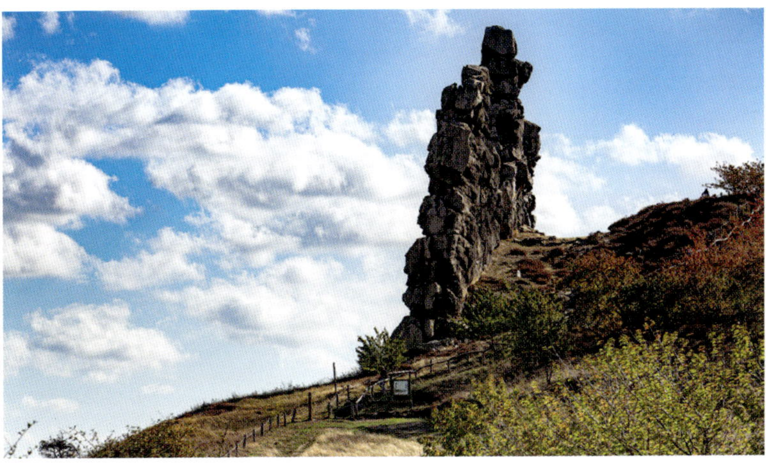

Abb. 3
Teufelsmauer: Der Königsstein.

Karbonzeit aktiv. Spätestens am Ende der Jurazeit lebte sie wieder auf und erreichte gegen Ende der Kreidezeit ihren Höhepunkt. Durch ein kompliziertes Zusammenspiel von horizontalen und vertikalen Gleitbewegungen wurde die Harzscholle gegenüber dem nördlichen Harzvorland um mehrere Kilometer herausgehoben. Dadurch wurden die Schichten aus Perm, Trias, Jura und Kreide in einem schmalen Streifen entlang der Harzrandstörung „hochgeklappt“ und stehen nun senkrecht oder sogar leicht „überkippt“. Ursprünglich lagen diese Schichten auch auf dem Harz, dort wurden sie aber längst abgetragen.

Der von NW nach SO gerichtete Verlauf der Harzrandstörung wird als „herzynische Richtung“ bezeichnet und findet sich in vielen Gebirgsstörungen in Mitteleuropa.

Aus Sand wird eine natürliche Sandsteinmauer

Im Gebiet zwischen Ballenstedt im Osten und Blankenburg im Westen gehören Sandsteine aus der Oberkreide (Santon) zu den jüngsten Ablagerungen in der steil stehenden Aufrichtungszone. Sie wurden vor etwa 85 bis 87 Millionen Jahren als Sande am Grund in einem flachen Meer abgelagert. Die daraus entstandenen Sandsteine wurden später, vermutlich im Tertiär, von kieselsäurehaltigen Lösungen durchströmt. Dabei schied sich die Kieselsäure in einzelnen Lagen des Gesteins ab und verkittete die Sandkörner zu einem sehr harten, quarzitischen Sandstein. Dieser Sandstein setzte der Verwitterung großen Widerstand entgegen und die verkieselten Partien wurden als Felsklippen herauspräpariert.

Die langgezogene Teufelsmauer gliedert sich in drei Abschnitte: Die Gegensteine und der Dicke Stein erstrecken sich über ca. 2 km zwischen Ballenstedt und Rieder, der Königstein und die nordwestlich anschließenden Mittelsteine bilden den ca. 1 km langen Zentralteil der Teufelsmauer bei Weddersleben. Bei Blankenburg bildet der ca. 2 km lange Heidelberg den westlichen Abschluss. Die Gegensteine und v. a. der Königstein stehen frei in der Landschaft und überragen weithin sichtbar ihr Umfeld um einige Zehner Meter. Der Heidelberg ist dagegen mit Kiefern bewaldet, sodass die Felsen nur teilweise frei sichtbar sind.

Bemerkenswert sind die vielfältigen Verwitterungsformen im Sandstein, die teils auf die erosive Kraft der Niederschläge zurückgehen, teils aber auch auf chemische Lösungsvorgänge. Interessant sind Höhlen in

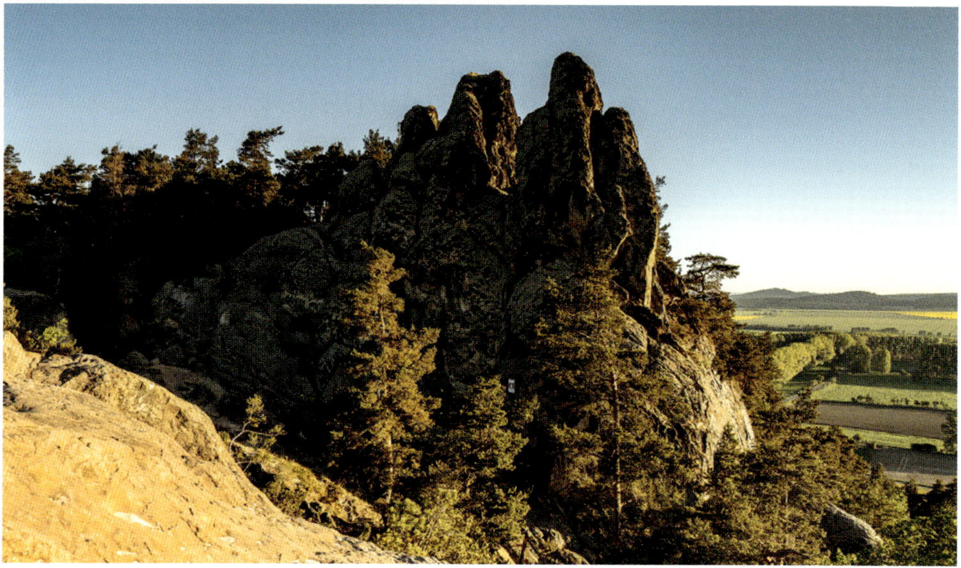

Abb. 4
Felsgruppe „Hamburger Wappen" am Heidelberg bei Blankenburg.

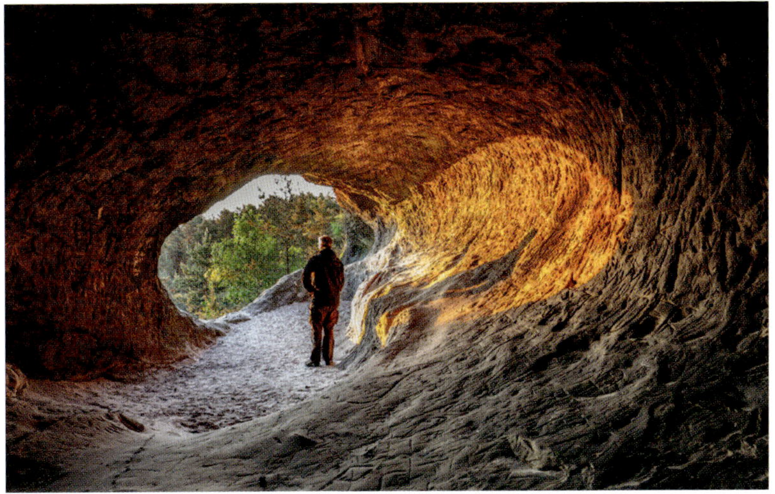

Abb. 5
Teufelshöhle im Heimberg bei Blankenburg.

den Felsen. Die „Teufelshöhle“ liegt am Ostende des Heidelberges bei der Felsgruppe „Hamburger Wappen“. Die wahrscheinlich künstlich erweiterte Höhle erreicht rund 25 m Länge.

Früh geschützt

Die Teufelsmauer wurde in der Vergangenheit gern als Rohstoffquelle genutzt. Der harte Sandstein lieferte gute Werksteine und die verwitterten Sande ließen sich als Baumaterial verwenden. Um die voranschreitende Zerstörung der Teufelsmauer zu beenden, wurde schon im Jahr 1833 das Steinebrechen und das Abgraben von Sand untersagt. Die Teufelsmauer ist damit eines der ältesten geschützten Geotope in Deutschland. Sie ist Teil des UNESCO-Geoparks Harz-Braunschweiger Land-Ostfalen.

VW

Weiterführende Informationen:
www.geopark-hblo.de

Literatur:
Fricke, U. (2023): Exkursionsführer Teufelsmauer. – Abh. Arb.-Gem. f. Karstkde. Harz, N.F. 12, 130 S.; Goslar.
Funkel, Chr. & George, K. (2013): Die „Teufelsmauer“ – eines der frühesten Schutzobjekte in Deutschland – älter als gedacht. – Naturschutz im Land Sachsen-Anhalt, 39, 50-53; Halle/S.
Wrede, V. (2008): Nördliche Harzrandstörung: Diskussionsbeiträge zu Tiefenstruktur, Zeitlichkeit und Kinematik. – Z. dt. Ges. Geowiss., 159, S. 293-316; Stuttgart.

29 Alligatoren und Urpferdchen aus dem Vulkanschlot – **Die Grube Messel bei Darmstadt (Hessen)**

Paläogen/Alt-Tertiär (66–23 Mio. Jahre)

Die Grube Messel liegt ca. 10 km westlich von Darmstadt. 1859 begann man hier Raseneisenerz abzubauen. Unter dem Erz lag „Ölschiefer", aus dem man durch Verschwelen Rohöl gewann. Schon 1876 wurde im Ölschiefer ein Alligatorenskelett gefunden. Regelmäßig kamen weitere Fossilien ans Licht. 1898 erschien die erste wissenschaftliche Publikation über die Grube Messel. Das Interesse an den Fossilfunden war dann so groß, dass die Rechte an solchen Funden 1912 an das Großherzogliche Landesmuseum Darmstadt vergeben wurden. Die Organisation des Ölschieferabbaus wechselte mehrfach, bis 1959 der schwedische Ytong-Konzern die Ölschieferverschwelung übernahm und aus den Schwelabfällen Gasbeton herstellte. Da aber das Verschwelen immer unrentabler wurde, hat man 1962 den großindustriellen Betrieb ganz eingestellt. Der Ölschiefer wurde nun nur noch in Kleinmengen abgebaut.

Fossilien wichtiger als Müllentsorgung

Bereits zu dieser Zeit war geplant, die kaum mehr produktive Grube zukünftig als Mülldeponie zu nutzen. Private Fossiliensammler brachten nach der Stilllegung einzigartige Funde ans Tageslicht, wodurch die große wissenschaftliche Bedeutung der Fundstelle immer deutlicher

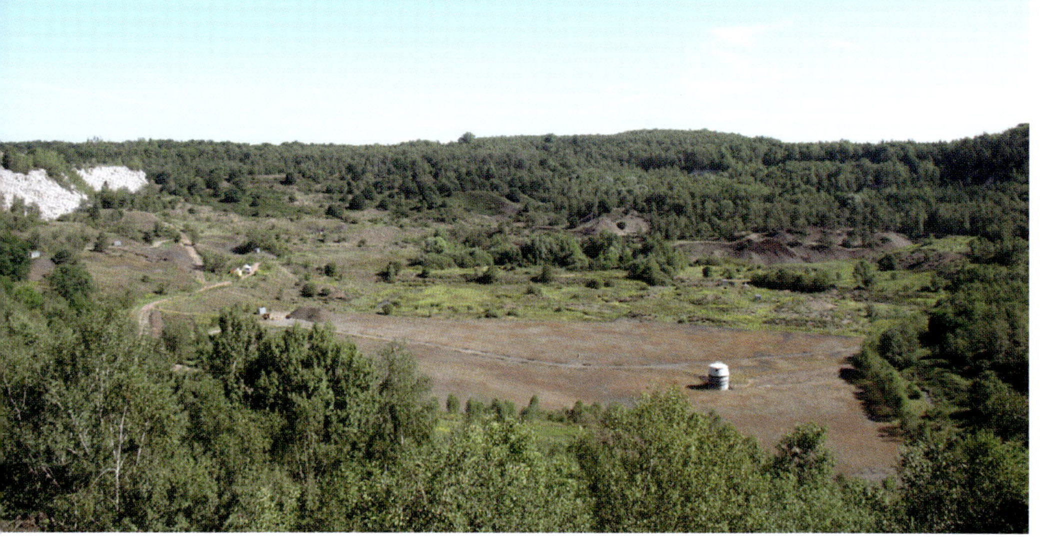

Abb. 1 Blick von der Aussichtsplattform beim Besucherzentrum in die Grube Messel.

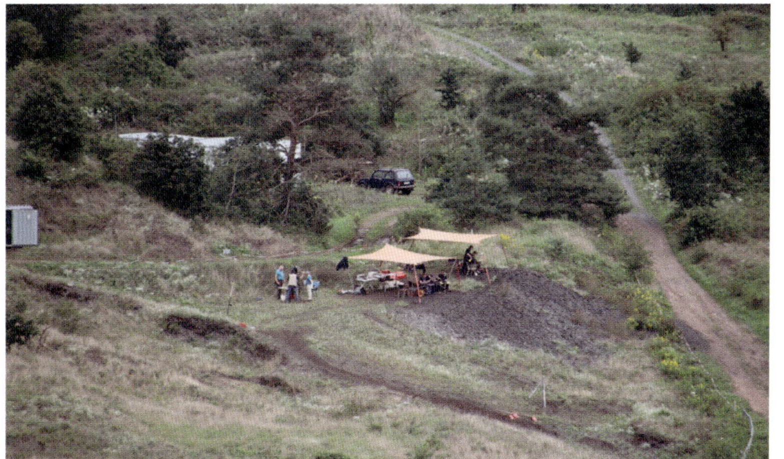

Abb. 2 Die Senckenbergische Naturforschende Gesellschaft und das Hessische Landesmuseum Darmstadt führen regelmäßig Ausgrabungen in der Grube Messel durch.

wurde. Nach vielen langen Protesten wurde 1988 der Deponieplan eingestellt. Das Land Hessen kaufte die Grube 1991 und übertrug sie zu wissenschaftlichen Zwecken der Senckenbergischen Naturforschenden Gesellschaft. 1995 wurde die Grube wegen der herausragenden Fossilfunde zum UNESCO-Welterbe erklärt.

Ein Schatz im Messelsee

Aus den weit verbreiteten Meeresablagerungen des Alttertiärs sind Unmengen von Tierresten bekannt. Terrestrische Ablagerungen sind dagegen selten. Der ca. 48 Millionen Jahre alte Messeler Ölschiefer ist so ein extremer „Zufall“, bei dem landlebende Wirbeltiere im Verlauf von ca. 1,5 Millionen Jahren dem irdischen Stoffkreislauf z. T. entzogen wurden.

Abb. 3 Die häufigsten Wirbeltierfunde aus dem Ölschiefer der Grube Messel stammen von Fischen, bspw. vom Knochenhecht (*Atractosteus messelensis*).

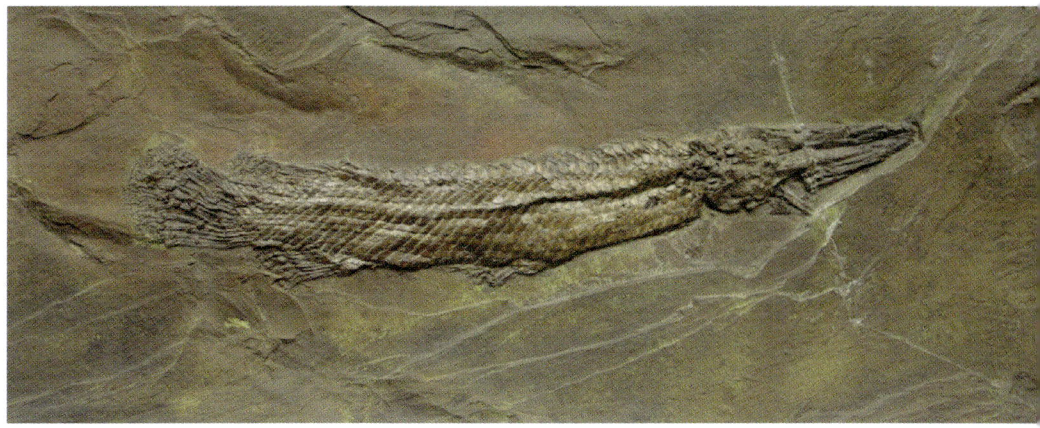

Infolge der Alpenentstehung senkte sich der Oberrheingraben ab und die Schwarzwald-Odenwaldscholle hob sich. Gleichzeitig entstanden durch tief reichende Störungen vulkanische Herde. Ein solcher Herd verursachte bei Kontakt mit Grundwasser eine gigantische Dampfexplosion, die einen Krater (ein Maar) in das Gelände des nördlichen Odenwaldes sprengte. Bohrungen belegen, dass der Sprengtrichter unten mit Brekzien verfüllt und von (datierten) Basaltgängen durchzogen ist. Darüber bildete sich ein von Leben wimmelnder, ca. 150 m tiefer See. Wegen seines kleinen Durchmessers und des herrschenden tropischen Klimas fand keine Durchmischung der Wassersäule statt. Am Seeboden bildete sich ein sauerstofffreies Milieu. Pflanzen und Tiere, die dort zu liegen kamen, wurden von Ton- und Algenmassen eingebettet und blieben als Skelett, manchmal sogar mit Weichteilabbildung, Mageninhalt und Federn erhalten.

Etwa 80 % der organischen Bestandteile des Ölschiefers stammen von Algen, von denen die Art *Tetraedron minimum* die häufigste war. Landpflanzen lieferten 19 % und nur 1 % kommt von Tieren.

Von den 40 bisher in Messel gefundenen Säugetierarten (aus 30! Gattungen) sind wohl die „Urpferde", *Propalaeotherium* und *Eurohippus*,

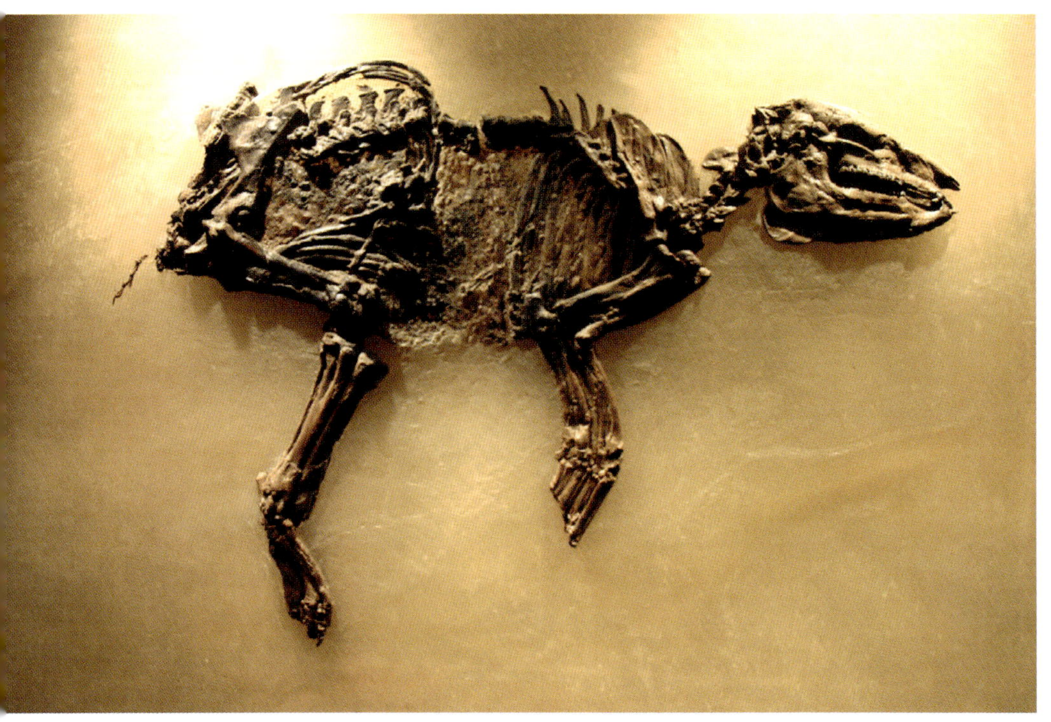

Abb. 4
Zu den bekanntesten und spektakulärsten Funden der Gruben gehören die Urpferdskelette, wie z. B. von *Eurohippus parvulus*.

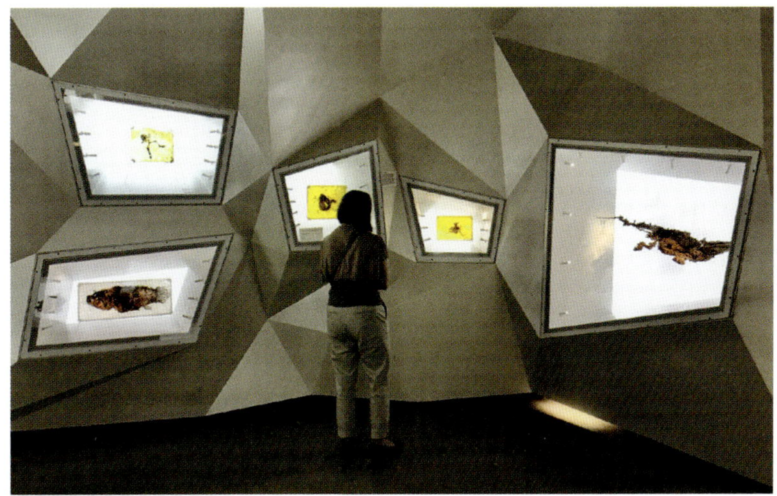

Abb. 5
Das Besucherzentrum an der Grube Messel bietet vielfältige geologische Informationen zur Grube und zeigt auch außergewöhnliche Originalfunde aus dem Ölschiefer.

am bekanntesten. Die häufigsten Wirbeltierfossilien sind Fische. Amphibien und Reptilien sind schon wieder Raritäten. Fledermäuse, Vögel, Beuteltiere (!), Schuppentiere, Lemuren etc. noch mehr.

Die Grube Messel stellt ein einmaliges Fenster dar, durch das man Pflanzen und Tiere an Land und im Süßwasser Mitteleuropas aus dem Eozän vor ca. 48 Millionen Jahren kennenlernen kann. Ein Besucherzentrum an der Grube Messel sowie das Hessische Landesmuseum in Darmstadt und das Senckenberg Naturmuseum in Frankfurt zeigen ausgewählte Originalfunde aus der Grube. Das kleine Fossilien- und Heimatmuseum in Messel informiert auch über die Industriegeschichte. Über das Besucherzentrum – es ist auch Teil des UNESCO-Geoparks Bergstraße-Odenwald und dessen nördliches Eingangstor – werden regelmäßig Führungen in die Grube angeboten.

RD

Weiterführende Informationen:
www.geo-naturpark.de
www.grube-messel.de
www.hlmd.de
www.messelmuseum.de
https://museumfrankfurt.senckenberg.de

Literatur:
Schaal, S. F. K., Smith, K. T. & Habersetzer, J. (2018): Messel – Ein fossiles Tropenökosystem. – 355 S.; Stuttgart.

30 Mitten in der Dachrinne der Alpen – Die Molasse und das Naturmuseum Augsburg (Bayern)

Paläogen und Neogen/ Alt- und Jung-Tertiär (66–2,6 Mio. Jahre)

Augsburg liegt in einem Gebiet, dessen Untergrund auf die Alpenentstehung zurückgeht. Es handelt sich um die Molasse, die in Bayern am Alpennordrand vom Bodensee bis zur Salzach reicht. Die nördliche Grenze dieser Ablagerungen fällt in etwa mit der Donau-Linie zusammen. Trotz dieser weiten Verbreitung ist es nicht möglich, alle Varietäten der Molasse-Ablagerungen an einem Ort vereint zu finden. Das Naturmuseum Augsburg zeigt in seiner Ausstellung mit zahlreichen Funden sehr gut die verschiedenen Molasse-Welten und ist damit das beste Fenster in den Zeitraum von 40 Millionen bis vor 5 Millionen Jahren (Paläogen und Neogen).

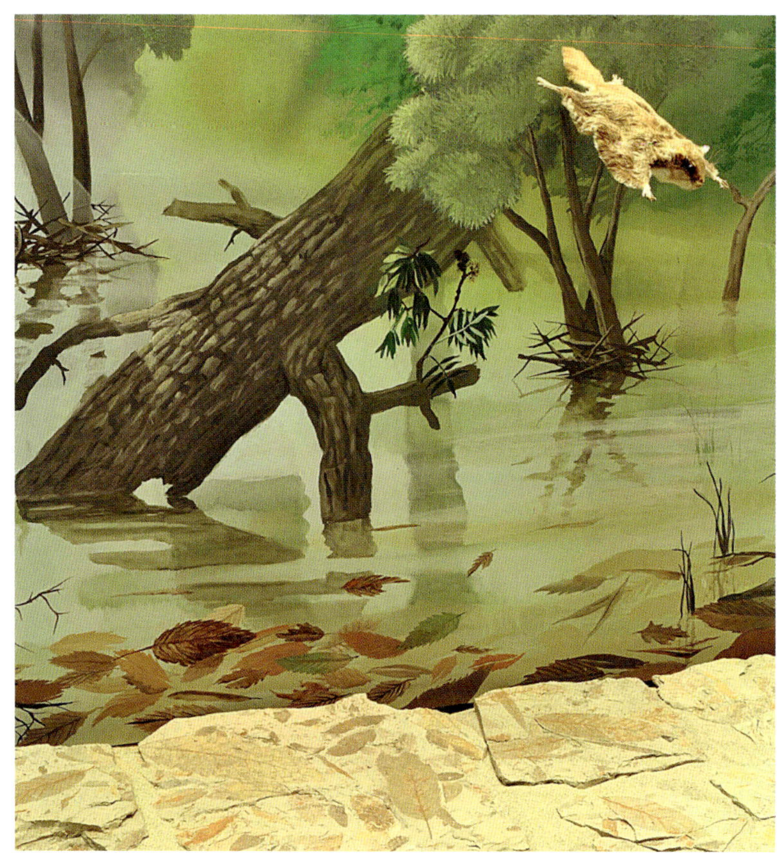

Abb. 1 Einblick in die Vitrine zum fossilen Auwald der Oberen Süßwasser-Molasse von Achldorf. Am Boden liegen Originale von Mergelplatten mit Blattabdrücken verschiedenster Bäume. Oben rechts ein Europäisches Gleithörnchen (*Pteromys volans*). Für die Fundregion sind vergleichbare Hörnchen (*Sciuridae*) aus dem Mittel-/Ober-Miozän nachgewiesen worden.

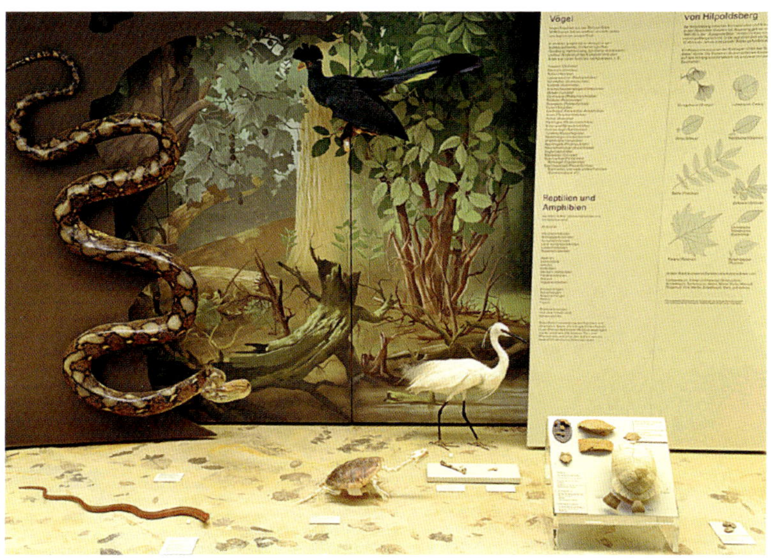

Abb. 2
Vitrine zum Fundort „Hilpoldsberger Auwald" aus der Oberen Süßwasser-Molasse. Hier sticht besonders die Bodenplatte dieser Vitrine heraus, die komplett aus einer Mergelschicht mit einer Vielzahl unterschiedlichster fossiler Blattabdrücke aus dem Mittel-Miozän besteht. Faunistisch stehen hier Fossilien von Vögeln und Reptilien im Vordergrund.

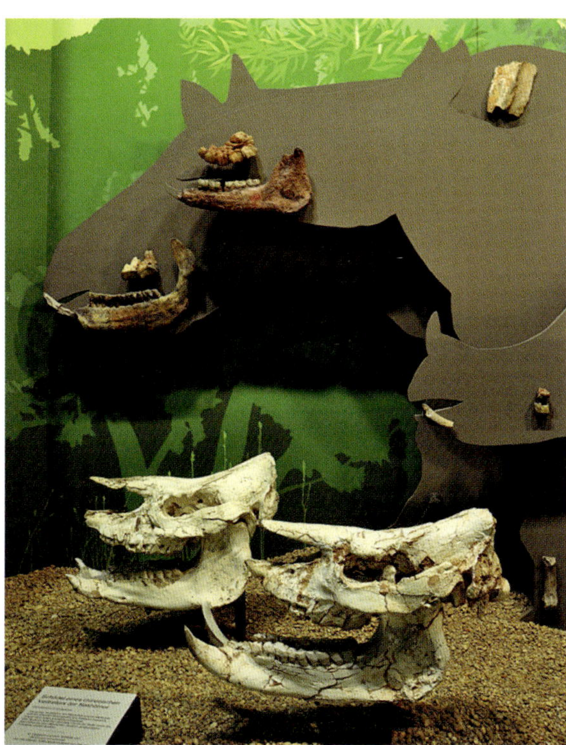

Abb. 3
In den Sand- und Mergelgruben der Oberen Süßwasser-Molasse fallen große Knochen leicht auf. Hier sind es v. a. Kieferteile verschiedener Nashörner aus dem Mittel-Miozän. Zum Vergleich unten zwei vollständige Schädel mit Unterkiefer von chinesischen Nashörnern aus der gleichen Zeitebene.

Wo Gebirge gebaut werden, fällt Schutt an

Gebirge entstehen dort, wo zwei oder mehrere Kontinente aufeinanderstoßen und die zwischen ihnen liegenden Gesteine und Ablagerungen eingeengt und übereinander geschoben werden. Dieser Vorgang findet zuerst unter Wasserbedeckung statt. Sobald sich diese Schubmassen über den Meeresspiegel erheben, werden die darüber liegenden Teile schon wieder abgetragen und der entstehende Schutt kommt zur Ablagerung. Der Schutt der „aufsteigenden Alpen" wird Molasse genannt.

Ein Einzeller als Molasse-Startschuss

Im Falle der Alpen begann die Ablagerung der nördlichen Vorland-Molasse vor ca. 40 Millionen Jahren, als der erste Schutt der aus dem Süden herannahenden Kalkalpenmassen in Form von Sand und dem Einzeller *Nummulites fabianii* auf den europäischen Schelf fiel. In der weiteren Folge sank der europäische Kontinentalrand langsam ab und es entwickelte sich entlang des weiter nordwärts wandernden Alpennordrands eine wassergefüllte Rinne, in welcher der Molasse-Schutt abgelagert wurde. Teils war diese Rinne mit Salzwasser gefüllt, teils war sie fast verlandet und bot Landlebewesen verschiedenste Lebensräume. Am Übergang zwischen Meer und Land existierte eine Brackwasserzone, in der sich die Pflanzenmassen ansammelten, aus denen sich die Oberbayerische Pechkohle bilden konnte. Der Nordrand dieses Ablagerungsbeckens wird heute in etwa durch den Verlauf der Donau nachgezeichnet.

Die Gebirgsbildung war in dieser Zeit stets aktiv und verursachte Hebungen und Senkungen des Untergrunds, sodass sich die Ablagerungs-

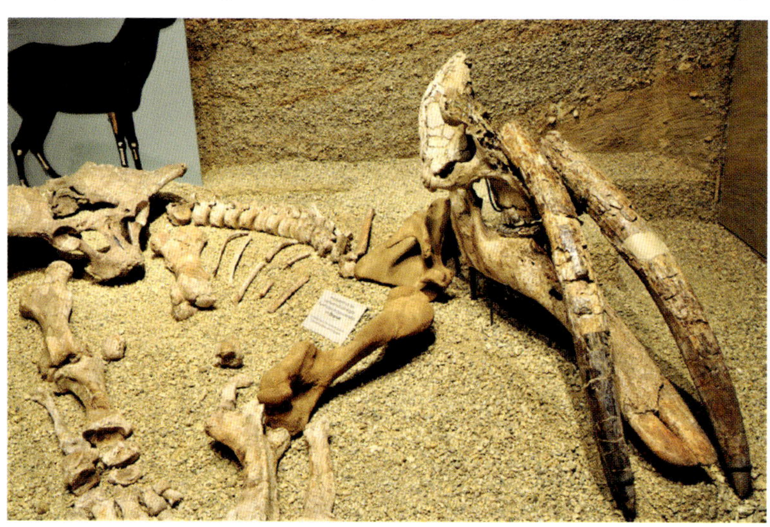

Abb. 4
Das weltweit vollständigste Skelett eines Schaufelzahnelefanten (*Archaeobelodon filholi*) aus einer Sand- und Kiesgrube der Oberen Süßwasser-Molasse bei Augsburg. Auch hier handelt es sich um ein Original-Fossil, nur Oberarmknochen und Schulterblatt sind Rekonstruktionen.

bereiche dauernd verlagerten und veränderten. Man unterscheidet daher Untere von Oberer Meeres-Molasse und eine Untere Süßwasser-Molasse von der Oberen. Erst im Miozän (23–ca. 5 Millionen Jahre) klang die Gebirgsbildung langsam ab und es breiteten sich die Sedimente der Oberen Süßwasser-Molasse über das gesamte Molassebecken aus.

Abb. 5
Fragment eines fossilen Unterkiefers des „Affen von Stätzling" (*Pliopithecus antiquus*) aus dem Mittel-Miozän. Dieser sehr seltene Fund belegt die Anwesenheit von Primaten in den Wäldern der Oberen Süßwasser-Molasse Süddeutschlands.

Seen, Sümpfe, Sandbänke – ein deutsches Amazonas-Becken

Die Ablagerungsräume der Oberen Süßwasser-Molasse waren durch ein kleinräumiges Mosaik unterschiedlichster Lebensräume gekennzeichnet. Die Flüsse aus den Alpen und den nördlich angrenzenden Hochgebieten waren die Lebensadern. Sie versorgten die Landschaft mit Wasser und brachten die Sedimente mit, in denen die verschiedensten Lebewesen bis heute eingeschlossen überliefert wurden. In den Auen der Flüsse befanden sich kleinere Seen, in denen sich toniges Material absetzte. Darin blieben sogar die sehr empfindlichen Blätter der Auwaldpflanzen und die filigranen Skelette von Reptilien und Kleinsäugern erhalten.

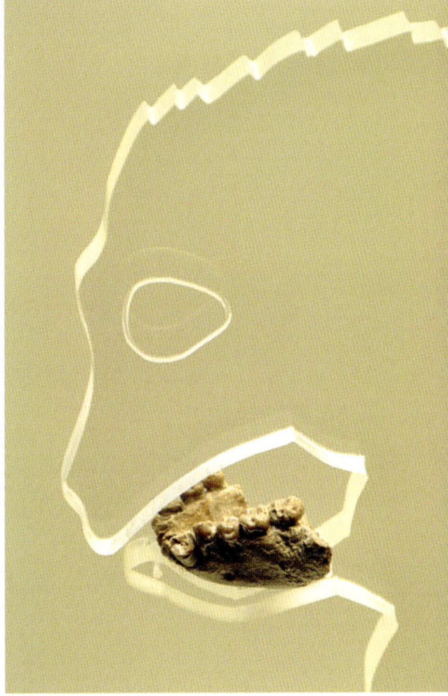

In Sand- und Kiesablagerungen findet man meist nur gröbere Reste. Hölzer wurden gelegentlich verkieselt. Es konnten dadurch sogar Palmen nachgewiesen werden. Unter den Tierresten sind Zähne und große Knochen am ehesten vertreten. Verwandte von Nashörnern und Elefanten sind daher schon seit längerem bekannt. Zusammengehörige Teilskelette oder gar vollständige Skelette gehören aber zu den großen Seltenheiten. Noch seltener sind Reste von Primaten. Aber auch davon gibt es Funde.

Wer einzelnen Molasse-Zeugnissen lieber in der Natur begegnen möchte, der könnte in Bayern z. B. die Molasse-Wand von Seltmanns bei Weitnau im Landkreis Oberallgäu oder den Molasse-Eistobel bei Grünenbach im Allgäu (Landkreis Lindau) besuchen.

RD

Weiterführende Informationen:
www.augsburg.de/kultur/museen-galerien/naturmuseum
www.eistobel.de

Literatur:
Lemcke, K. (1988): Geologie von Bayern I. Das bayerische Alpenvorland vor der Eiszeit. Erdgeschichte, Bau, Bodenschätze. – 175 S.; Stuttgart.

31 Das größte Loch Europas – **Alte Moorwälder und das Rheinische Braunkohlenrevier bei Jülich (Nordrhein-Westfalen)**

Neogen/Jung-Tertiär (23–2,6 Mio. Jahre)

Die Braunkohlentagebaue im Rheinischen Revier sind die größten künstlichen Aufschlüsse in Deutschland. Sie öffnen ein Fenster in die Moorwälder vor 20 Millionen Jahren.

Energie aus dem Untergrund – Nutzen und Probleme

Im Gebiet zwischen Köln, Aachen und Mönchengladbach künden die Dampffahnen riesiger Kraftwerke schon von weitem davon, dass hier im großen Maßstab elektrische Energie gewonnen wird.

Grundlage dafür sind die im Neogen (Jung-Tertiär) entstandenen Braunkohlevorkommen der Niederrheinischen Bucht. So dringend das Industrieland Deutschland noch immer auf diese Energie angewiesen ist, so umstritten sind Abbau und Verbrennung der Braunkohle. Beim Abbau der Kohle gestaltet der Mensch die Landschaft völlig um. In der

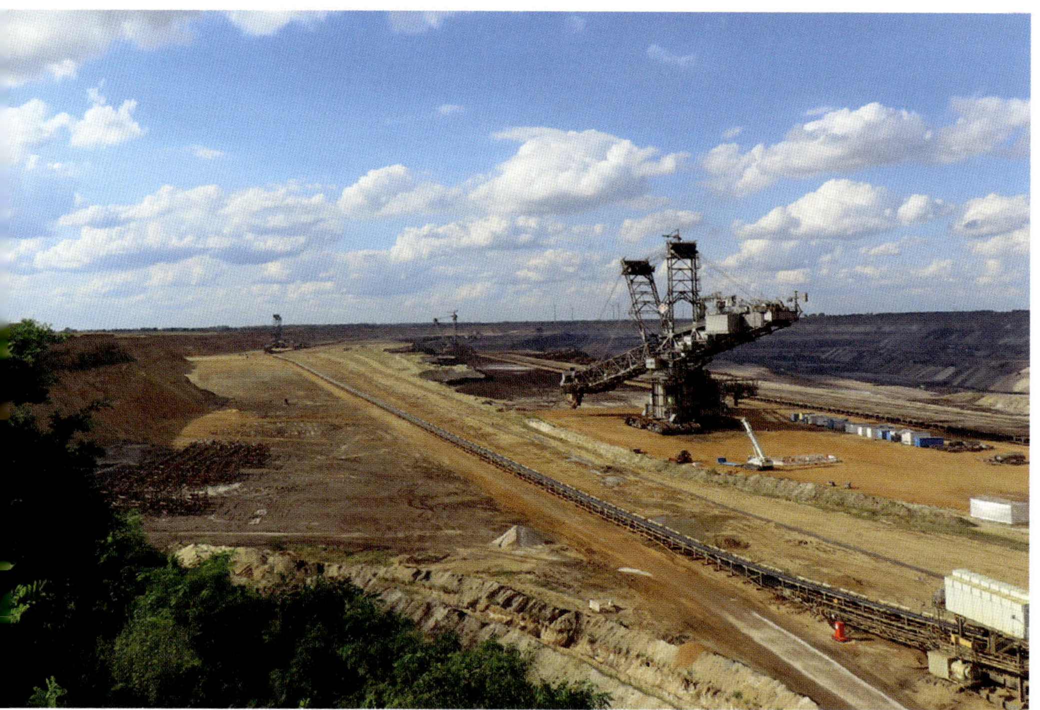

Abb. 1 Tagebau Garzweiler – einer der Braunkohletagebaue im Rheinischen Revier.

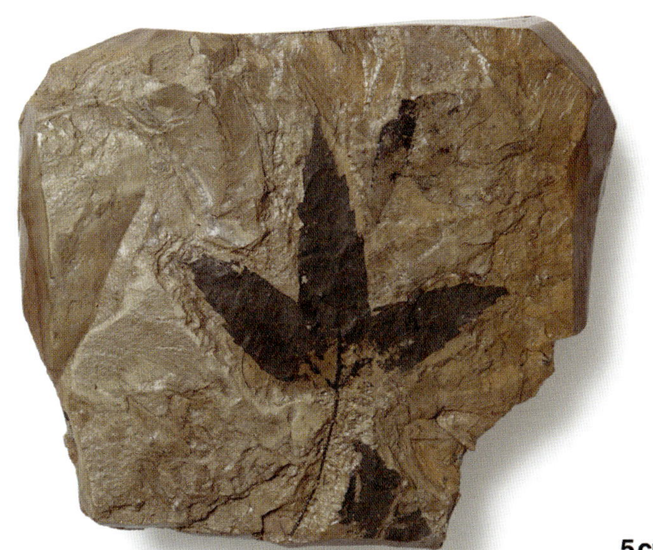

Abb. 2
Ahornblatt (*Acer tricuspidatum*), unteres Miozän, Horizont 5; Tagebau Frechen (Ruhrmuseum Essen, Slg. Nr. 551.782.130, A 0365).

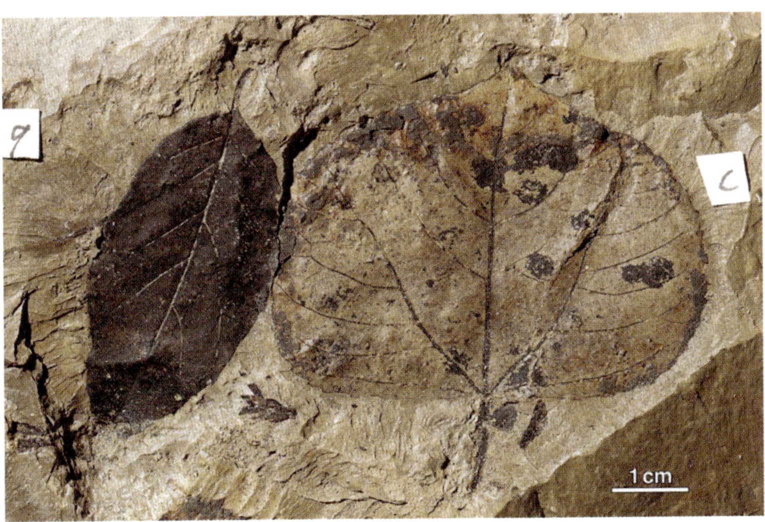

Abb. 3
Buchen- und Pappelblatt (b: *Fagus menzelii*; c: *Populus balsamoides*), unteres Miozän, Horizont 5; Tagebau Frechen (Ruhrmuseum Essen, Slg. Nr. 551.782.130, A 0601b).

weiten Ebene der Landschaft öffnen sich riesige Tagebaue und erheben sich, aufgeschüttet aus dem Abraum der Tagebaue, bis zu 150 m hohe künstliche Hügel und Berge.

Auf den verfüllten Tagebauflächen entstehen neue Landschaften mit Ackerbauflächen, Wäldern und Gewässern. Ortschaften werden abgerissen, die Bewohner an andere, neu gebaute Orte umgesiedelt. Es ist unausweichlich, dass mit derartig massiven Eingriffen in Natur, Landschaft und Sozialgefüge viele Fragen und Probleme verbunden sind, deren Lösung eine große Herausforderung für alle Beteiligten darstellt. Zusätzlich hat jetzt die Notwendigkeit, angesichts des Klimawandels den Ausstoß von CO_2 durch die Verbrennung fossiler Energieträger zu minimieren, zur Entscheidung geführt, den Braunkohlebergbau im Rheinischen Revier möglichst bis zum Jahr 2030 zu beenden. Bis dahin werden die Tagebaue Inden bei Eschweiler, Garzweiler und Hambach noch rund 100 Millionen Tonnen Kohle im Jahr liefern. Danach werden die Restlöcher allmählich geflutet, sodass sich nach einigen Jahrzehnten große Binnenseen bilden.

„Ein-Blick" 20 Millionen Jahre zurück

Der Tagebau Hambach ist der größte Tagebau in Europa. Er erschließt auf ca. 5 km Länge und bis zu annähernd 400 m Tiefe ein lückenloses Profil der gesamten Schichtenfolge, die während der letzten knapp 20 Millionen Jahre in der Niederrheinischen Bucht abgelagert wurde. Es umfasst das Quartär, das Pliozän und den größten Teil des Miozäns (Neogen/Jung-Tertiär). Die Basis dieser Schichtenfolge bildet das stellenweise fast 100 m mächtige Hauptflöz der Braunkohlenlagerstätte, das in Moorwäldern des Miozäns entstand. Darüber, und sich z. T. mit der Kohle verzahnend, liegen Ton, Sand und Kies als Ablagerungen von großen Flüssen, die von Süden her in die heutige Niederrheinische Bucht strömten. Von Norden her, aus der Nordsee, stieß immer wieder auch das Meer bis in diesen Raum vor und hinterließ feinkörnigen Meeressand. Durch die teilweise hervorragend erhaltenen Fossilien aus diesen verschiedenartigen Ablagerungen erhalten wir einen Einblick in die damalige Lebenswelt. Die Wälder, aus denen die Braunkohle sich entwickelte, ähnelten denen, die heute bspw. in den USA an der Küste des Golfs von Mexiko wachsen, und auch das Tierleben im Meer deutet ein wärmeres Klima als heute an. Typische Bäume waren z. B. Sumpfzypressen, Sequoien und Ginkgos, aber auch uns heute aus Europa vertraute Arten.

Abb. 4 Kiefernzapfen (*Pinus urani*), Ober-Miozän, Horizont 7 (Inden-Formation); FO: Tagebau Zukunft-West, Eschweiler (Ruhrmuseum Essen; Slg. Nr. 551.782.130, A 091).

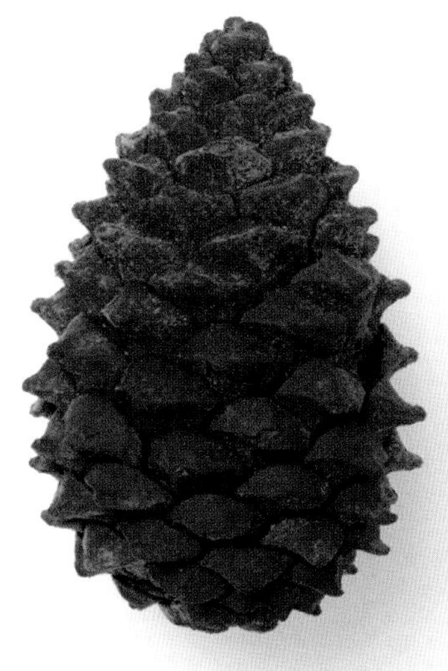

Ursache für die Anhäufung der Sedimentmengen in der Niederrheinischen Bucht ist ihr über lange Zeit anhaltendes grabenartiges Einsinken. Große Störungen grenzen die einzelnen Gebirgsschollen voneinander ab. An ihnen finden bis heute Bewegungen statt, wie die verhältnismäßig häufigen Erdbeben in diesem Gebiet anzeigen.

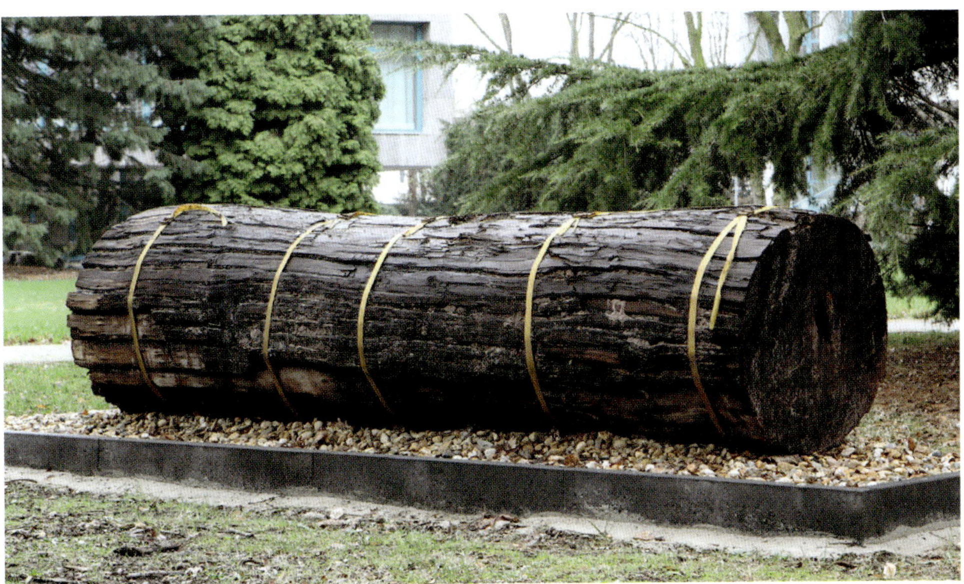

Abb. 5
3 m langes Stammstück einer Sumpfzypresse (*Taxodioxylon germanicum*) aus dem Miozän, gefunden im Tagebau Garzweiler. Der Baum war nach Jahrringen 500 Jahre alt. Das Exponat befindet sich im Geologischen Dienst NRW in Krefeld.

Bergbau für Besucher

Die Tagebaue sind über verschiedene mit Informationstafeln versehene Aussichtspunkte, Besucherzentren und regelmäßig angebotene Tagebaubefahrungen auch der Öffentlichkeit zugänglich.

Im RWE-Besucherzentrum Schloss Paffendorf in Bergheim informiert eine Ausstellung über das Braunkohlenrevier. Der Schlosspark wurde in Anlehnung an die Vegetation des Tertiärs umgestaltet, die sich auf einem Forstlehrpfad erkunden lässt.

VW

Weiterführende Informationen:
www.rwe.com/nachbarschaft/rwe-erleben

Literatur:

Geologisches Landesamt NRW (1958): Die Niederrheinische Braukohlenformation. – Fortschritte in der Geologie von Rheinland und Westfalen, Bde. 1–2, 764 S.; Krefeld.
Geologisches Landesamt NRW (1981): Geologie und Lagerstättenerkundung im Rheinischen Braunkohlenrevier. – Fortschritte in der Geologie von Rheinland und Westfalen, Bd. 29, 575 S.; Krefeld.
Teichmüller, M. (1991): Rekonstruktionen verschiedener Moortypen des Hauptflözes der niederrheinischen Braunkohle. – 31 S.; Krefeld.

32 Geformt durch einen Asteroideneinschlag – **Nördlingen und das Ries (Bayern)**

Neogen/Jung-Tertiär (23–2,6 Mio. Jahre)

Das Nördlinger Ries ist aufgrund seiner Entstehung eine einzigartige Landschaftsform. Mit einem Durchmesser von 24 km und bis zu 150 m hohen Kraterwänden handelt es sich um den am besten erhaltenen Meteoritenkrater in Europa. Der Einschlag fand vor 14,6 Millionen Jahren statt.

Einschlagsereignisse

Der Asteroid mit 1 km Durchmesser tauchte mit einer Geschwindigkeit von ca. 20 km/s in die Erdatmosphäre ein. Der Aufschlag erfolgte ungebremst eine Millisekunde später. Vom Aufschlagspunkt aus breiteten sich sowohl durch den Untergrund wie auch durch den Meteoriten selbst Stoßwellen aus. Mit Überschallgeschwindigkeit drang der Einschlagskörper noch in der ersten Sekunde etwa 1.000 m in die Erdkruste ein. Sämtliches Gestein im direkten Umfeld des Einschlages wurde stark zusammengedrückt und verdampfte dann schlagartig durch Druckentlastung. Im Einschlagszentrum herrschten Temperaturen von bis zu 30.000°C und ein Druck von mehreren 1.000 Kilobar.

In den nächsten Sekunden kam es zum Auswurf großer Gesteinsmengen. Je nachdem, welchen Druck- und Temperaturbedingungen das Ge-

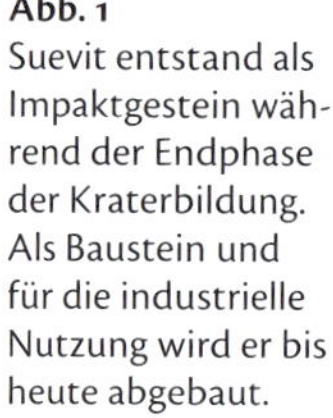

Abb. 1
Suevit entstand als Impaktgestein während der Endphase der Kraterbildung. Als Baustein und für die industrielle Nutzung wird er bis heute abgebaut.

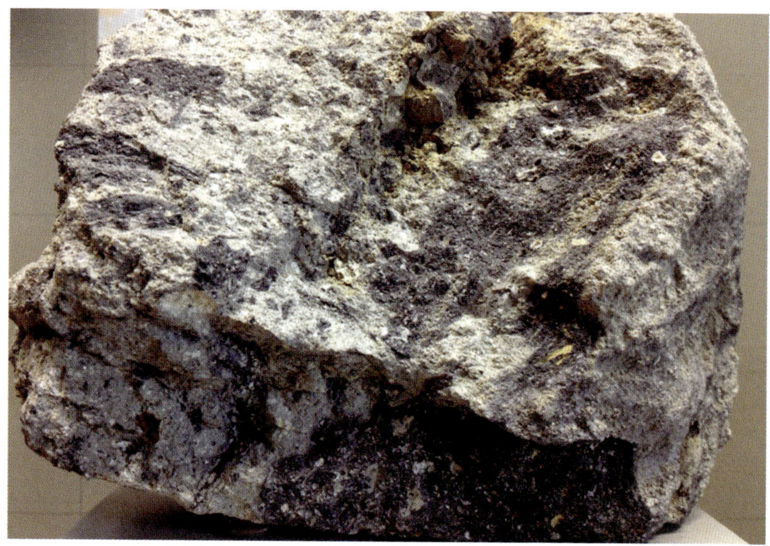

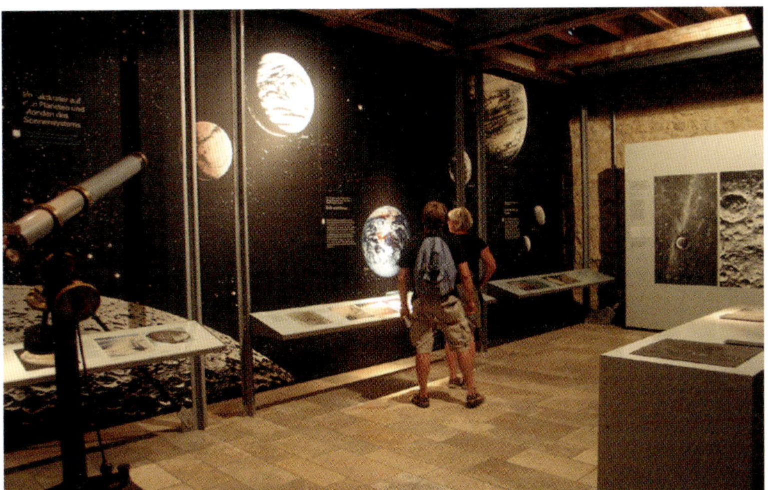

Abb. 2
Das RiesKraterMuseum in Nördlingen bietet einen umfassenden Einblick in die Entstehungs- und Erdgeschichte des Rieses.

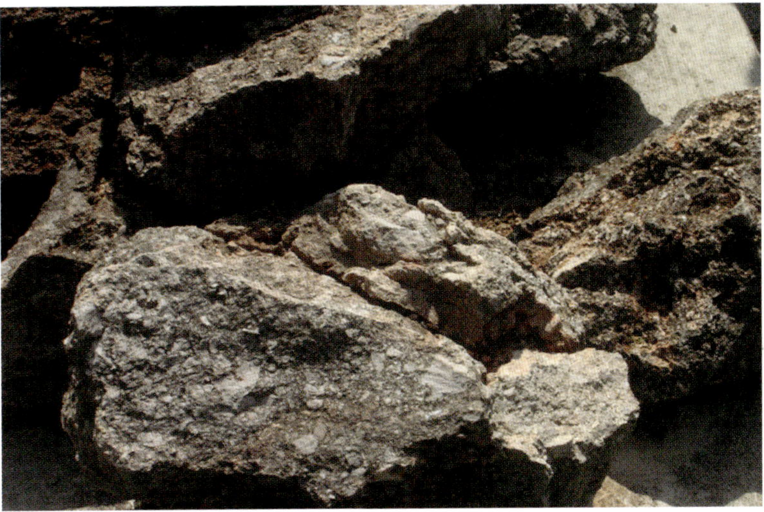

Abb. 3
„Bunte Trümmermassen" im GeoGarten des RiesKraterMuseums. Es ist ein Impaktgestein, das überwiegend aus zerrütteten Gesteinen des Deckgebirges besteht und keine Schmelzprodukte enthält.

stein seitlich und unter dem Krater dabei ausgesetzt war, entstanden durch Zertrümmerung und Aufschmelzung neue, sog. Impaktgesteine.

Zum einen sind dies die „Bunten Trümmermassen". Dieses Gesteinsgemenge besteht überwiegend aus zerrüttetem Deckgebirge und enthält keine Schmelzprodukte. Es wird aus dem sich schnell erweiternden Krater herausgeschleudert und bedeckt in bis zu 50 km Entfernung und mit einer Mächtigkeit von bis zu 100 m die Landschaft. Zum anderen ist es der „Suevit", eine Mischung aus Grundgebirgsmaterial und aufgeschmolzenen Komponenten. Suevit wurde nicht ausgeschleudert, sondern stieg in seinen Komponenten als verdampftes Material in einer bis zu 30 km hohen Eruptionssäule in die Atmosphäre auf.

In der ersten Einschlagsminute war ein 4 km tiefer Krater mit 13 km Durchmesser entstanden. Dieser Primärkrater war jedoch nicht stabil. Von den steilen Kraterrändern brachen große Gesteinsschollen in Richtung Kratermitte ab, sodass sich der Durchmesser schnell auf etwa 24 km erweiterte. Durch Rückfederbewegungen des stark komprimierten Grundgebirges und Abgleiten von Randschollen erhöhte sich der Kraterboden von 1.000 auf 500 m Tiefe.

Wenige Minuten nach dem Einschlag wurde die über dem Krater stehende Suevit-Eruptionssäule instabil und brach zusammen. Heiße „Suevitwolken" breiteten sich rasend schnell in der weiteren Umgebung aus. Die großflächig abgelagerten „Bunten Trümmermassen" wurden nun von Suevit überlagert. Dieser füllte auch den Krater um mehrere 100 m auf. Letzte Ausgleichsbewegungen im Untergrund bilden den Abschluss der Kraterbildung.

Auch weiter entfernt hatte das Ries-Ereignis große Auswirkungen. Im Umkreis von über 100 km wurde alles Leben vernichtet und noch in 500 km Entfernung gab es deutlich spürbare Erdbeben.

Nach dem Impaktgeschehen bildete sich, gespeist durch Niederschläge, im abflusslosen Krater über längere Zeit hinweg ein See. Zuerst war

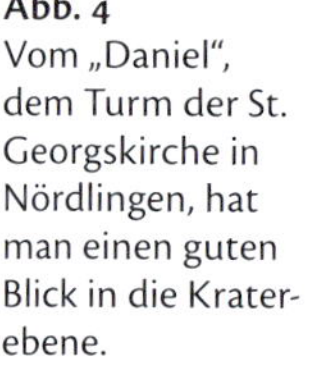

Abb. 4
Vom „Daniel", dem Turm der St. Georgskirche in Nördlingen, hat man einen guten Blick in die Kraterebene.

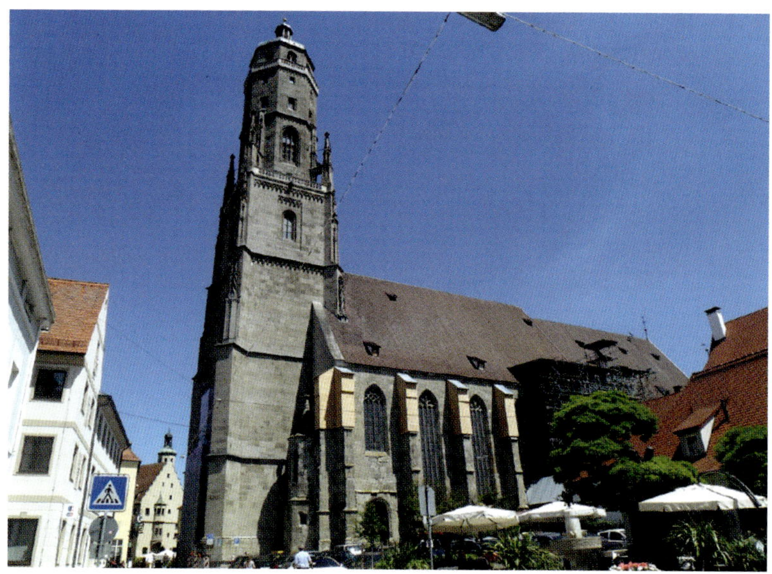

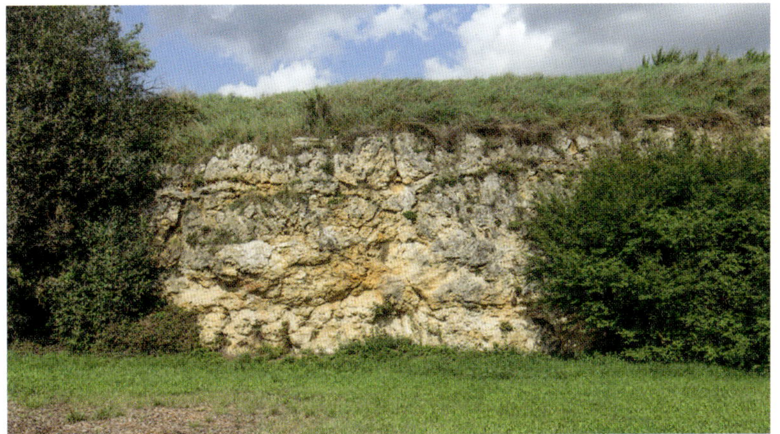

Abb. 5 Riesseekalke, hier am Büschelberg bei Hainsfarth, wurden im gut durchlichteten Flachwasser im Randbereich und auf Untiefen des ehemaligen Frischwasser-Kratersees abgelagert.

der Riessee ein Salzsee mit artenarmer Fauna, später ein artenreicherer Frischwassersee. Vor etwa 5 Millionen Jahren endete die Seezeit durch Verlandung. Die Kraterhohlform war völlig aufgefüllt. Im Laufe des Quartärs wurde der Krater durch Oberflächenabtrag dann wieder freigelegt.

Entdeckungsmöglichkeiten

Bester Startpunkt für eine Rieserkundung ist das RiesKraterMuseum in Nördlingen. Es bietet anschaulich die Möglichkeit, sich in vielfältiger Weise mit dem Ries-Ereignis und dessen Spuren in der Landschaft zu beschäftigen. Über den seit 2006 bestehenden UNESCO Global Geopark-Ries und sein Infozentrum in Nördlingen gibt es weitere Hinweise und Infomaterial zu Lehrpfaden und Geotopen, z. B. dem Suevit-Steinbruch von Otting oder dem Riesseekalksteinbruch bei Hainsfarth. Wer einen guten Rundumblick über die Kraterebene haben möchte, der sollte auf den Turm der St. Georgskirche in Nördlingen steigen.

WR

Weiterführende Informationen:
www.geopark-ries.de
www.rieskrater-museum.de

Literatur:

Hüttner, R. & Schmidt-Kaler, H. (2015): Meteoritenkrater Nördlinger Ries. – Wanderungen in die Erdgeschichte, Bd. 10, 160 S.; München.

Pösges, G. & Schieber, M. (2009): Das Rieskrater-Museum Nördlingen. – Museumsführer, 112 S.; München.

Rosendahl, W. & Schieber, M. (2009): Der Stein der Schwaben. Natur- und Kulturgeschichte des Suevits. – 60 S.; Stuttgart.

33 Aus kalten und warmen Zeiten – **Der Muskauer Faltenbogen und das Mammut von Klinge (Sachsen und Brandenburg)**

Quartär
(2,6 Mio. Jahre bis heute)

Der Muskauer Faltenbogen liegt im Dreiländereck von Land Brandenburg, Freistaat Sachsen und Polen. Die Lausitzer Neiße teilt den Faltenbogen als Grenzfluss in zwei Teile. Seine Fläche umfasst 250 km², davon 170 km² auf deutscher Seite.

Diese geologische Struktur ist eine durch Gletschereinfluss überprägte Schichtenabfolge des Neogens. Im Zeitraum von vor 27 bis 5 Millionen Jahren wurde die Gegend immer wieder bis zu den Karpaten von der Paläo-Nordsee überflutet, welche direkt auf Ablagerungen der Kreidezeit die bis zu 250 m mächtige tertiäre Schichtenfolge aus Sanden, Schluffen, Tonen und Braunkohlen ablagerte. Die Braunkohlen sind die Reste von Mooren in den Randbereichen der alten Nordsee.

Vor ca. 2,6 Millionen Jahren begann sich das Klima abzukühlen, womit das Quartäre Eiszeitalter begann. In der Folgezeit kam es zu einem mehrfachen Wechsel von Kalt- und Warmzeiten. Während der Kaltzeiten stießen die Gletscher des Skandinavischen Inlandeises von Nordeuropa teilweise bis an den Rand des Harzes und sogar bis an den Niederrhein vor.

Gletscher pressen Braunkohle ans Tageslicht

Während der Elster-Kaltzeit vor ca. 350.000 Jahren schob sich erneut ein Eiskörper des nordischen Inlandeises in das Gebiet des heutigen Muskauer Faltenbogens. Die ca. 500 m mächtige Eismasse „sackte“ in die praktisch unverfestigten Ablagerungen der Paläo-Nordsee ein. Weite Teile dieser Schichtfolge wurden dadurch verdrängt, steilgestellt und

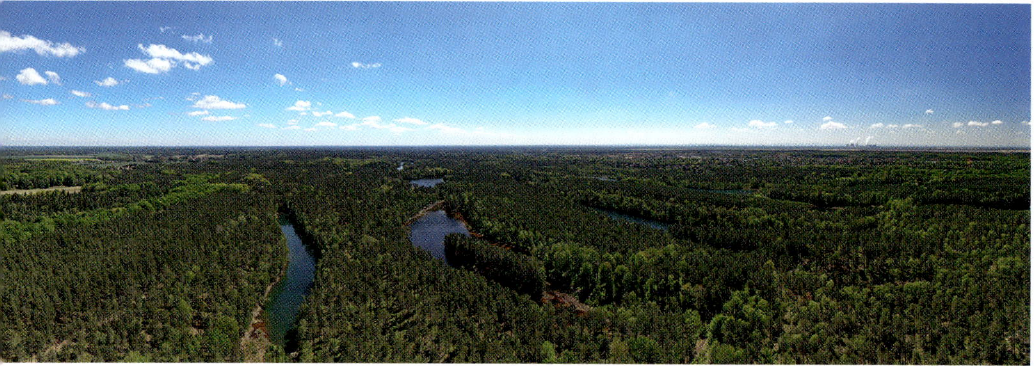

Abb. 1 Luftbildpanorama der von Wasser aufgefüllten Bergbaurestlöcher zwischen Kromlau und Gablenz. Diese Seen zeichnen die vom Gletscherdruck steil gestellten und von der Oberfläche her abgebauten Kohleflöze des Muskauer Faltenbogens nach.

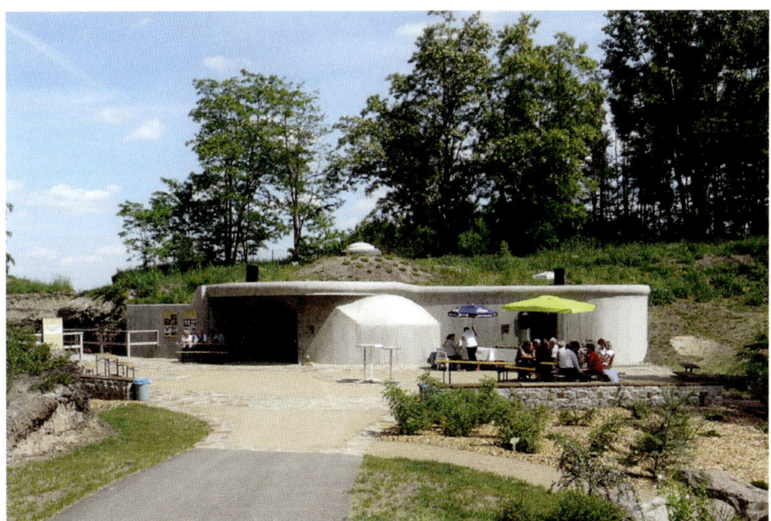

Abb. 2
Freilichtmuseum „Zeitsprung“: Der gesellschaftlich nutzbare Bereich vor dem Kuppelbau, in dem ein sehr freier Nachbau des Klinger Mammuts – mit Kalb – zu sehen ist.

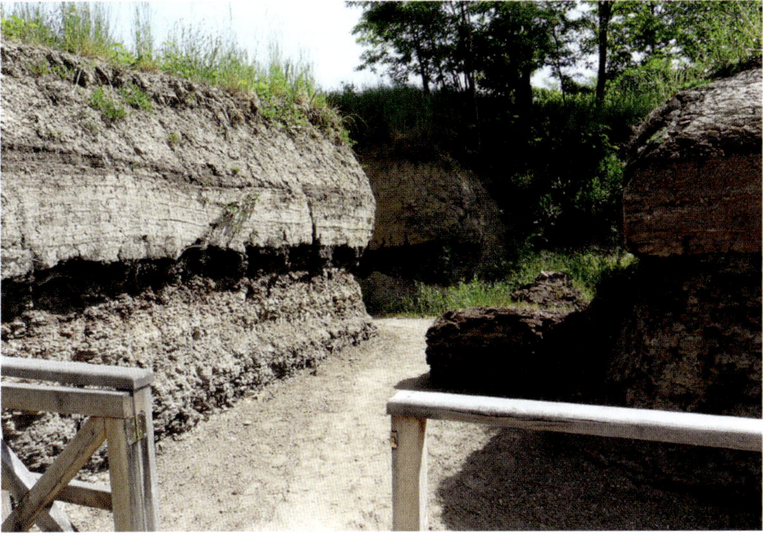

Abb. 3
Ein Teil des über 20 m langen und 3 m hohen Eem-Interglazialprofils von Klinge. Eine geologische Rarität ersten Ranges. Nicht nur wegen des langen Aufschlusses, der ständig gepflegt werden muss.

oft sogar zerrissen und aufeinander gestapelt. Durch dieses Einsacken formte sich in der Landschaftsoberfläche eine große U-Form, die auch von den verschiedenen Schichten, insbesondere von den Braunkohleflözen nachgezeichnet wird. Diese Struktur wurde nach der ca. 20.000 Jahre dauernden Holstein-Warmzeit vor ca. 180.000 Jahren nochmals vom Gletscher der Saale-Kaltzeit überfahren und eingeebnet. Seit dieser Zeit verwittert die Braunkohle durch Oxidation von der Erdoberfläche her weg. Dadurch entstanden und entstehen die den Verlauf der Kohleflöze anzeigenden, langgestreckten Senken, heute wassergefüllt, die als Gieser bezeichnet werden.

Nach der Eiszeit waren die Kohleflöze an der Erdoberfläche leicht zugänglich und ermöglichten im 19. und 20. Jh. den Braunkohlebergbau. Zuerst im Tagebau und später auch untertage. Die heutige Bergbaufolgelandschaft ist seit 2003 Nationaler Geopark, seit 2011 Globaler Geopark und seit 2015 UNESCO-Geopark.

Das erste und kleinste Mammutskelett in Deutschland

Im Nordwesten des Muskauer Faltenbogens liegt bei Klinge (OT von Gemeinde Wiesengrund, ca. 12 km östlich Cottbus) ein Ton- und Torftagebaugebiet. Hier wurden immer wieder Knochen von eiszeitlichen Tieren gefunden. 1903 wurde in einer Torfschicht das Skelett einer Mammutkuh mit ca. 2,75 m Schulterhöhe entdeckt: das erste weitgehend vollständig erhaltene Mammutskelett in Deutschland. Dieser bemerkenswerte Fund wurde erst 1996 umfassend wissenschaftlich bearbeitet, wobei man feststellte, dass dieses Mammut seine letzten Backenzähne nicht ausgebildet hatte. Trotzdem weisen die Zähne der

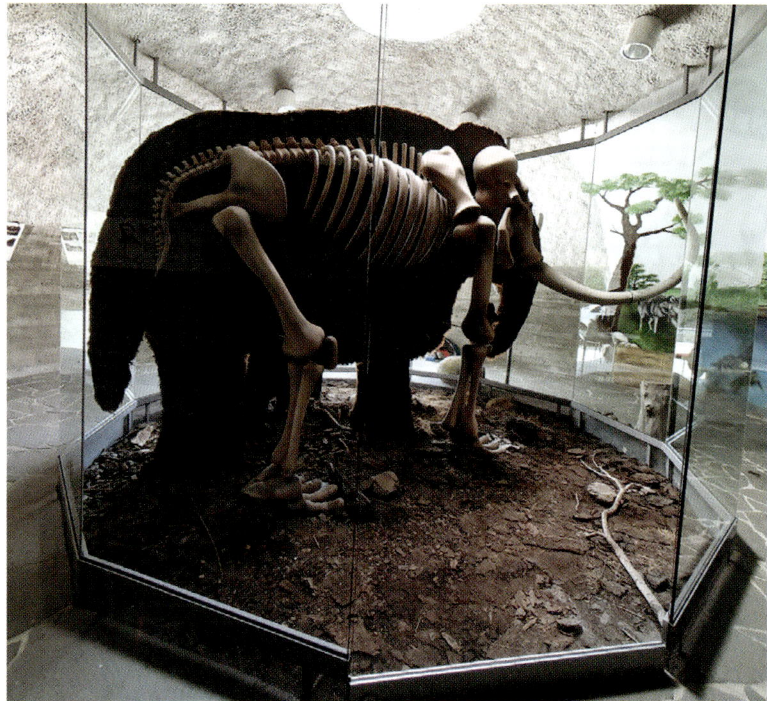

Abb. 4
Die Inszenierung des Klinger Mammuts im Kuppelbau des Freilichtmuseums „Zeitsprung".

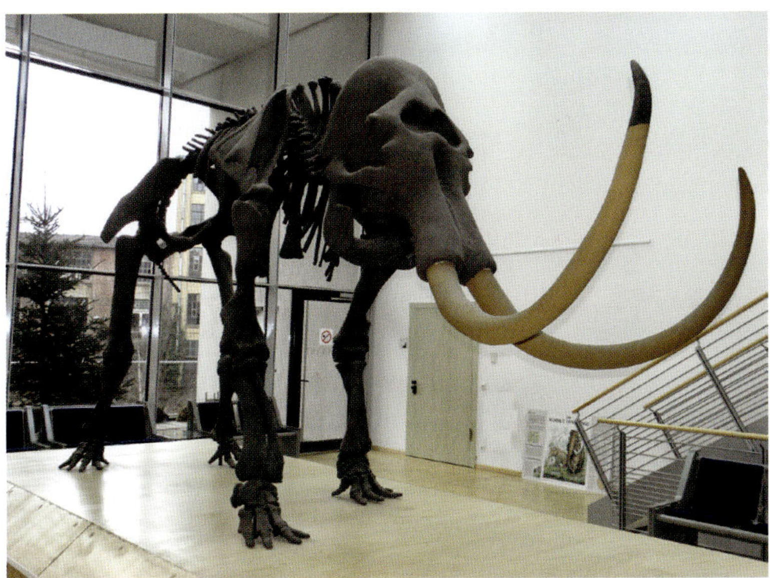

Abb. 5
Eine Skelettmontage des Mammuts von Klinge aus Fundkopien und Ergänzungen ist im Kreishaus des Landkreises Spree-Neiße in Forst (Lausitz) ausgestellt. Die Knochenoriginale befinden sich im Museum für Naturkunde in Berlin.

Mammutkuh auf ein individuelles Alter von 45 bis 50 Jahren hin. Typische Pflanzenreste in der Fundschicht belegen, dass sich der Torf während der Eem-Warmzeit (130.000–116.000 Jahre) bildete. Mammute waren also nicht nur während Kaltzeiten in Europa heimisch, sondern auch in Warmzeiten.

Nahe dem Fundort wurde 2008 das Freilichtmuseum „Zeitsprung" eröffnet. Auf diesem Bodendenkmal ist ein Profilschnitt durch die warmzeitlichen Ablagerungen zugänglich. Auf einem Rundweg direkt an der Südrandböschung des Tagebaus Jänschwalde stehen Informationstafeln zur Geologie vor Ort. Auf dem Freigelände sind Pflanzen angesiedelt worden, die während der Eem-Warmzeit in der Region gelebt haben – sozusagen ein Zeitsprung.

RD

Weiterführende Informationen:
www.lausitzer-museenland.de/museen/freilichtmuseum-zeitsprung-klinge/
www.muskauer-faltenbogen.de/unser-geopark

Literatur:
Kupetz, A. & Kupetz, M. (2009): Der Muskauer Faltenbogen. – Wanderungen in die Erdgeschichte, Bd. 24, 224 S.; München.
Natur und Landschaft in der Niederlausitz (2007): Heft 24 und 27; Cottbus. (Schwerpunkthemen zum Eem-Vorkommen bei Klinge)

34 Beim Namensgeber zu Gast – **Das Neandertal bei Mettmann (Nordrhein-Westfalen)**

Quartär (2,6 Mio. Jahre bis heute)

Das Neandertal bei Mettmann ist ein Abschnitt des Düsseltales und liegt etwa 12 km östlich von Düsseldorf. Die Düssel hatte sich hier auf etwa 800 m canyonartig in devonische Kalksteine eingeschnitten. In den Talflanken gab es mehrere Höhlen. Seinen heutigen Namen erhielt es im 17. Jh. zu Ehren von Joachim Neander (1650–1680). Der Rektor einer Lateinschule in Düsseldorf besuchte das Tal, um dort Lieder zu schreiben und zu predigen.

Ein zufälliger Fund

1854 begann man im Neandertal mit dem Kalksteinabbau. Im August 1856 sollte auch die „Kleine Feldhofer Grotte" abgebrochen werden. Im Zuge dessen räumten Arbeiter den Lehm aus der Höhle und warfen diesen 20 m tief in den Talgrund. Zufällig bemerkte der Steinbruchbesitzer Knochen darin. Er glaubte, es seien Reste eines Höhlenbären. Insgesamt wurden eine Schädeldecke, ein Schlüsselbein, ein Schulterblattfragment, zwei Oberarmknochen, drei Unterarmknochen, ein Beckenfragment, zwei Oberschenkel und fünf Rippenfragmente geborgen. Zur Begutachtung der Funde wurde Ende August der Wuppertaler Lehrer und Naturkenner Dr. Johann Carl Fuhlrott (1803–1877) gerufen. Dieser

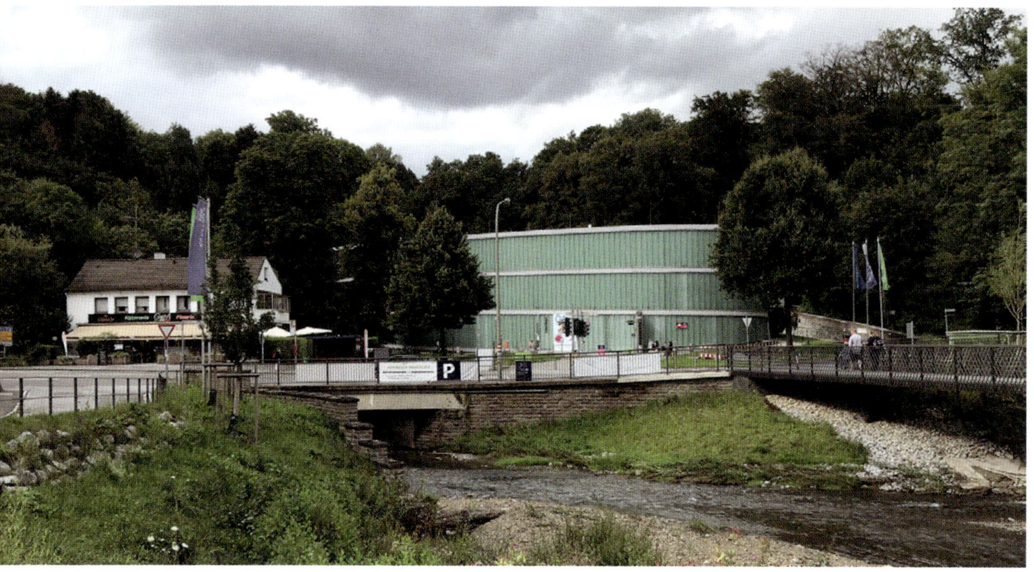

Abb. 1 Unweit der weltberühmten Fundstelle präsentiert das Neanderthal Museum in einem modernen Gebäude seit 25 Jahren facettenreich das Thema Menschheitsgeschichte.

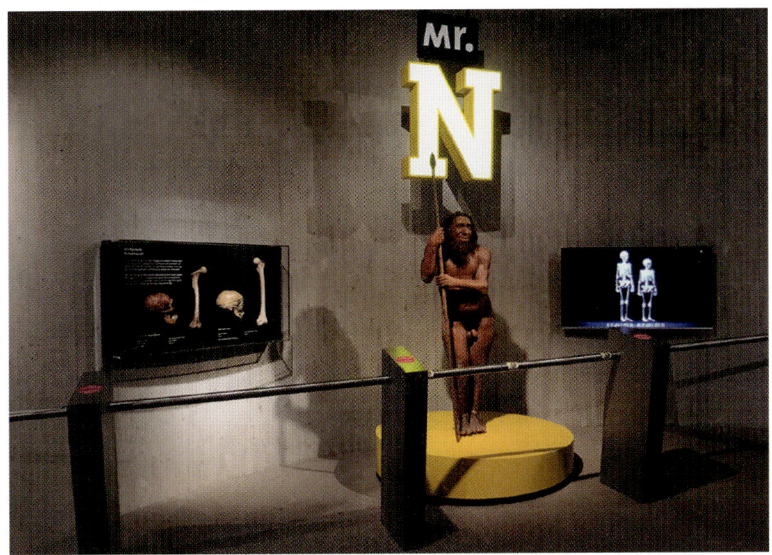

Abb. 2
Der Neandertaler ist als „Mr. N" einer der Hauptdarsteller in der Museumpräsentation.

Abb. 3
Modernste Rekonstruktionen machen im Neanderthal-Museum eine besonders lebensechte Begegnung mit unseren Vorfahren möglich.

erkannte, dass die Reste zu einem Menschen gehörten, dessen Schädeldecke sich jedoch deutlich von der des heutigen Menschen unterschied. Auch glaubte Fuhlrott, dass es sich um eine urtümliche Menschenform aus der Eiszeitepoche handelt. Er postulierte damit noch vor Darwin eine stammesgeschichtliche Entwicklung des Menschen. Auch deshalb ist es nicht verwunderlich, dass Fuhlrott eine allgemeine Anerkennung seiner Deutung des Fundes versagt blieb.

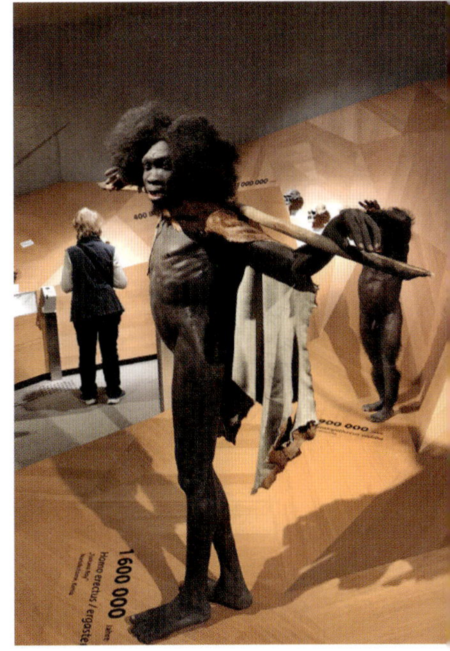

Der berühmte Anatom Rudolf Virchow aus Berlin erklärte, die Skelettreste würden von einem modernen Menschen stammen, der in der Jugend Schläge auf den Kopf bekommen hätte und der im Alter stark an Rachitis erkrankt wäre. Erst mit den Funden 1886 aus der Höhle von Spy in Belgien wurde Fuhlrotts Deutung bestätigt. Der Fund aus dem Neandertal war nicht nur namengebender Fund für Neandertaler, er war auch der erste erkannte Urmenschenfund weltweit. Seit 1877 befindet er sich im Landesmuseum in Bonn. Heute weiß man, dass die Knochen von einem etwa 160 cm großen, 40 bis 50 Jahre alten Mann stammen, der vor etwa 42.000 Jahren lebte und zu Lebzeiten verschiedene Verletzungen erlitten hatte, darunter eine Schädelverletzung und den Bruch des linken Unterarms.

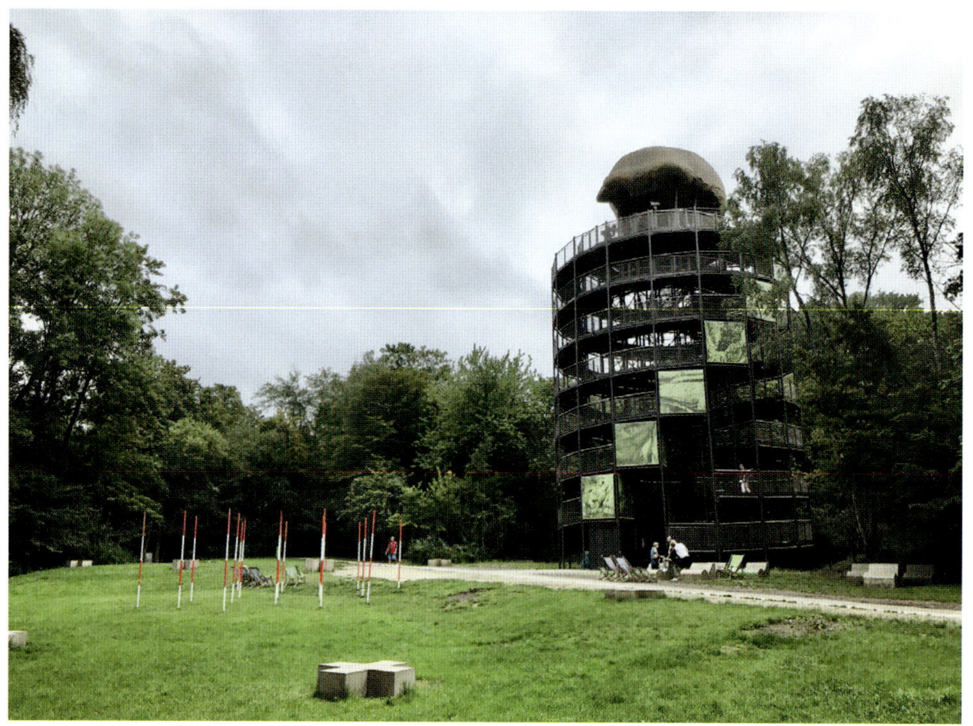

Abb. 4
An der hergerichteten Fundstelle von 1856 erinnert heute nichts mehr an ehemals vorhandene steile Steinbruchwände. Neues Highlight hier ist der Erlebnisturm Höhlenblick. Besondere Fernrohre ermöglichen einen Blick ins eiszeitliche Neandertal.

Eine Fortsetzung der Geschichte

Von der Landschaft des historischen Neandertals ist nicht mehr viel übrig. Bis zum Ende des 19. Jhs. waren alle historischen Höhlen dem Kalkabbau zum Opfer gefallen.

Ende der 1990er Jahre konnte die Lage der ehemaligen Felssteinwand mit der „Kleinen Feldhofer Grotte“ im heutigen Gelände rekonstruiert werden. Bei Ausgrabungen im Sprengschutt in 1997 und 2000 stieß man auf Höhlenlehm mit Knochen von eiszeitlichen Tieren, altsteinzeitlichen Steinwerkzeugen und menschlichen Skelettresten. Darunter war auch ein 2 cm großes Knochenstück, welches sich an den linken Oberschenkelknochen von 1856 anpassen ließ. Die Ausgrabungen erbrachten aber auch den Nachweis von zwei weiteren Neandertalern, einem Erwachsenen und einem Kind.

Es gibt viel zu sehen

Nach den neueren Ausgrabungen wurde der Fundplatz zu einem öffentlich zugänglichen Gartengelände und der Weg vom Museum dorthin zu

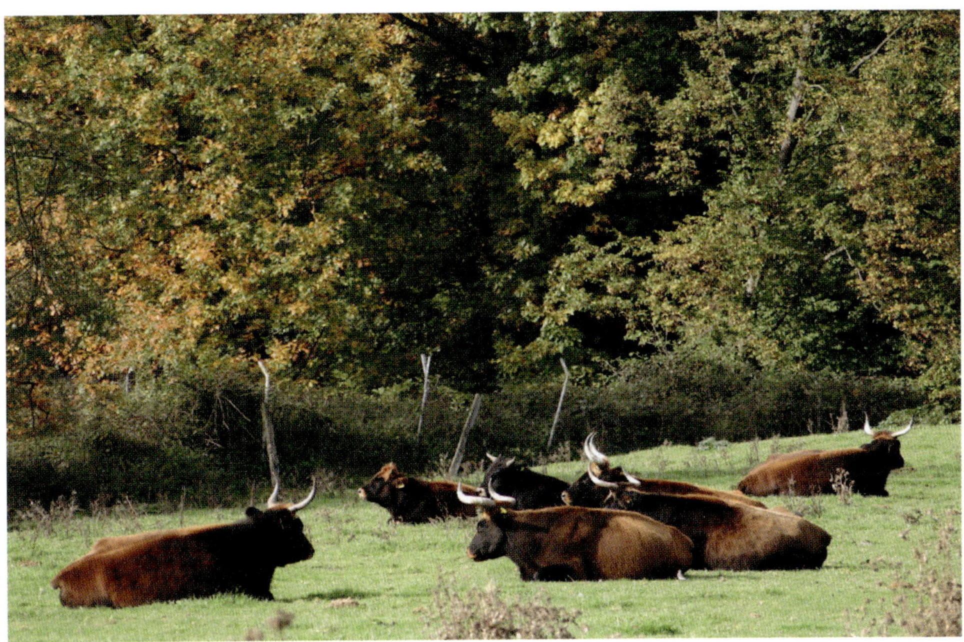

Abb. 5
Vom Museum aus kann man über einen Rundweg das eiszeitliche Wildgehege erkunden. Neben Wildpferden und Wisenten sind dort Nachzüchtungen von Auerochsen zu sehen.

einem Themenpfad gestaltet. Neueste Attraktion dort ist ein im Herbst 2022 eröffneter, begehbarer Erlebnisturm mit besonderem Höhlenblick in 20 m Höhe. Sein imposantes Wahrzeichen ist die als Schädeldach des Neandertalers von 1856 geformte Kuppel. Es empfiehlt sich, die Fundstelle in Kombination mit dem Neanderthal-Museum zu besuchen. Hier gibt es moderne und ansprechende Präsentationen zur Fundgeschichte und zu vielen anderen Aspekten der Evolution des Menschen. Auch eine Wanderung durch das „Eiszeitliche Wildgehege" lohnt sich. Start ist am Parkplatz gegenüber vom Museum.

WR

Weiterführende Informationen:
www.neanderthal.de
www.wildgehege-neandertal.de

Literatur:

Condemi, S. & Savatier, F. (2020): Der Neandertaler, unser Bruder: 300.000 Jahre Geschichte des Menschen. – 240 S.; München.
Schmitz, R. W. & Thissen, J. (2002): Neandertal: die Geschichte geht weiter. – 346 S.; Heidelberg.

35 Auf den Spuren eiszeitlicher Elfenbeinschnitzer – Die Hohlenstein-Stadel Höhle im Lonetal bei Stetten/Schwäbische Alb (Baden-Württemberg)

Quartär (2,6 Mio. Jahre bis heute)

Die Erdgeschichte hat die Schwäbische Alb im Tertiär und Quartär durch Verwitterung und Landschaftsformung zu einem höhlenreichen Mittelgebirge werden lassen. Die zahlreichen Karsthöhlen in den jurazeitlichen Kalksteinablagerungen waren und sind gleichermaßen Zufluchtsort für unterschiedliche Lebewesen wie auch Archivraum für Ablagerungen der jüngeren und jüngsten Erdgeschichte. Die Untersuchungen von Höhleninhalten leisten wichtige Beiträge zur Rekonstruktion von Leben und Umwelt zu Zeit ihrer Entstehung, die Höhlenarchäologie besonders für die altsteinzeitliche Geschichte des Menschen.

Von Bären und Menschen

Auch im Lonetal zwischen den Orten Urspring und Hürben liegen mehrere von Tier und Mensch im jüngeren Pleistozän (130.000–12.000 Jahre) aufgesuchte Höhlen. Insbesondere Höhlenbären hielten in solchen Höhlen als Quartiere ihre Winterruhe ab. Manche überlebten diese nicht und blieben, geschützt vor Aasfressern, dort liegen. Auch alte und kranke Tiere zogen sich in die Höhlen als Sterbeplatz zurück. Mit der Zeit konnten sich dort so unzählige Skelette ansammeln. Man spricht in diesem Fall deshalb von Bärenhöhlen.

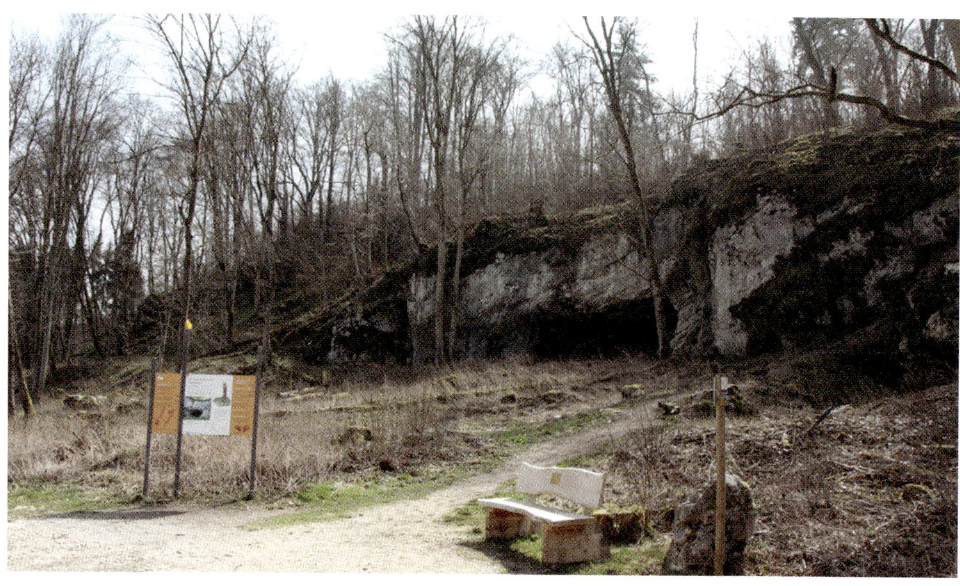

Abb. 1 Der Hohlenstein mit dem großen Portal der Stadel-Höhle. Ausgeschilderte Wanderwege mit Infotafeln zu den archäologischen Fundstellen führen durch das Lonetal.

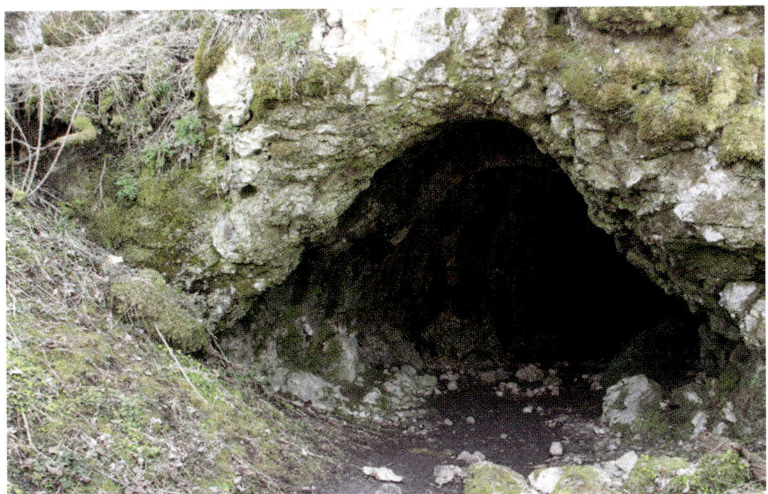

Abb. 2
Eingangsportal der Bärenhöhle im Hohlenstein.

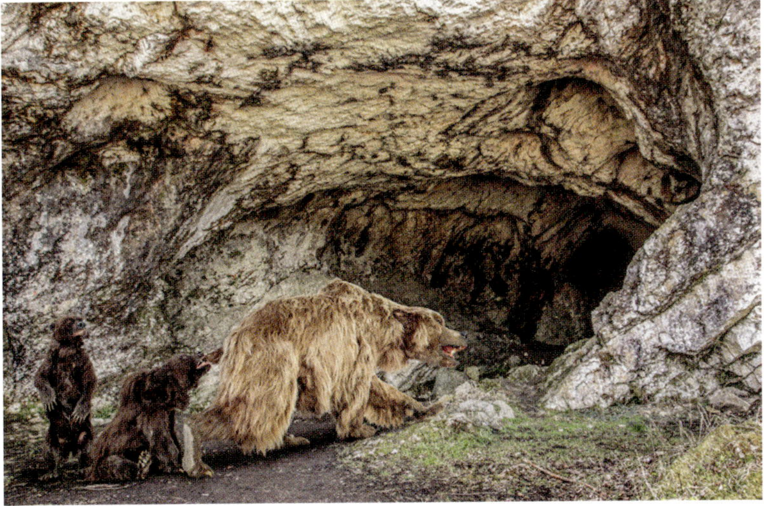

Abb. 3
Bildmontage einer Höhlenbärmutter mit zwei Jungtieren vor dem Hohlenstein-Stadel.

Das Felsmassiv des Hohlenstein im Lonetal beherbergt zwei größere Höhlen und ein Felsdach. Die Bärenhöhle befindet sich rechts, links der Stadel. Dazwischen liegt die „Kleine Scheuer“, ein 10 m breites Felsdach.

1861 begann der Stuttgarter Pfarrer und Naturforscher Oscar Fraas (1824–1897), zuerst die ca. 30 m lange, horizontale Bärenhöhle auszugraben. Er stieß auf zahlreiche Höhlenbärenreste. Später grub er auch im ebenfalls horizontalen, 69 m langen Stadel und in der Kleinen

Scheuer. Dabei kamen auch Werkzeuge und Reste einer altsteinzeitlichen Besiedlung durch den Menschen zutage.

Ausgrabungen im Hohlenstein-Stadel erfolgten während verschiedener Kampagnen. 1937 fand der für die Grabungen zuständige Geologe und Archäologe Otto Völzing (1910–2001) von der Universität Tübingen dabei ein von Hyänen verbissenes Oberschenkelfragment eines Neandertalermannes, der in der letzten Warmzeit vor etwa 120.000 Jahren lebte.

Der anatomisch moderne Mensch erschien erst vor 43.000 Jahren und hinterließ in den Höhlen ein deutlich von den Neandertalern unterscheidbares Steinwerkzeuginventar und – wie sich im Laufe weiterer Höhlengrabungen zeigte – noch ganz andere Zeugnisse eiszeitlicher Handwerkskunst.

Abb. 4
Ein 3 m hoher Löwenmensch als Kletterfigur an einem Spielplatz beim Hohlenstein. Zeichnung: Löwenmensch-Fund.

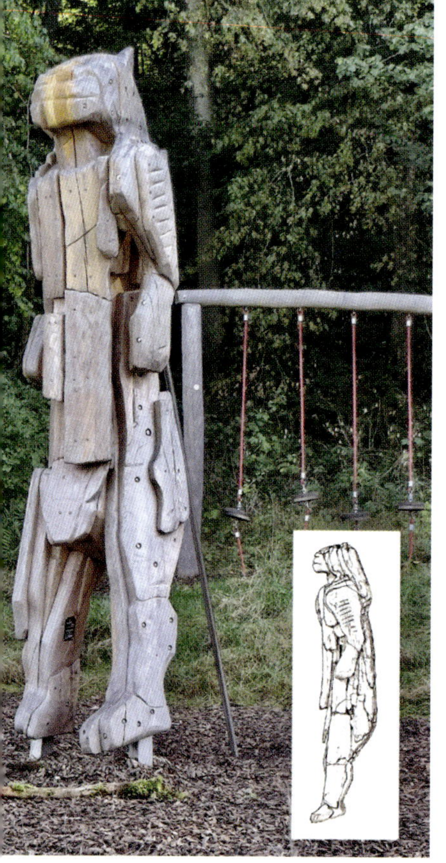

Eine besondere Figur

Während einer Grabungskampagne im August 1939 stieß Völzing im Hohlenstein-Stadel in Schichten der jüngeren Altsteinzeit (Aurignacien) auf Elfenbeinfragmente, die zur Aufbewahrung an die Universität Tübingen gebracht wurden. Mit Einberufung zum Kriegseinsatz wurden die Grabungen am 25. August 1939 abgebrochen. Eine Fundaufbereitung fand auch nach dem Krieg nicht mehr statt.

1962 wurden die Funde ans Ulmer Museum gegeben. 1969 setzte der Tübinger Archäologe Joachim Hahn einen Großteil der Bruchstücke zusammen. Das Ergebnis war eine Figur, ein Mischwesen aus Mensch und Großkatze, Löwenmensch genannt.

Bei Nachgrabungen im Hohlenstein-Stadel in den letzten Jahren kamen weitere „Puzzleteile" zur Figur ans Licht, sodass die Zusammensetzung erneuert und vervollständigt werden konnte. Mit rund 40.000 Jahren ist der Löwenmensch eine der ältesten Skulpturen und beweglichen Kunstwerke der Menschheit. Das 31,5 cm große Original aus Mammutelfenbein wird heute im Ulmer Museum aufbewahrt.

Kunstwerke aus Mammutelfenbein sind aber nicht nur aus dem Hohlenstein-Stadel und den Höhlen des Lonetals bekannt. Auch die Höhlengrabungen im Achtal bei Schelklingen und Blaubeuren haben spektakuläre Funde ergeben, z.B. die Venus vom

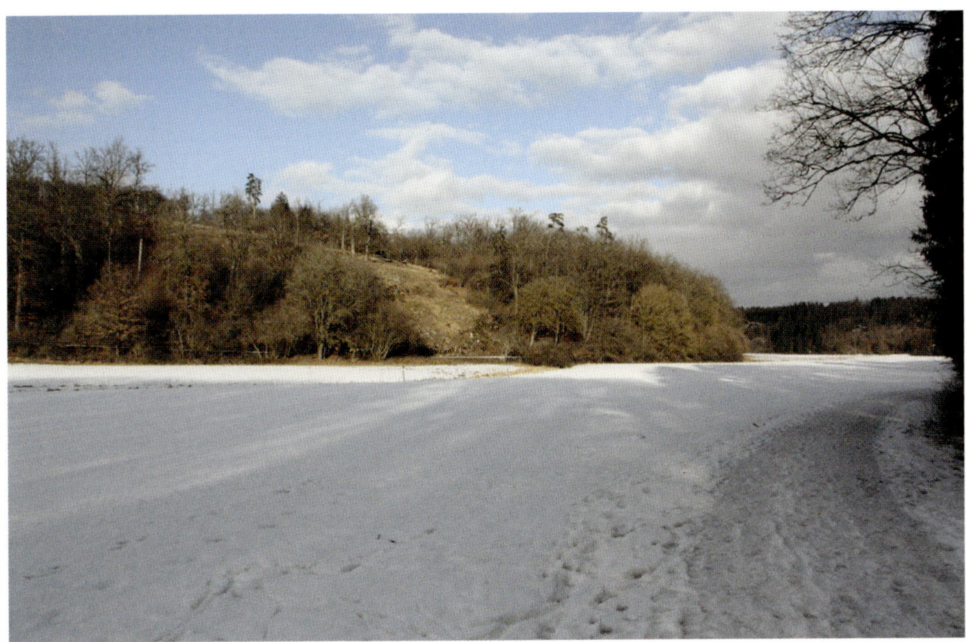

Hohle Fels bei Schelklingen. Aus dieser Höhle ist auch ein kleiner, 2,5 cm großer Löwenmensch bekannt. Seit 2017 sind die bedeutenden Höhlenfundorte im Lone- und Achtal als UNESCO-Welterbe „Höhlen und Eiszeitkunst der Schwäbischen Alb“ ausgezeichnet.

Abb. 5
Ein wenig Eiszeit: Blick vom Hohlenstein in die winterliche Landschaft des Lonetales.

RD

Weiterführende Informationen:
www.loewenmensch.de
www.lonetal.net
www.museum.ulm.de
www.urmu.de

Literatur:
Conard, N. J., Bolus, M., Dutkiewicz, E. & Wolf, S. (2015): Eiszeitarchäologie auf der Schwäbischen Alb. Die Fundstellen im Ach- und Lonetal und in ihrer Umgebung. – 276 S.; Tübingen.
Conard, N. J. & Kind C.-J. (2017): Als der Mensch die Kunst erfand. Eiszeithöhlen der Schwäbischen Alb. – 192 S.; Stuttgart.
Schmitz, R. W. & Thissen, J. (2002): Neandertal: die Geschichte geht weiter. – 346 S.; Heidelberg.

36 Explosive Tage am Ende der letzten Eiszeit – Der Laacher See bei Glees und sein Vulkan (Nordrhein-Westfalen)

Quartär
(2,6 Mio. Jahre bis heute)

Eine eindrucksvolle Klosteranlage und ein idyllisch gelegener See – beim Anblick dieser ruhigen Szenerie in malerischer Umgebung ahnt man nicht, dass dieses Gebiet in jüngerer Zeit, geologisch gesehen, ein höchst explosives war. Dass hier eine der größten Vulkankatastrophen in der jüngeren Erdgeschichte Europas stattgefunden hat, erschließt sich erst über ein genaues Hinsehen und Erkunden der Landschaft sowie ihrer steinernen Zeugnisse.

Kein normaler See

Der Laacher See hat einen mittleren Durchmesser von 2.100 m und nimmt eine Fläche von rund 3,3 km^2 ein. Seine größte Tiefe beträgt 51 m. Der See ist von einem weitestgehend bewaldeten, natürlichen Wall mit rund 125 m Höhe umgeben.

Die Eifel ist bekannt für ihre feurige Erdgeschichte, man spricht daher auch von der Vulkaneifel. Zu den landschaftlichen Besonderheiten gehören ebenso die touristisch sehr geschätzten Seen vulkanischen Ursprungs, die sog. Maare. Dabei handelt es sich um vulkanische Spreng-

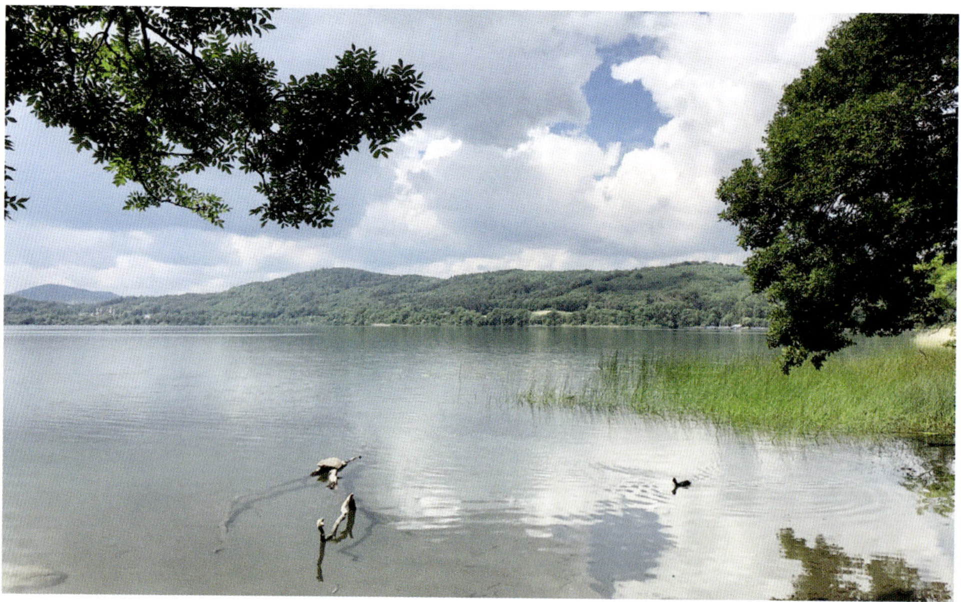

Abb. 1 Blick über den Laacher See auf die Klosteranlage am gegenüberliegenden Ufer.

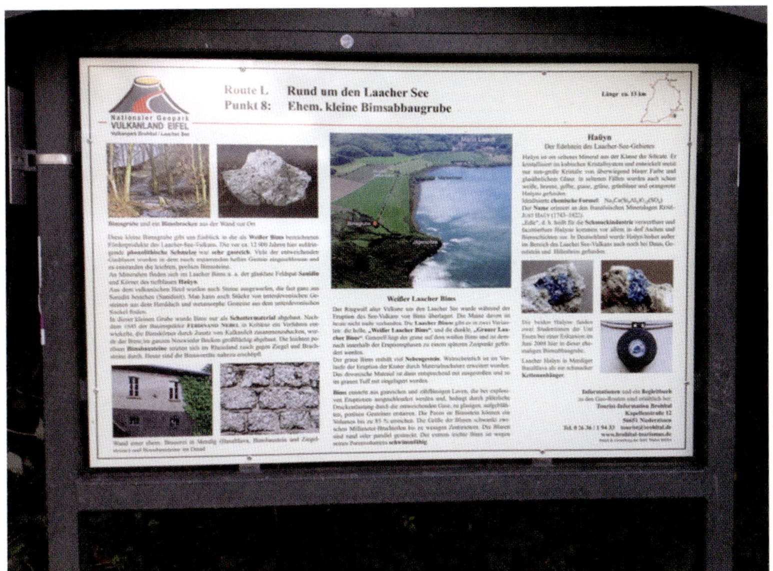

Abb. 2
Über mehrere Infotafeln der „Georoute L" erhält man entlang des Uferrundweges einen guten Einblick in die regionale Vulkangeschichte.

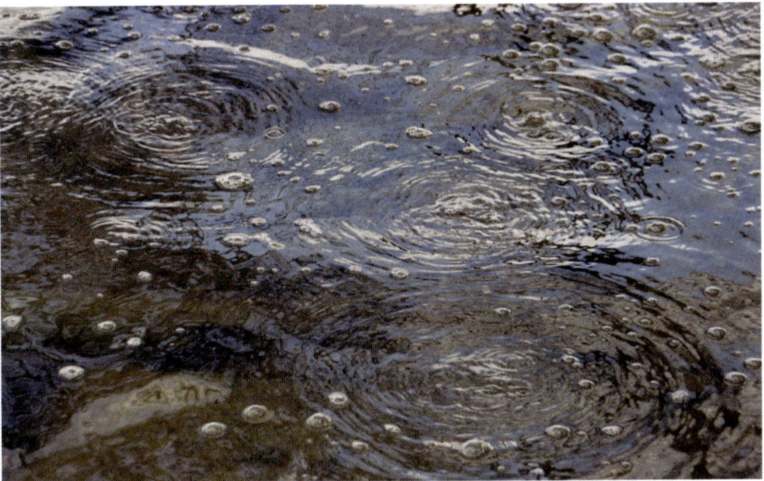

Abb. 3
Die „Georoute L" führt auch zu den Mofetten am Ufer des Sees. Der schlafende Vulkanismus der Eifel atmet.

trichter, welche durch Wasserdampfexplosionen bei Kontakt von aufsteigendem Magma mit tieferem Grundwasser entstanden.

Für den Laacher Seekessel ist die Entstehung etwas anders. Hierbei soll es sich um eine Caldera handeln, d. h. ein Becken, welches sich durch das Absacken des Bodens in eine darunterliegende, entleerte Magmakammer bildete. Es ist die größte wassergefüllte Caldera Mitteleuropas.

Der Ausbruch des Laacher See-Vulkans erfolgte vor rund 13.000 Jahren und dauerte mit seinen Haupteruptionsphasen etwa zehn Tage. Es war ein großer, sehr explosiver Ausbruch mit einer bis über 30 km hohen Eruptionssäule aus Asche- und anderen Auswurfmaterialien. Vom Typ her ist das Ereignis vergleichbar mit dem weltbekannten Ausbruch des Vesuvs 79 n. Chr., weshalb man hier auch von einer plinianischen Eruption spricht. Mehr als 6 km^3 vulkanisches Material wurde dabei ausgeschleudert. Je nach Ausbruchsphase und -intensität kam es über Asche-/Bimsregen und Glutwolkenlawinen zur Ablagerung unterschiedlicher Pyroklastika in der näheren und weiteren Umgebung. Sogar in Norditalien und Russland finden sich noch Aschespuren. Zusammensetzung, Menge und Lage der Auswurfsmaterialien ermöglichen die Rekonstruktion eines sehr komplexen Ausbruchsgeschehens.

Wege zum Ausbruchsgeschehen

Der schönste Weg, den See und seine Vulkangeschichte zu erkunden, ist der gut 8 km lange Uferrundweg. Er ist Teil der „Georoute L". Dieser geotouristische Themenweg lädt über mehrere ansprechend gestaltete Infotafeln ein, den Vulkanismus der Region und Besonderheiten am Laacher See zu entdecken. Der eindrucksvollste Haltepunkt an diesem Weg ist sicherlich der Seeuferbereich, an dem das Wasser intensiv blubbert, fast zu kochen scheint. Hitze spielt hier aber keine Rolle, es sind Blasen von aus dem Seeboden aufsteigendem CO_2, die an der Wasseroberfläche geräuschvoll platzen. Es handelt sich um sog. Mofetten. Das CO_2 stammt aus dem Magma des tiefen Untergrundes. Die Mofetten

Abb. 4
Wie die Seite eines dicken Buches liegen die Ascheschichten des Laacher See-Vulkanausbruches an der eindrucksvollen Wingertsbergwand übereinander.

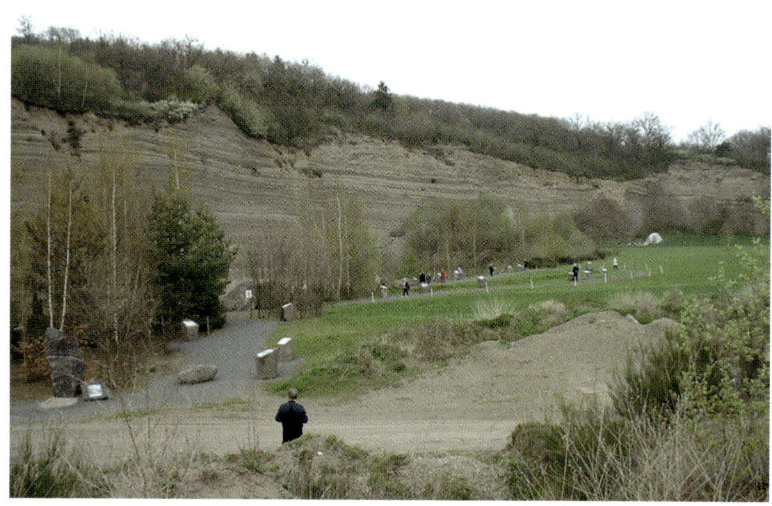

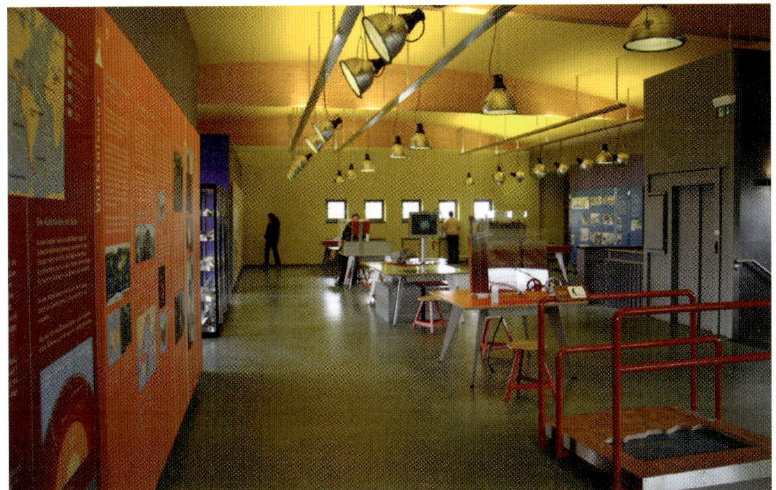

Abb. 5
Im Lava-Dome in Mendig kann man multimedial den Ausbruch des Laacher See-Vulkans erleben und interaktiv in die vielfältige Welt des Vulkanismus eintauchen.

sind ein eindeutiger Anzeiger, dass der Vulkanismus in der Eifel derzeit nur ruht, aber nicht eingeschlafen ist. Die „Georoute L" führt am See aber auch zu typischen Vulkanablagerungen, z. B. zu Bimssteinen, ein beim Ausbruch vor 13.000 Jahren entstandenes „Schaumglas".

Wer intensiv im Aschetagebuch des Ausbruches „blättern" möchte, der sollte unbedingt die 2 km südlich vom See gelegene „Wingertsbergwand" bei Mendig besuchen. In Mendig ist der Weg zum Steinbruchgelände ausgeschildert. Die eindrucksvolle Wand, in der Bims- und Tuffschichten durch den Rohstoffabbau freigelegt wurden, ist mehrere 10er Meter hoch und in Fachkreisen weltbekannt. Das in den Schichten archivierte Ausbruchsgeschehen wird auf zahlreichen Schautafeln im Bereich vor der Wand ausführlich erläutert und ist darüber gut nachvollziehbar.

Eine erlebnisreiche Ergänzung zu einem See- und Wandbesuch ist der Lava-Dome des Deutschen Vulkanmuseums in Mendig.

WR

Weiterführende Informationen:
www.lavadome.de
www.vulkanpark.com/entdecken/denkmaeler/wingertsbergwand/
www.vulkanregion-laacher-see.de/a-laacher-rundweg-georoute-l

Literatur:
Meyer, W. (2000): Geologischer Führer zum Geo-Pfad „Vulkanpark Brohltal/ Laacher See". – 104 S.; Neuwied.
Schmincke, H.-U. (2019): Vulkane der Eifel. – 168 S.; Heidelberg.

Für Unterstützungen und Informationen danken wir herzlich:

Michael Altmoos, Schiffweiler; Wolfgang Bloch, Bad Aibling; Britta Bock, Mannheim; Uwe Fricke, Bad Harzburg; Jens Hartmann, Hamburg; Rebecca Heinze, Grimmar; David Höfgen, Schiffweiler; Tom Hübner, Gotha; Matthias Knaak, Krefeld; Friedhart Knolle, Goslar; Ulrich Kotthoff, Hamburg; Manfred Kupetz, Cottbus; Angelika Leipner, Osnabrück; Marc Müllenhoff, Korbach; Ulrike Munninger, Neubeuern; Ute Niesel-Tirtey, Krefeld; Ronny Rössler, Chemnitz; Cédric Rosendahl, Mannheim; Peter Rothe, Mannheim; Michael Rummel, Weißenburg; Frederik Spindler, Kipfenberg; Rolf Striegler, Cottbus; Martina Walther, Katzhütte; Maren Wank, Mannheim.

Bildnachweis

Trotz sorgfältiger und intensiver Recherche war es nicht in allen Fällen möglich, die Urheberrechte zu ermitteln. Wir danken für jeden Hinweis, sollten Fehler, Mängel enthalten sowie Rechtsansprüche Dritter unberücksichtigt geblieben sein.

M. Altmoos, Staudernheim: S. 61; Arbeitskreis Kluterthöhle e. V., Ennepetal: S. 40; Archiv Museum für Naturkunde Chemnitz: S. 65–67; D. Berman, Stiftung Schloss Friedenstein Gotha: S. 70 oben; W. Bloch, Bad Aibling: S. 76–79; U. Brämer, Ennepetal: S. 41; C. Brauckmann, Clausthal-Zellerfeld: S. 50 rechts; S. Brauner, Stiftung Schloss Friedenstein Gotha: S. 70 unten; H. Cloos, Bonn: S. 33 (Abb. 2 b); J. Cole, Wokingham UK: S. 54 oben; R. Darga, Siegsdorf: S. 104–105 oben, 108–109, 110 unten, 111, 121; L. Ebhardt, Stiftung Schloss Friedenstein Gotha: S. 71; B. Frenzel, Leibnitz-Institut zur Analyse des Biodiversitätswandels: S. 83; U. Fricke, Bad Harzburg: S. 124–127; GK 2750, BGR Hannover: S. 8; GONDWANA – Das Praehistorium: S. 63; A. Hagens, Naturmuseum Stadt Augsburg: S. 132–135; E. Gröning, verändert aus Gröning & Brauckmann (2005) Mitt. Entom. Ver. Mecklenburg: S. 62; D. Hanus: S. 64; F.W. Junge: S. 21; T. Kasielke, Mülheim/Ruhr: S. 51; M. Knaak, Krefeld: S. 24, 27; L. Koch, Ennepetal: S. 49, 50 links; S. König, Stiftung Schloss Friedenstein Gotha: S. 69; Kreis- und Hansestadt Korbach: S. 72, 74–75; M. Kupetz, Cottbus: S. 147; A. Leipner, Osnabrück: S. 57–59; Malvorlagen-Seite.de; Bearbeitung T. Sieber: S. 14; L. Marchetti, Stiftung Schloss Friedenstein Gotha: S. 68; U. Munninger, Neubeuern/Umzeichnung W. Rosendahl: S. 154; M. Piecha, Krefeld: S. 26; W. Rosendahl: S. 28, 36–39, 44–45, 46 oben, 47, 73, 81–82, 95, 96–99, 100–103, 106–107, 112–115, 122 unten, 123, 128–131, 140–141, 148–151, 152, 153 oben, 153 unten, 155, 156–159; A. Savin, Wikipedia, FAL: S. 84 u. 85 oben; J. Schardinel, Krefeld: S. 137–139; F. Schmidt, Geopark Porphyrland e. V.: S. 23; F. Spindler, Kipfenberg: S. 7, 105 unten; U. Striegler, Cottbus: S. 145; S. Voigt, Ennepetal: S. 42–43; M. Walther, Katzhütte: S. 16–19; D. Wiesche, Krefeld: S. 52; Wikimedia Commons: S. 9 (CC BY-SA 4.0, Lubor Ferenc), 10 (CC BY-SA 3.0, Sebastian Wallroth), 20 u. 22 links (CC BY-SA 3.0, Jwaller), 22 rechts (CC BY-SA 4.0, Radler59), 29–31 (CC BY-SA 4.0, Dor Jörsch), 60 (CCO, AnRoo0002), 80 (CC BY-SA-4.0, Carsten Steger), 85 unten u. 86–87 (CC BY-SA 4.0, Museumspark Rüdersdorf), 88 (CC BY 3.0, Octagon), 89 oben (CC BY 3.0, HUvB), 89 unten (CC BY-SA 3.0, Sir James), 90 (CC BY-SA 4.0, Kora27), 92 (CC BY-SA 3.0, DALIBRI), 93 oben (CC BY-SA 3.0, Geolina 163), 93 unten (CC BY-SA 4.0, Martinus KE), 94 (CCO 1.0 Universal Public Domain, Daderot), 110 oben (CC BY-SA 4.0, DaxBichler), 120 (CC BY-SA 2.0, Susanne Nilsson), 122 oben (CC BY-SA 3.0, Lapplaender), 142 (CC AS 3.0, Hiroki Ogawa), 143 (CC ASA 4.0, Rikiwiki2), 144 (CC BY-SA 4.0, PaulT (Gunther Tschuch)); V. Wrede: S. 32, 33 (Abb. 2 a), 34–35, 45, 46 unten, 48, 53, 54 unten, 55–56, 116–119, 136; I. Zachow, Cottbus: S. 146; Zugspitzort Grainau: S. 91.